An Exploration into Multi-lateral Security Cooperation in the Asia-Pacific

亚太地区多边安全合作研究

主　编　郭新宁

副主编　徐弃郁　吴晓明

时事出版社

目　录

前　言

冷战的结束，不仅使全球层次的两极体制走向解体，也改变了亚太地区的安全结构。尽管亚太地区安全形势总体上走向缓和，但是影响地区安全的不稳定因素依然存在。安全领域的冷战结构并未随着冷战的结束而消失；地区内军事力量对比严重失衡，而各国间在安全领域普遍缺乏信任；长期影响地区和平与稳定的“热点”并未完全消失，并存在重新升温的可能，而难以消除的领土主权、海洋权益争议，则是可能引发新的矛盾与冲突的诱因；国内经济矛盾、民族矛盾或宗教矛盾激化，使部分发展中国家内部稳定面临严峻挑战，并有可能导致可能波及其周边地区的动乱；地区安全威胁多元化和跨国化的特征日趋突出；安全观念上的冷战思维依然影响着区域内国际关系的正常发展。这些消极因素的存在，使亚太安全蒙上一层难以挥去的阴影。特别是，在国际安全相互依存关系日趋加深的情况下，安全威胁多元化和跨国化的现实，意味着任何一个国家，无论其如何强大，都难以独自应对。

正是在这一背景下，亚太地区多边安全对话合作应运而生，并从20世纪90年代中期以来不断发展，逐步形成了多渠道、多层次、多方向发展的局面。在官方层面既有覆盖整个亚太地区的官方渠道——东盟地区论坛（ARF），也有次地区多边安全组织或对话平台，如近年来发展较快的“上海合作组织”和为应对朝鲜半岛核危机而产生的“六方会谈”机制。在半官方层面，有由亚太安全问题专家及有关国家官员以个人身份参与的“一轨半”对话渠道，如“东北亚对话合作会议”和“香格里拉对话”。在非官方层次，存在着多个由专家学者或具有浓厚官方色彩的专家参加的安全对话平台，如“亚太安全合作理事会”（CSCAP）等。值得一提的是，亚太地区各国都已经以不同的方式和不同的力度加入了多边安全对话与合作进程。在过去十几年里，多边安全对话与合作在增进亚太国家相互间的信任与合作、减少分歧和误解方面，取得了一些可喜的进展。当然，亚太多边安全对话与合作的平台和层次虽然多，但其发展不平衡和发育不够成熟的特点仍然很突出。可以这么认为，目前的亚太地区多边安全对话与合作还不能完全适应地区安全形势的需要，正因为如此，建立更加有效的地区多边安全合作机制的呼声日益强烈。

相对于稳步推进的亚太地区多边安全合作进程，相关学术理论研究已经显得明显滞后。伴随着地区多边安全合作的发展进程，国内外学术界对于这一领域的学术理论探讨逐步趋热，一些相关研究的著述也相继面世。但是，从总体上看，有关地区多边安全合作的重大理论问题并未从根本上得到解决，甚至关于地区多边安全合作的内涵与外延也还没有出现一个能够被普遍接受的界定。

为此，国防大学战略研究所于 2007 年成立了亚太地区多边安全合作问题研究课题组。作为该课题阶段性研究成果之一，本书从区域多边安全合作理论入手，对区域多边安全合作的成因、理论内涵进行探讨和界定。其后，对亚太地区多边安全合作进程进行历史的回顾和梳理，剖析该地区多边安全合作中的“亚太特性”以及地区主义、大国博弈、非传统安全威胁与亚太多边安全合作之间的关联，重点探讨亚太地区多边安全合作的模式选择和路径。最后，深入分析中国参与亚太多边安全合作的基本动因、历史沿革、战略考虑和主要特点。值得指出的是，部分课题组成员既是亚太多边安全合作的研究者，又是实践者，他们对中国军队参与亚太多边安全合作的进程、基本经验和发展趋势进行了开拓性研究和分析。

本书力求将理论研究与政策研究融为一体，希望能够推动有关亚太地区多边安全合作的研究进一步走向深入。必须强调的是，书中的论述和观点只代表作者个人意见，并不代表国防大学战略研究所。

由于课题组自身的局限，本书必定存在不少疏漏甚至问题，恳请广大读者批评指正。

郭新宁

2009 年 8 月 11 日

第一章

区域多边安全合作理论探讨

随着经济全球化和区域一体化的深入发展，国家间的界限日趋淡化，国际关系的多元性、复合性、交融性迅速增长。这就要求国际社会必须重新审视安全问题，必须重新寻找到一条开创性的路径以化解日益严重的共同安全威胁，正是在这种情势下，多边安全合作应运而生，并在区域层面逐渐走向成熟。本章拟探讨区域多边安全合作的理论渊源及其应有的基本理论内涵。

第一节　相关概念的界定与理论解读

对于区域多边安全合作，学界存在不尽相同的理解。因此，在对区域多边安全合作的成因及其理论内涵进行探讨前，有必要对几个主要概念进行一下界定，以便保持后续研究的一致性。从命题上来看，

“区域多边安全合作”至少涉及到“区域”、“多边”、“安全合作”三个概念，下面对其一一进行概念上的说明。

一、国际关系中的“区域”及其学术意义

依据2005年版《现代汉语词典》的界定，“区域”指的是一定的地区范围。[①] 而在《朗文当代高级英语辞典》中对“区域”（地区）进行解释时，除指出“区域”是一个地理范围外，还补充说明了这种地理范围“通常无确定界限”[②]，表明了“区域”一词的非明确性，即它是极富变动的，可以依据修饰对象的不同和不同学科领域的现实需要而表现出不同的内涵。

从传统意义上来讲，“区域”应该是一个地理学领域的术语，指的是区别于邻近地区或其他地区的、在自然条件方面具有某些同质性特点的地理范围。[③] 而在政治学中，这一词汇的界定引入了人的因素，开始使“区域”的概念具有主观性色彩。在政治学家看来，“区域”指的是一种行政区划单位，是一种比国家小的地理范畴。在国际关系中，“区域”更具有传统地理学与政治学所不具有的特殊性，它虽然也是指一定的地理区域，也具有一定的政治意涵，但它已经超越了国家的限定，常常包含了两个或者更多的领土国家。这些国家由于某些共同特性或地理上的联系而联合在一起。[④] 例如，中东就是根据

① 《现代汉语词典》，北京：商务印书馆，2005年版，第1124页。

② 《朗文当代高级英语辞典》，北京：外语教学研究出版社，2004年版，第1655页。

③ 肖欢容：《地区主义：理论的历史演进》，北京广播学院出版社，2003年版，第2页。

④ 这种特殊性在庞中英看来主要表现为相互依存的经济、政治关系。参见庞中英：“地区化、地区性与地区主义——论东亚地区主义”，载《世界经济与政治》2003年第11期。

其共同的种族和文化背景、经济特殊性（石油生产）和在世界政治中的某种特定位置等因素结合在一起而定义的。这些构成区域的国家并不必然具有相互接壤关系，甚至有可能不在一个大陆上。① 这方面典型的例子是北约，从北约缔约国签订的条约来看，这种形式的区域在地理学的意义上是相当松散的，但它所具有的政治含义却使其形成一种特定的区域，与之相类似的还有“亚太经合组织”。所以，在国际关系领域，“区域”一词有着特殊意涵，这种特殊性表现在它是政治、经济、文化、族群与传统地理因素的结合，它不仅具有传统的地理学所要求的同质性自然地理条件的内涵，更为重要的是，它还具有依据国家互动而形成的某种政治、经济、文化共同性的专属性意义。

事实上，“区域”的地理特征对于国家政治选择的影响早已存在。古希腊的政治思想家们在对理想的国家进行设计的时候，都会把这个国家的自然环境作为一个首先必须考虑的因素，如历史学家修昔底德就曾认为，阿提卡的兴起就在于这个城邦具有不容易受到入侵的地理优势。② 不仅修昔底德如此，其后的布丹、孟德斯鸠、汤因比等都强调自然地理条件对于国家政治行为的影响。对于这种思想上的共性，法国政治学家雷蒙·阿隆做出了理论上的解释，他指出，地理对于政治的影响在于“把外交——战略关系与对资源做出的地理——经济分析以及由于生活方式和环境（定居、游牧、农业和航海）而引起的对外交态度的解释，从地理的角度加以系统化”。③ 可见，在人类社会发展演进过程中，地理条件对于国家的影响是始终存在的，今天同样

---

① 肖欢容：《地区主义：理论的历史演进》，北京广播学院出版社，2003 年版，第 2 页。

② 肖欢容：《地区主义：理论的历史演进》，北京广播学院出版社，2003 年版，第 574 页。

③ Raymond Aron, *Peace and War: a Theory of International Relations*, translated from the French by Richard Howard and Annette Baker Fox, Garden City, N. Y.: Double Day, 1966, p. 191.

如此。虽然当代科学技术的发展、信息的快速传统、交通的便捷性已经在一定程度上弱化了传统地理因素对于国家政治行为的限制，但不可否认的是，基于地理而来的某一地理区域的民族性、文化性与历史感等非技术成分仍是左右国际政治的重要因素。

随着冷战结束，意识形态对抗的地位下降，其对国家间关系的影响减弱，地区（区域）观念上升。时下在讨论国际政治问题时，欧洲、亚洲、亚太、跨大西洋等地理概念的重要性已经超过资本主义、帝国主义、社会主义等意识形态概念，与之相应的，一大批地区性的多边主义国际组织和机制应运而生，这为国际关系研究提供了新鲜的素材，亟需要我们用富于创新性的理论对其进行概括与分析。

二、安全合作的概念界定及其理论意义

虽然安全合作的实践早已存在，但作为一个明确的概念提出却是近30年的事。依据中国学者陈峰君的考证，“安全合作”的提法最早出现在1976年的东盟巴厘首脑会议上，当时的与会国提出东盟国家间要实行“安全合作”，不搞“防务合作”。[①] 但此时，这一时期的安全合作并没有真正受到关注，其真正兴起是冷战后的事。

简单地讲，安全合作指的是安全领域的国际合作。很显然，它应当属于国际合作的理论范畴。因此，在对安全合作进行探讨前，有必要对国际合作进行理论说明。

在美国学者米尔纳看来，一般意义而言，国际合作指的是“行为者通过政策协调过程，调整自身的行为以适应别人目前的和以后

① 陈峰君：《当代亚太政治与经济析论》，北京大学出版社，1999年版，第155页。

的需求”。[1] 而罗伯特·尼斯贝特则认为，合作是为达到一些目标而采取的联合或协调性行动的行为。合作可能是自愿或非自愿的、指令或非指令的、正式或非正式的，但不管怎样，合作总是为达到特定目标的各种努力的结合，其中，合作中的所有者都有自己现实或想象中的利益。[2] 在米尔纳和尼斯贝特的基础上，另一位对于合作问题有着深入研究的学者基欧汉对于合作与冲突这对矛盾体间的逻辑关系进行了进一步的说明，他强调指出合作是行为体之间矛盾和冲突的产物，合作只有在行为者的政策处于实际或潜在的冲突的情况下、而不是和谐的情况下才会发生。[3]

基于上述对于国际合作的探讨，我们可以对“安全合作”进行一下概念上的界定。考虑到安全合作与国际合作的联系及安全合作自身的特点，我们可以将安全合作界定为“国际社会中两个或两个以上的行为体，为维护自身安全利益，实现共同安全目标，缓解彼此之间的矛盾和冲突，通过联合或协调等途径和方式，在特定安全领域所进行的正式的或非正式的安全安排以及所采取的行动”。[4]

鉴于在实践中有学者认为合作安全与安全合作是同一概念的不同表述，这里有必要对二者进行一下理论上的区分。事实上，“安全合作”与“合作安全”是两个既相互联系又相互区别的概念。前者强调的是“合作”，后者强调的是“安全”，二者的侧重点不同。

---

① Helen Milner, “International Relations of Cooperation among Nations——strengths and weaknesses,” *World Politics*, April 1992. 转引自倪世雄等著：《当代西方国际关系理论》，上海：复旦大学出版社，2001 年版，第 326 页。

② 苏长和：《全球公共问题与国际合作：一种制度的分析》，上海人民出版社，2000 年版，第 65 页。

③ [美] 罗伯特·基欧汉：《霸权之后：世界政治经济中的合作与纷争》，苏长和等译，上海人民出版社，2006 年版，第 53—54 页。

④ 李学保：《当代国际安全合作的探索与争鸣》，世界知识出版社，2006 年版，第 68 页。

前者的“安全”表明开展合作的特定领域，后者中的“合作”表明获取安全的特定手段，这是两者间最为明确的区别。但这种区别并非证明“安全合作”与“合作安全”是两个全然不相干的、不同的概念，而只是要说明它们之间存在一定的差距。在做出区别的同时，从客观的实践角度来审视，我们也需要承认，这两个概念范畴间确实存在着一定的联系性。从实践层面来看，合作安全是安全合作的一种新兴的模式。事实上，“安全合作”内涵广泛，形式多样。参与成员既可以是双边的，也可以是多边的；合作性质有同盟安全合作，也有非同盟安全合作；内容既包括军事安全合作，也包括政治经济等其他领域的安全合作；目标既有以防止冲突、缔造和平为目的的合作，也有以威慑第三方为指针的安全合作。而“合作安全”则是一种强调以合作为手段、以共同安全为最终诉求的安全合作的选择模式。

三、多边主义及其对于当代安全合作的影响

虽然多边外交行为早已有之，但对其进行理论上的完整的界定与探讨，还并不多。长期以来，对于“多边主义究竟是什么?”的探讨往往夹杂于其他研究之中。事实上，多边主义的理论化是在20世纪70年代的“相互依存”与“国际机制”的理论基础之上生成的。早期的多边主义只是一种约定俗成的行为模式，并没有引起人们的太多关注，只是随着冷战的结束，全球化与地区一体化的深入发展，人们才开始重新审视这一国际关系中早已存在的现象，并依据时代的特质而给其加入了一系列的限定性因素。

依据约翰·鲁杰（John Ruggie）在其所编著的《多边主义的重要作用：一种国际形式的理论和实践》一书中的界定，多边主义应是

“依据普遍行为原则，协调三个或三个以上国家的制度形式”。[①] 新自由制度主义的始作俑者罗伯特·基欧汉的界定相对而言要更宽泛一些，他认为“所谓多边主义，指的是多个国家组成的集团内部，通过某些制度安排，协调各国政策的一种实践”。[②] 另外，也有学者将多边主义定义为“广义的建立世界秩序的一种组织原则，这种世界秩序就是概念化了的政治、经济、社会、意识形态和文化的结构，它决定着各种人群之间（国家间）的行为方式和权力关系”。[③] 也有学者认为，多边主义与多边外交是一回事，对于多边外交的理论概括即为多边主义。作为国际关系的一个重要的范畴，多边主义研究的对象是国际多边外交行为和活动的内容、作用、理论和机制。[④]

从这四个定义我们可以看到，多边主义是一个多元的概念范畴，不同的学者从不同的实践需要可以给其注入不同的理解，从而形成相应的内涵解读，即多边主义是一种从形式到内涵的国际关系理论形态，它具有极高的灵活性，可以适应不同层次的理论研究需要，对其认识要具有层次性，如此才能切实把握其实质。正如中国学者刘学成所说的，多边主义应该有所区别，基于地理上的多边主义，基于功能意义上的多边主义和基于集体概念上的多边主义是并不相同的。[⑤] 对此，刘建飞提出了制度性多边主义、战略性多边主义（相对于单边主

---

① John Gerald Ruggie ed., *Multilateralism Matters: The Theory and Praxis of an International Form*, New York: Columbia University Press, 1993, p. 11.

② Robert Keohane, “Multilateralism: An Agenda for Research,” *Institutional Journal*, Autumn 1990, p. 731.

③ Keith Krause & W. Andy Knight, State, Society and the UN System: Changing Perspectives on Multilateralism, Tokyo: United Nations University Press, 1995, p. 247.

④ 楚树龙：“多边外交：范畴、背景及中国的应对”，载《世界经济与政治》2001年第10期。

⑤ “多边主义与中国外交”，载《教学与研究》2005年第8期。

义、帝国主义）和工具性多边主义的区分。[①] 秦亚青也认为，多边主义不是一个一元的概念，对其理解要具有复杂思维能力，在秦亚青看来，多边主义具有两种内涵：其一，它是一种主权国家外交行为取向，即从个体国家角度考虑它的对外行为方式，也就是我们常说的多边外交。在这个意义上的多边主义可以同孤立主义、帝国主义及不结盟等一道被看作是一种对国家对外战略的表述，即国家更趋于采取什么样的方式来对待国际关系，来处理与其他国家的关系。其二，多边主义也可以用来表述一种国际互动方式，所谓的地区多边主义或全球多边主义的内涵基本上是这种意义的多边主义。虽然多边主义的第二种意义并不完全排除国家的外交行为取向，但是它所强调的不是从一个国家的角度考虑其采取单边主义、双边主义还是多边主义的对外政策战略，而是从整体角度，即从地区或全球角度强调多边制度结构，考虑国家之间的互动方式，尤其考虑制度性因素对国家之间互动产生的影响。[②]

事实上，在实践中对于多边主义现象进行思考时，因其行为主体主要是国家的缘故，不可能仅就外交或仅就区域体系问题进行割裂式的考察，实际情况是，在思考与探讨地区多边机制时，往往要对当事国的价值取向、对外战略与整个区域的权力格局特征与经济融合程度进行一种综合的考量，即要从个体国家的层面与国际体系的双重维度对某一多边机制进行内外兼修式的研究，从而才能得出一个比较中肯的结论。

而就对安全研究的影响而言，多边主义的介入给安全合作问题的探讨注入了新的生机，使其研究更具系统性与可操作性。这主要是因为多边主义的包容性及其一定的限定性使然。多边主义对于安

---

① “多边主义与中国外交”，载《教学与研究》2005 年第 8 期。

② 秦亚青：《权力・制度・文化》，北京大学出版社，2005 年版，第 158 页。

全合作的影响是深刻的。虽然从字面上理解是一种形式上的限定，即要有三个或三个以上的行为体参与其中，但更为重要的是，多边主义还意味着一种信念或意识形态，而不是简明直接的事务状态。① 作为一种组织原则，多边主义制度有三个特征与其他形式的安排不同：不可分割性、普遍的行为准则、扩散的互惠性。这三个特征应该作为不可分割的、内在一致的整体来对待，而不是附加在多边主义之上的、可以分离的特征。不可分割性可理解为，一旦一项行动在多边主义框架内的单位内或单位间开始执行，其成本和收益在地理和功能上扩散的范畴。普遍性的行为准则常以规范的形式促成国家间联系更为广泛（尽管不是全球性的），而不是根据单个国家的偏好、形势的紧急需要或先验的排他主义立场，以个案的方式来区别对待国家间关系。扩散的互惠性则抑制目光短浅的功利主义态度，它使行为者关注长远的、涉及面广的收益，而不是斤斤计较每时每刻的每一件区区小事。②

多边主义是精致的、且要求极高的一种制度形式，它涉及到一组国家在一些普遍行为原则基础上重复发生的互动行为，而不是与具体的条件或者特定的条件相联系的权宜之计。多边主义这一点本身没有什么独特的地方，因为规范是国际政治正常的特征。③ 因此，多边外交的独特特征并不是规范本身的存在和适用，而是这样一个事实，即有关国家通过阻止共同发生的有害行为或者鼓励相对少见的有利行为，把合作扩展到经常不存在合作的互动领域中，寻求利用多边主义

① ［美］约翰·鲁杰主编：《多边主义》，苏长和等译，浙江人民出版社，2003 年版，第 60 页。

② ［美］约翰·鲁杰主编：《多边主义》，苏长和等译，浙江人民出版社，2003 年版，第 60 页。

③ ［美］帕特里克·摩根：《多边主义与安全：欧洲的前景》，浙江人民出版社，2003 年版，第 381 页。

来把它们之间的合作推进到一个非同寻常的水平。[①] 多边主义的这些特性使安全合作的持久性及价值空前提高。[②]

而正如前面所论及的那样，多边主义是一个多维的理论体系，既包含了仅具形态特征的工具性多边主义，也包含具有国际秩序性质的制度性多边主义，同时它还具有观念与价值的基本属性，这一点最为直接地表明了，以多边主义为基点的地区安全合作可以有多种存在形态，可以以多边主义的不同发展阶段呈现在世人面前。

第二节 多边安全合作兴起的时代背景

作为一种深富时代印迹的国际政治现象，区域多边安全合作具有明显的后冷战时代的基本特点与全球化进程的发展性特征。正是因为冷战的结束与经济全球化、区域一体化这一系列快速改变着国际政治现实的事物的生成，才从根本上催生出区域多边安全合作的勃兴与不断发展。以下所列四个方面是对国际关系的总体性描述，也构成了区域多边安全合作的时代背景。

---

① [美] 帕特里克·摩根：《多边主义与安全：欧洲的前景》，浙江人民出版社，2003年版，第381页。

② 理论上而言，国际合作必然是在分散化、缺乏有效制度和规范的背景下进行的，必然是在文化上相异、地理上相分离的实体之间进行的，因此要进行合作，就有必要充分了解各种成员的动机和意图，克服因信息不充分所带来的问题。在合作安排和实践中，安全被视为一个极其困难的领域。传统的安全合作机制，如多边军事同盟、大国协调、集体安全、合作安全等很难持久的一个重要原因即在于信息不畅、利益纷争与国家破坏行为惩罚的不作为。而多边主义对于上述问题给予了很好的解决思路与相应对策，为区域多边安全合作提供了思想指导。

一、宏观国际体系结构[①]："单极"、"多极"抑或"无极"？

1991年，随着苏联的最终解体，两极格局成为历史，随之而来的是国际关系的混沌状态，各种国际政治力量进入新的分化组合期。

关于下一个国际关系体系结构会是什么样的状态，不同的学者曾给出了不同的答案。一些学者认为，苏联的阵营解体了，但与之相应的西方阵营（特别是美国）不仅没有因为苏联的解体而变得衰弱，相反，它事实上成了国际政治中唯一的超级大国，于是延续美国神话、构建单极辉煌成了一些美国学者和政治家的梦想。[②] 但事实上，今天的国际政治并不具备构成单极体系的土壤，在建立单极霸权这一点上，不仅美国受到来自于中国与俄罗斯等东方国家的反对，即使是其昔日西方阵营中的许多盟友国家（甚至包括美国国内的部分战略学家）也并不认同这个逆历史而行的想法。

2001年，借"9·11"事件而发动的反恐战争为美国的单极诉求由构想走向现实提供了契机，其后的阿富汗战争、伊拉克战争的相继爆发把美国的单极追求推到了历史的最高点。但很快，美国强硬追求单极的政策使其软实力受到前所未有的挫折，伊拉克梦魇更是让美国及其支持者开始体味到单极诉求不可行，包括美国国内学者在内的有

---

① 现代国际体系结构展现在宏观的（全球）层面上，表现为世界主要大国、国家集团在一定历史时期内互动而形成的相对稳定的国际核心结构或战略态势，它是体系内能够对全球重大事态发展发挥作用的单位，即所谓的"极"，在利益和力量对比基础上构成的国际格局。参见俞正樑：《国际关系与全球政治》，上海：复旦大学出版社，2007年版，第70页。

② 在1998年推出的《新世纪国家安全战略》中，美国毫不掩饰地宣称它的目标是要"领导整个世界"。参见倪健民、陈子舜著：《中国国际战略》，北京：人民日报出版社，2003年版，第126页。

识之士纷纷著书立说，批评小布什政府的战略失当。[①] 这标志着冷战后一度盛行的单极论失去了市场。但这并不意味着美国失去了主导世界的志趣，只是其单极化思想的一种被迫弱化过程。

与美国相反，中国、日本、俄罗斯、欧盟都强调国际结构的多极化趋向，并共同推动国际体系向这个方向发展。事实上，早在冷战时代后期，西欧、日本、中国的独立自主性已经开始对美苏的两极格局提出挑战，而冷战后在经济全球化与地区一体化的推动下，这种多极化趋势更为明显。无论是国内生产总值排名世界第二位的日本，还是强调政治、防务一体化的欧洲，抑或是正处于崛起过程中的中俄，都存在着大国抱负与相应的综合实力，均应是国际社会不可忽视的一极。同时也有学者认为，未来的多极格局似乎还应加上其他一些地区强国或集团，如印度、巴西、东盟等。至此，多极化趋势基本上已经成为国际社会的共识。

而随着近年来全球化的深化，有学者基于全球化对国际关系的深刻影响，开始探讨后多极化问题，提出了无极化的战略判断，认为随着国际体系中行为体的泛化与国际力量载体的增长，大国主导国际政治的时期已经成为历史，国际关系正在进入新的无极化时代。其代表人物为理查德·哈斯。哈斯认为，21 世纪国际关系的首要特点正在表现为一种无极化：即世界不是由一个、两个或多个国家所主导，而是由拥有并能运用各种力量的数十个国家和非国家行为体共同主导。哈斯指出，乍一看来，今天的世界可能像是一个多极结构：主要大国——中国、欧盟、印度、日本、俄罗斯、美国——拥有世界一半以上的人口、全球 75%的 GDP 和 80%的国防开支。但这只是一个骗人的表象。今天的世界在其本质上与经典的多极化世界存在着差异：今

① 此类代表性著作为约瑟夫·奈的《美国霸权的困惑：为什么美国不能独断专行》，参见［美］约瑟夫·奈：《美国霸权的困惑：为什么美国不能独断专行》，郑志国等译，北京：世界知识出版社，2002 年版。

天的世界上存在着数目众多的力量中心，而其中的相当一部分都不是民族国家。事实上，现代国际体系的主要特点之一是民族国家已经失去了对于权力的垄断和在一些领域中的领先地位。向上，国家受到来自于国家之上的地区和全球性组织的挑战；向下，受到民兵的挑战；横向上，受到来自各种非政府组织与公司的挑战。今天，权力分散在不同地区和不同人的手中。[①] 对于这种无极化的成因，哈斯提出了三点理由：一是一些国家和非国家行为体的力量增长；二是美国的外交政策加快了它自己的相对衰落；三是不可避免的全球化的结果使然。

在哈斯的三点理由中，第三点最具启发性，同时也深刻地表明了他对于后冷战时代国际格局变化中的一个不同于传统诱因的认识，即全球化的深入发展。同时哈斯也提到："在无极时代，实力与影响力之间的联系越来越少。"按照他的观点，无极化已经成为全球化的必然结果。

与哈斯相似，俄罗斯学者亚历山大·科诺瓦洛夫也认识到了新的历史时期全球化发展对于国际体系结构变化的影响。但与哈斯不同的是，他仍坚信国际体系结构中极化的存在，不过与传统的多极化不同的是，他提出了新的两极化的观点："事实越来越有说服力地证明，我们正在见证新的两极化的形成。每一极的组成结构都很复杂。一极主要包括这样的国家，它们认为，内政以及国家关系应当遵循某种规则和规范，承认一些基础性的价值观和世界文明多样性。另一极既包括国家，也包括非国家的恐怖主义组织和跨国犯罪组织网，它们信奉激进的意识形态，不承认权力规则和道德限制，并以把这种意识形态扩散到全球为任务。传统的地缘政治逻辑不习惯将美国、欧盟、甚至

① Richard N. Haass, "The Age of Nonpolarity," *Foreign Affairs*, May/June 2008.

中国划为一极。但是这种进程已经开始，中国和美国、韩国、日本共同参与解决朝核问题的事实已经见证了这种倾向。”①

实际上，这种“新两极论”思想在一定程度上是对多极化的一种修订。它从是否对于国际社会规则与是否维护国际政治的民主化这一点上来划分极的分类，这一点本身有一定的创新性。而且它也将非国家行为体视为极化思想中的重要一环，这一点与无极论有着很多相似之处。但它将传统主导性大国划为一极，而将不符合国际规则的中小国家与非国家行为体划为一极，事实上是在传统多极论的基础上加入了非国家行为体与中小国家力量增长后对于国际政治产生冲击的成分，是对于传统多极思想的一种补充。新两极论实际上是对多极化与无极化分野的一种调和性尝试。且不管这种新的两极论是否成立，从发展脉络来看，它可以被看作是从多极迈向无极的一个过渡过程中的一个可能性分支。

二、非国家行为体的增长与国际政治的多元化

在以往相当一段历史时期里，国家是国际关系中的绝对主导。然而在冷战结束后的全球化时代里，全球体系内非国家行为体急剧增多，作用显著扩大。民族国家大致可以被当作国际体系内唯一重要角色的时代已不复存在。②

一般认为，非国家行为体包括国际组织、国际政治运动、种族集

---

① 当代“两极”论是由著名的俄罗斯政治学专家 Алексеем Богатуровым 在其《跨国自卫网络》一文中提出的。尽管作者并没有提出“两极”的概念，但他提出了当代冲突最终将导致“和平国家”和“跨国犯罪网”的冲突的观点。参见 http://www.ng.ru/ng_politics/2008-09-16/16_peace.html。

② 时殷弘：《21世纪初期世界政治的基本性质和中国的应有战略》，北京：中国人民大学出版社，2006年版，第16页。

团、宗教组织、政党、跨国公司等，而其中尤以政府间国际组织、国际非政府组织、跨国公司最为活跃，其对于全球化时代国际关系的影响也最为突出。

据国际协会联盟编写的《国际组织年鉴 2000—2001》提供的数据，1909 年时，全球各类政府间国际组织只有 37 个，1954 年时上升到 118 个，1970 年时增至 242 个，半个多世纪才增加了 100 多个，而随着冷战的结束，1992 年，这一数字骤然上升到了 4878 个，在全球化的推动下，2000 年政府间国际组织更发展到了 6556 个。① 与政府间国际组织的增长相比较而言，国际非政府组织数目在冷战后更是急速跃升，几乎每 10 年翻一番。据统计，冷战结束前的 1981 年国际非政府组织的数目为 13309 个，而冷战结束当年（1991 年）这一数字就增长了 78%，达到了 23635 个，到 10 年后的 2001 年，这一数字已猛增到了 47098 个。② 此外，跨国公司的数量同样是一个重要的参考数据，虽然没有找到一组数字来表明其发展的速度，但国际政治经济学泰斗苏珊·斯特兰奇在探讨生产的国际化程度时引用的一个来自联合国跨国公司与管理部的数字足以表明跨国公司在当代国际体系中的主要地位。依据这一数字，1992 年，全球共有 3.5 万家跨国公司，这些公司下辖的子公司达到了 1.5 万个。③ 相对于政府间国际组织与国际非政府组织而言，跨国公司在全球地缘板块中的实际占有率更为庞大。而除了上面述及的这几类典型的非国家行为体外，还有着众多的其他非国家行为体的存在。

---

① 转引自李少军：《国际政治学概论》，上海人民出版社，2002 年版，第 104 页。

② Helmut Anheier and Nuno Themudo, "Organizational Forms of Global Civil Society: Implications of Going Global," in Marlies Glassius, Mary Kaldor and Helmut Anheier, eds., *Global Civil Society* 2001 (New York: Oxford University Press, 2002), p. 195.

③ [英] 苏珊·斯特兰奇：《权力流散》，肖宏宇、耿协峰译，北京大学出版社，2005 年版，第 39 页。

伴随着这些非国家行为体的增长及其在世界政治中的地位与影响的上升，今天的国际社会的概念得到了前所未有的拓展。传统的国际社会由民族国家构成的基本格局也在这一过程中被逐步打破。今天，在探讨国际事务时，我们已经不能仅仅从国家的维度来思考问题，更多的时候需要将非国家行为体囊括其中。如果说 2001 年以前，人们在谈论国际关系时还可以忽略非国家行为体对国际关系发展的影响的话，那么“9·11”事件的爆发及其对当代国际关系的重大冲击，则让世界第一次不得不正视这些非国家行为体在当代国际关系中的重要作用及其对当代国际体系的冲击力。正如苏珊·斯特兰奇在《权力流散》一书中所指出的那样，今天的“政治范围要比政治家们所做的更广大，权力可以由政府行使，也可以由非国家权威行使”。① 在过去，国家垄断了一切权威，而现在，权威不再由国家一个行为体掌握。一系列的非国家行为体已经和正在挑战国家的权力，包括那些最强大国家的权力。在一些区域和次区域地区，国际组织的能量已经超越了国家的影响，如欧洲的欧盟俨然已经是一个新的“合众国”，而东南亚的东盟也已经开始形成合力。

非国家行为体急剧生聚的原因是多方面的②，但不论是何种原因促使其增长，今天的国际政治的现实情况已经与几十年前不同，当时的非国家行为体几乎都要依附于主权国家而存在，其职能亦仅局限于低政治领域，而今天，随着全球化的推进与地区一体化的发展，众多的非国家行为体（主要是政府间国际组织）已经从调控国家间关系的

---

① ［英］苏珊·斯特兰奇：《权力流散》，肖宏宇、耿协峰译，北京大学出版社，2005 年版，前言部分第 5 页。

② 关于非国家行为体当代急剧增多的原因可参阅张贵洪主编：《国际组织与国际关系》，杭州：浙江大学出版社，2004 年版；徐莹：《当代国际政治中的非政府组织》，北京：当代世界出版社，2006 年版；盛红生、贺兵主编：《当代国际关系中的“第三者”——非政府组织问题研究》，北京：时事出版社，2004 年版。

辅助角色发展为调控整个国际政治、经济领域内几乎所有问题的主角，其独立性、主导性正在不断上升，正日益成为国际社会中不可或缺的一分子。以我们熟悉的政府间国际组织为例，冷战后，当面对越来越多的跨国性议题时，这类组织的地位迅速得到提高、作用不断增强，“各国政府愈来愈倚重它们来解决安全问题，来为各自的社会与经济问题寻求答案，来帮助解决人道主义和生态方面的挑战”。[①] 可以毫不夸张地说，在今天的世界，上至外层空间，下至大洋海底，无不存在着相关的国际组织在发挥协调作用。

而作为非国家行为体中另一个突出的代表，国际非政府组织的迅速成长及其在世界政治中的作用的上升，是全球化时代的一道特殊的风景，对于其历史地位及其与国家代表的传统社会的关系的探讨一直是一个矛盾的焦点。[②] 依据学者时殷弘的观点，不同国家的个人、群体乃至政府的“国际社会化”（international socialization）或许是国际非政府组织最深远的作用所在，[③] 也是其快速激增的一个重要原因。

作为一种媒介，国际非政府组织能够帮助越来越多的人去接触不同国度和不同文化的其他人，促使这些人从最初的相近的志趣、关注进而形成相近或相同的情感、观念和诉求。这种跨国参与的过程与参与者间形成的趋同性通常会产生出一种世界主义的观念。这种观念在

① ［瑞士］皮埃尔·德·塞纳尔克朗：“规制理论与国际组织研究”，载《国际社会科学杂志》，1994 年第 11 期，转引自解超、胡键等著：《国际政府组织与中国的外交战略》，贵阳：贵州人民出版社，2004 年版，第 21 页。

② 国际 NGO 与各国政府之间存在着天然的竞争关系，双方都在“争取民众支持”，希望获取更大的认同。从这个意义上来讲，二者间极易产生分歧，甚至在某种领域出现激烈的对抗，但同时，NGO 以其成本低、渠道广、专业性强的优势，也常常能在一些特定领域帮助后者完成许多其难以完成的工作，在这方面，双方间又有着合作共赢的广泛基础。

③ 时殷弘：《21 世纪初期世界政治的基本性质和中国的应有战略》，北京：中国人民大学出版社，2006 年版，第 21 页。

影响跨国参与者个人后，往往会经过各种渠道影响政府决策，从而有可能帮助形成在某个方面较有利于国际协调的对外政策。同时，就这类具有世界主义理念、关注全球性问题的国际非政府组织而言，它们的价值取向和目的在本质上是普世性的，它们将“全球性”置于自己的政治理念、组织和行动的中心位置，一般具有对作为一个整体的人类的政治责任和道德义务感。① 正是在这些具有世界意识的国际非政府组织的努力推动下，国际社会才会在诸如全球生态、能源、恐怖主义防范等问题上形成全球性或区域性共同意识，并逐渐使这些问题被纳入国际外交议程，成为国际社会关注、讨论与处置的对象。从这个意义来讲，国际非政府组织的崛起与壮大，总体上是给全球治理增加了新的筹码。

总之，随着非国家行为体的迅猛增长和国家权威性的相对弱化，国家与非国家行为体间错综复杂、形式繁多的合作、摩擦与冲突，使国际社会趋于繁杂，相应的，当代全球体系与区域国际关系也呈现出复杂化趋势。在这样的体系中，世界政治的基本特征有了显著变化：一种多元政治结构的开始。在这一结构中，民族国家、次国家组织、跨国特殊利益集团都在争夺个人的支持和忠诚，于接踵而来的各种问题上这些组织相互结合，在此基础上磋商与谈判是解决纷争的主要途径。在这种多头政治条件下，世界政治不再是“国际政治”，不再是民族国家间争夺利益和相互斗争基础上的尔虞我诈与权势之争……从其最紧要的当前目标来看，这是一个全球治理越来越盛行、而政府功能减退的世界②，新的多边、多元政治的形式已经建立起来，将许多政府、政府间国际组织和大量的、各种各样的跨国集团和非政府间国

① Ulrich Beck, “Cosmopolitan Manifesto,” *New Statesman*, March 20, 1998, para. 27—28. 转引自上书，第 22 页。

② Ulrich Beck, “Cosmopolitan Manifesto,” *New Statesman*, March 20, 1998, 第 328—329 页。

际组织都卷入其中，今天的世界正在变成一个多元化的世界，而政治也在趋于多元化。

三、信息技术革命与权势基值的演化

与历史上一切大时代的开启一样，全球化时代的开始同样伴随着科学技术的巨大跃升。而这一次的变化主要表现在信息技术的出现及其对国际政治经济体系的影响。

自20世纪90年代以来，以电脑和因特网为代表的信息技术的兴起给世界带来了新的变化。这种源于军事通信领域的电子技术以其燎原之势，迅速进入了人类生产生活的各个领域，通过高速便捷的信息传递方式改变着人类的生活，从而加速了整个国际社会的变革。

同以往技术变革不同的是，这一次变革所带来的改变速度空前提高，触及范围空前广泛。正如英国前首相布莱尔的"精神领袖"、著名社会学家吉登斯所言，全球化的本质就是流动的现代性，这里，流动指的是物质产品、人口、标志、符号以及信息的跨空间和时间的运动。全球化就是时空的压缩，全球化使得人类社会成为一个即时互动的社会。①

对于这种即时性的认识，或许我们可以用美国学者约瑟夫·奈常举的一个例子加以说明。他指出：历史上，天花病毒征服所有有人居住的大陆，差不多用了3000年时间，最后才在1775年到达与大陆隔海相望的澳洲。艾滋病用了不到30年时间，就从非洲传到了全世界。而另一种隐喻性的病毒，2000年的一个电脑病毒"爱虫"，只用了3天就传遍了全球。从3000年到30年到3天，这就是新兴的信息科学

---

① 薛晓源、陈家刚主编，《全球化与新制度主义》，北京：社会科学文献出版社，2004年版，序言部分第3页。

技术带来的对人类生活改变速度的变化。[①]

全球化使这个社会成为突然加速的社会[②]，而信息技术是全球化的加速器，它将资本、技术、观念带到了全球。正是在信息技术的支持下，今天的世界才真正变成了一个统一的整体。今天，只要有一个网络终端，无论是爱好和平的绿色和平组织、关注人权的大赦国际、抑或仅仅是一个对某项事物比较感兴趣的个人，都可以在世界范围内从未有过地发布自已的声音。这种信息传递的自由与便捷度让过去只有政府与公共媒介才能拥有的权力平民化了，而平民化的一个重要的影响即在于：这种由传媒和众多非政府组织、甚至个人的结合所产生出的洲际、甚至是全球性远距离联系渠道的巨大扩展及其便捷准入，意味着更多的重大事件要由国际参与决定。此后，一个传统意义上属于一国范围内的事情再也不能受到国界的限制，特别是当它涉及到了全球诸多行为体的利益诉求时。这种国际参与过程不仅仅包括对于涉及到当事方利益的常规事务的讨论，同时也涉及到非实物化的规章制度的制定和实施监督。可以说，信息技术已经将整个世界连成了一个无缝隙的政治共同体。

事实上，随着计算机网络的普及，信息技术革命已经从根本上建立了世界范围的即时联系，如果再加上电话、电视、卫星和喷气式运输等技术，那么它已经彻底改变了政治交流的本质并正在形塑新的全球政治的雏形。信息的快速流动打开了前现代社会中阻止个人和组织接触的地理上的界线，使个人和组织广泛地体验社会和政治经历成为可能。新的交流体制的发展创造出了这样的一个世界：在其中，地方和个体的特性经常被地区性和全球性的信息网络重新演绎和诠释，这

---

① ［美］约瑟夫·奈：《美国霸权的困惑：为什么美国不能独断专行》（郑志国等译），北京：世界知识出版社，2002 年版，第 88 页。

② 德国前教育部长格尔茨对全球化的评论，参见薛晓源、陈家刚主编：《全球化与新制度主义》，北京：社会科学文献出版社，2004 年版，序言部分第 3 页。

表明依托这种信息交流体制，远距离组织政治行为和运用政治权力成为可能，这使得现代政治团体和地区国家制度变得更加具有普遍性。①

由于互联网在许多国家和地区的急剧扩展，各种组织、团体、甚至个人，已经有可能构成从前只有专门的政治党派才有的广泛联系，同时也有可能通过网络扮演一个昔日只有国家才能扮演的角色。当今流行的看法是，国家的权力来自经济增长和技术革新。能缩短时间、距离或空间的技术就是权力的要素。因特网是最具威力的新技术，因为它能够用比现有的任何通讯手段更快、更廉价、更简便的方式向更多的人输送知识和信息。② 不管好坏与否，技术的发展正在将权力的特殊性弱化，个人已经开始有能力去做过去只有政府才能做的事情，从而形成“电子民主”与“虚拟社群”。而这种虚拟性从虚拟转化为现实的可能性并非渺小，20 世纪 80 年代末的东欧剧变的背后就有着早期“电子民主”的成分。③ 今天的科技发展当然不是当年可以比拟的，这也使得技术带来的权势转化的步伐更为迅速。

毋庸置疑，随着这种新型权势载体的急速增长，权势性质正在出现多元化的趋向，而与权势性质相关的国际政治也在发生着相应的深刻变化。随着越来越多的国际政治行为体通过网络“电子民主”参与到国际事务的讨论与解决方案的拟定和执行监督，国际政治的议题随之越来越具有普世性倾向，即特别关心环境、生态、人权与人道主义援助等全人类共同关心的问题。而伴随着这类问题解决过程的增多，

① 戴维·赫尔德等著，杨雪冬等译：《全球大变革》，北京：社会科学文献出版社，2001 年版，第 82 页。

② 罗伯特·A. 帕斯特编，胡利平等译：《世纪之旅：七大国百年外交风云》，上海人民出版社，2001 年版，第 16 页。

③ 时殷弘：《21 世纪初期世界政治的基本性质和中国的应有战略》，北京：中国人民大学出版社，2006 年版，第 42 页。

各国间的共性将得以极大程度的成长，全球政治将逐步开始取代国际政治成为世界各国关注的焦点。

四、非传统安全[①]的兴起与全球（地区）意识的上升

冷战结束以来，特别是进入21世纪以后，随着经济全球化与信息化力量的持续推动，国际安全环境相对于冷战时期更为复杂，安全威胁呈现出多样化趋势。一方面，传统安全威胁依然存在，两极格局下隐藏的民族、宗教、领土问题得到凸显，成为影响国际社会安全稳定的重要因素；更为重要的是，在整个世界日益连成一个整体、地区主义不断加深的过程中，一种人类以前未曾经历过的非传统、非常规的“另类安全”问题迅速蔓延，非传统安全兴起。两类安全问题相互交织，相互渗透，相互转化，呈现出密切的相关性，致使安全问题变得更加错综复杂。面对这种情况，人们不得不加强对非传统安全的关注。

相对于传统安全的目标明确、问题集中、彼此分隔、影响易于控制而言，非传统安全具有目标泛化、问题繁杂、彼此联系、富于转化、善于传递的总体性特征。如果说传统安全威胁具有定向性特点，可以比较容易地预测与防范的话，那么非传统安全威胁则往往是非定向性的，其威胁的针对对象甚至具有跨越性，例如：传染性疾病的爆发，可以不经过国家层面的传递而直接威胁至个人。此外，非传统安全威胁的爆发具有极强的突然性与蔓延性（如目前全世界正在经历的

① 非传统安全是相对于传统安全而言的，是指除军事、政治和外交冲突以外的其他对主权国家及人类整体生存与发展构成重大威胁的安全问题。换句话说，非传统安全是指区别于传统政治军事安全，又能对国家安全造成实质性影响的更加广泛意义上的安全。这些安全问题既是摆在一国政府和全体国民面前的问题，又是全人类共同面临的问题，是区别于以前单一依靠军事手段解决的安全问题。

由美国次贷危机引起的金融海啸），仅以一国之力极难预测，更不用说有效地防范与应对。而随着信息技术的不断进步与全球网络化生活的逐渐形成，今天，依托新兴技术而生的大量非传统安全威胁，普遍具有全球性扩展的特质，其对于世界安全的总体性影响呈几何倍数攀升，给国家和国际社会造成了日益严重的危害，从而引起了从政府部门到学术界的广泛重视，在国内和国际政治议程中的地位不断提升。[①] 这不仅标志着安全的概念、主体、目标与维护手段与机制的深刻的变化，更表明了整个国际社会正在因为非传统安全威胁的增长而趋于形成某种共同机制，全球与地区一体化的意识正在成为国际社会的普遍共识，一种共同捍卫人类社会生存与发展权益的共同体意识正在形成。这种意识不仅将世界与本地区范围内的人类以命运共生的方式连成一个整体，使其在思想意识上超越传统的国家安全的地理限定，而且也为突破国际社会无政府状态与国家的“绝对自私性”做出了很好的思想铺垫。

回首非传统安全问题的发展历程，我们会发现，它与传统安全问题存在根本上的不同。在某种程度上可以说，非传统安全威胁的出现从一开始就不仅仅是一个普通的国家安全问题，它更多地与人类社会的生存与发展这类终极安全问题密切相关。在其形成与演化的历史脉络中，我们能够看到两条十分清晰的主线：一条是不断拓展的全球性（地区性）共同安全威胁；另一条则是与其共同增长的全球与地区意识，二者相互交织，交替上升。

国际社会对非传统安全问题的普遍关注可以追溯到20世纪后半期，从60年代经济领域关于经济发展模式之争开始，六七十年代到

① 例如，全球气候变暖问题，即从最初的科学家们研究的课题，逐渐演变成了今天包括政治家、公众、媒体在内的几乎每个人都在关注的问题，国际社会更为此专门召开会议，在经过多轮的讨价还价之后，终于于2005年正式签署了旨在防止全球气候变暖的《京都议定书》。标志着应对全球化时代非传统安全威胁的集体机制的形成。

80年代围绕发展和安全这两方面的讨论日益激烈，一些国际性的组织机构或委员会所发表的大量的报告都反映了困扰人类的非传统安全问题。从70年代开始，罗马俱乐部推出了多个国际问题报告，提出了“可持续发展”的观点，揭示了一系列国际社会面临的复杂问题：贫穷、环境退化、通货膨胀、金融危机等。1991年，斯德哥尔摩国际和平研究所在其《全球安全与全球治理》的报告中，号召国际社会对政治斗争和军备竞赛以外的更为宽泛的安全问题，如源自不发展、环境恶化、人口过度增长和移民、不民主的安全问题，承担起共同的责任。在1994年联合国开发计划署的报告中第一次明确地使用了“非传统安全/人的安全”的概念，该报告指出，安全应该包括人的安全，而不是简单地把它等同于领土安全，安全应由发展的途径来获得，而不是通过军备竞赛。1995年，全球治理委员会在其报告中提出，全球安全概念要从传统的以国家安全为中心扩大到全面关照人的安全和我们生活的整个地球的安全。为此，专家学者纷纷著书立说，强调全球（区域）合作、共同治理的必然性与重要性。如在美国新总统大选刚刚见分晓后，美国学者、前助理国防部长约瑟夫·奈就提醒新任美国总统奥巴马要正视国际政治的现实：“应对诸如全球金融市场、跨国恐怖主义或者气候变化等问题，人们只能通过合作进行。命令与服从的原则已经不灵了。”① 今天，共同应对非传统安全威胁已经成为广泛共识，在一些问题上国际社会已经建立起了良好的合作范例，国家间的传统隔阂与地域限定正在被共同的全球（地区）意识所突破。随着能源紧缺、粮食危机、贫困、人口、难民、走私、洗钱、海盗等全球公共问题的持续增长与日趋尖锐化，全球（地区）意识有可能会进一步强化，国际社会的多边合作意识将得到进一步提高。

---

① 塞巴斯蒂安·博格：“美国的软实力得以恢复”，载［德］《明镜》周刊网站，2008年11月8日，转引自《参考消息》，2008年11月12日第3版。

五、小结：我们的时代——崇尚多边机制的国际社会

国际关系的全球化与地区主义的深入发展是当前国际关系发展的趋势。以全球化与地区一体化作为新的逻辑起点，迅速变动的国际关系获得了意想不到的增长空间，促使我们再也不能把国际关系仅仅看作国家间的互动行为，全球化强大的穿透力与融合性让我们更多地看到了国际政治的“全球性”走势与“区域化”发展，由之，似乎更为准确的，我们应该把当代国际政治视为一种“全球政治”或“区域政治”。

新的国际关系拥有的这种特有的时代特性，使之既不失传统国际关系的底蕴，同时又融入了全球社会学的意涵，代表着国际关系发展的一种多元化趋势和超越“威斯特伐利亚束身衣”的未来导向。今天的国际关系正在全球化与地区一体化的巨大的推动作用下，迅速跨越国家主权的历史限定而步入全球社会的早期状态。

因此，对于今天的国际关系而言，尽管国家仍是国际关系中的主要行为体，且传统国家间的互动行为依然大量存在，但国家已不再是国际关系中唯一的行为主体，其战略思考也不应再囿于国家中心主义的传统范畴。

在全球化和全球政治的冲击下，国家及其行为正在发生着深刻的变化，它们在国际关系中的重要性发生了重大的位移。它们开始摆脱国家狭隘性的约束，把国家利益与区域利益、全球利益统一起来，从而把它们所关注的问题，从国家扩展到区域和全球。谋求解决问题的方式，也从国家传统方式扩展到多边主义的区域合作方式和全球合作方式，从而导致合作性的集体行动的萌生。①

---

① 俞正樑：《国际关系与全球政治——21世纪国际关系学导论》，上海：复旦大学出版社，2007年版，第11页。

正如有些学者所指出的那样，对于当代所发生的事情，特别是在欧洲正在发生的一切，不能通过参考国际关系领域的标准理论加以解释。今天，多边主义这个术语已经明显地浮现出来，并且多边主义现象正在世界事务中变得具有首要地位。历史在这一刻注定了每一个国际行为体都必须要选择多边模式。随之而来的，则是国际关系学的重新定义与应对新型安全威胁时的新方法的出现。新的国际关系学将会把跨越国家边界的一切人类互动以及影响这些互动的因素的研究都纳入国际关系的研究范畴①，从而使研究拓展到区域与全球，其关注的重点也从以国家为中心的传统国际关系转向以合作共治为标志的区域关系和全球关系。这一过程对于国际关系理论界提出了重大的期待。“如何看待今天的国际社会？如何应对新的多维的地区与世界？”是摆在每一个国际关系学者面前的一道迷题。学界不仅要解读当代国际关系的现状，更为重要的是要对于这种现状提出理论上的应对之道。与之相应的，对于这个时代中的安全问题的思考，特别是对于共同面对的一系列新兴的安全威胁而言，一种新的安全合作机制的诞生迫在眉睫。而正如这个时代里其他领域里的应对之道一样，在安全领域中，同样需要合理的多边合作模式的生成。

第三节 区域多边安全合作的理论构建

正如任何理论都不可能是万能的一样，冷战后国际关系的深刻

① 有关内容参见 Frederic S. Pearson and J. Martin Rochester, *International Relations*, New York: The McGraw-Hill Companies, Inc., 1998, p. 15。

变革及由之而来的安全内涵的深刻变化，引起了学术界不同理论流派的关注与思考。从这些思想对国际安全合作的不同解读中，我们看到了不同理论流派对于本时代安全发展的独到见解，但同时，也发现了这些解读中不尽如人意的地方。恰如沃尔特所说："每一种视角都捕捉到了世界政治的重要方面，但任何单一途径都不可能捕捉到当代世界政治的全部复杂性。如果我们的认识只局限于其中的一种，我们的理解就会失之贫乏。因此我们最好运用竞争理念的不同组合，而不是局限于单一的正统理论。"① 现实主义、新自由制度主义和建构主义作为当前国际关系理论中的三个主流范式，每一个都有自己独特的视角和解释现实的功能，但又都有其局限性。在国际安全合作问题上它们都揭示了一部分现实，道出了一些合理的成分，但却又都不完整。事实上，冷战后，随着全球化的不断深入，国际事物与现象的复杂性成倍增长，依靠传统理论的解读，往往不能对事物或现象的本质给予全面的说明，而只能涉及其中的某一个侧面。而实际上，今天的国际关系是一个复合的整体，每一个微小的细节变化中，往往都反映出几种理论的思考，这一方面说明了事物的本质决定了正确的理论应该具有趋同性，另一方面也表明了，在今天的国际关系研究中，仅依靠一个或两个理论范式，已经很难对事物的本来面貌进行比较客观的解读。这就需要一种综合各个理论范式的整合式研究模式。就这个意义而言，当代多边安全合作应该是集现实主义、自由制度主义、建构主义对国际安全合作思考的合理成分于一身的新型模式。它强调权力、制度、观念这三大理论代表性要素共同发挥作用，在其多边安全合作的机制中，应该同时具有这三种构成要素。

---

① Stephen M. Walt, "International Relations: One World, Many Theories," *Foreign Policy*, Spring 1998.

具体而言，这种新型的多边安全合作思想应该包括以下几点基本内容：

一、多边安全合作的前提条件：对外部环境变化的基本判断

对外部环境变化的基本判断主要应该包括两项基本内容，即（1）国际关系基本特征是否发生了变化？（2）安全问题是否发生了变化？

首先从国际关系的基本特征来看，国际无政府状态仍然存在，无论国际无政府状态是否如建构主义所言，由行为体间的观念互动所建构，这种客观的状态是现实存在的，在将来相当长的历史时期内仍然会如此。但这种客观状态的存在并不代表没有变化的发生。正如新现实主义、新自由制度主义所共同认为的那样，随着20世纪70年代以来，国际行为体间相互依赖的增长，非国家行为体的大量生成及国际制度形态的不断普及，国际无政府状态不再是完全无节制的对抗状态。事实上，在国际制度的影响下，国际关系在总体上中央权威缺失的情况下仍有一定秩序存在，在国际体系文化上类似于温特所说的“洛克式竞争文化”向“康德式和谐文化”的过渡阶段。这种特定的国际体系结构特征为多边安全合作提供了可能。

其次，就安全问题而言，随着当代国际关系体系中相互依赖性的加强，国际关系与国际安全合作的行为主体①已经不局限于主权国家，国家作为研究唯一主体的时代已经结束，大量非国家行为体的出现给国际安全合作注入了新的力量，同时也促使国际关系理论家们重新认识安全及安全合作问题。在这种新的外部环境变化的推动下，客

① 在笔者看来，安全合作的行为主体是指在国际安全领域拥有自己的特殊利益与责任承担能力，能独立参与对外安全活动并发挥重要作用的实体。有关概念界定参考了李学保对安全主体的界定，参见李学保：《当代国际安全合作的探索与争鸣》，第94页。

观上需要关注三个重要问题：即安全的概念、安全的指向对象、安全合作的变与不变。首先，在这样的一个国际关系环境中，随着非国家行为体的增长与全球化、地区化的持续推进，非传统安全问题大量兴起，这使得安全的概念及其涵盖的范畴必须相应拓展，以吸纳这些新兴的安全问题。与安全概念的这种泛化相应的是安全指向对象的增长。传统安全的指向对象集中于国家，而非传统安全的兴起，使得安全威胁的指向对象已经不再仅仅局限于国家，今天可以说，从国家到个人、从地区到全球，安全的指向对象已经呈现出多样性的特点。由之，在安全概念拓展与安全指向对象多样化的客观影响下，安全合作必然要涉及到更多的安全主体，虽然人们或许还会说个人与国际社会不应该被设定为安全的指涉对象，因为其存在与受到威胁的前提是有民族国家的存在，很多威胁是通过国家传递给后者的，但冷战后国家间、政府间和非政府间的国际组织、国内政府各职能部门、甚至个人等就范围广泛的安全问题所进行的安全互动表明，仅强调政府之间的安全合作是远远不够的。例如，与环境、人口、毒品、艾滋病和恐怖主义等有关的安全威胁，就是由个人和社会群体的行为所导致的，而非来源于国家的军事威胁。① 因此在探讨多边安全合作时应思考拓展进行安全合作的主体，将包括某些具有深刻影响力的个人或组织等其他非国家行为体延揽其中，当然，就目前而言，多边安全合作的主体仍应该以主权国家为主，其他行为体要发挥辅助作用。

二、多边安全合作的基础条件：共同利益和共有观念

多边安全合作的基础性条件主要是指多边安全合作的基础性要素的存在，即指共同利益的存在和共有观念的形成。

① 李学保：《当代国际安全合作的探索与争鸣》，第95页。

共同利益包含两重内涵：一是客观存在的共同利益；二是共同利益观念的形成。无论现实主义、新自由制度主义还是建构主义，都承认国家利益对行为体的行为的决定作用，所不同的只是“国家利益是先天给定的”还是“由国家间的互动过程所形成的共有观念所建构”的。从国家间交往的角度来看，国家利益无疑是国家间关系是否能保持和谐状态的一个重要变量，当国家利益趋同时，国家间关系表现为一种和谐性，有利于合作的生成，而当国家利益相抵触时，国家间关系往往处于现实或潜在的冲突状态。正如现实主义所说的，因为一个国家只关心自己的安全，如果自身的安全没有受到威胁，每个国家都很容易认为维持合作安全安排的成本是不能接受的……。[①] 这番话明确表明了共同利益对于国家间合作生成及其维持的重要意义。而对于安全领域的合作来讲，至关系重要的是要有共同安全利益的存在。传统安全观念将国家的安全等同于军事安全，其合作的空间极为有限，只有在受到其他国家的共同的现实威胁时才有可能合作，合作的策略性要明显高于战略性，而在全球化时代，随着非传统安全威胁的增长，国家间共同安全利益的空间迅速扩大，同时由于这种安全威胁所涉及的对象的异常广泛性，从而使得安全合作不仅能够得到广泛支持，而且因参与者众多而往往具有多边性。关于国家利益促进多边安全合作的另一个重要的原因在于国家利益观的变化。传统利益观强调“零和”，即寻求“相对安全利益的最大化”，从而形成“我之所得即你之所失”的残酷竞争性，从而促使国家间彼此不信任，最终导致安全困境的生成。新的国家利益观强调共赢，主张国家追求绝对安全利益而非相对安全利益，从而为国家间合作共赢预留出合理空间。正如霍夫曼、基欧汉等人所指出的，合作总是与相互间的积极关系相联系

① ［美］约翰·鲁杰主编：《多边主义》，苏长和等译，浙江人民出版社，2003年版，第387页。

的，没有对对方利益和偏好的起码的承认，是谈不上任何合作的。[①]

除开共同安全利益外，共有观念也是一个必要的多边安全合作的基础性要素。广义来讲，共有观念指的是国际行为体（主要指国家）在某一问题上的相同或相近的认知、对某种安全模式的普遍认同和对某些地理区域的归属感，这里主要指的是一种对于安全、安全合作及多边主义模式的共同理解，其理论内涵中包括安全观。具体而言，共有观念首先涉及对安全的理解，在后冷战时代，这种共同理解表现为认为安全不仅指代传统安全，而应该是由传统安全与非传统安全共同组成的一个安全复合体。虽然就国际范围而言，曾在相当长时期内存在对于安全观的不同理解，但近年来，这种情况已经减少，传统的那种将国家安全等同于军事安全，主张安全的排他性，认为安全的威胁来自军事力量的不平衡，维护安全主要靠增强自身军事实力、扩大军事同盟的方法，已经不再是主导性认知。更多的国家开始接受新安全观，不仅强调国家的安全，而且关注地区和全球的共同安全，在获取安全的手段上强调安全合作，主张通过改善政治关系，维护共同利益，达到维护安全的目的，在新安全观的视野中，安全具有共同性。其次，共有观念还表现在对安全合作的目的的认知上，传统的安全认知中虽然也有同盟等合作形式存在，但其合作多限于军事领域，具有不稳定性，其目的还是为对抗服务。新的共有观念排除了合作的对抗性因素，这种排除有利于多边安全合作的进行，事实上正是因为有了这种广泛的在安全上的共识，冷战后多边安全合作才有了共同的思想基础。最后，共有观念还表现在对某些合作模式的共同认可，依据冷战后国际安全多元复杂的特点，安全合作模式最为明显地表现为多边性。而从实践来看，只有在诸多行为体对于多边安全模式有所认同的

---

① 参阅王逸舟著：《西方国际政治学：历史与理论》，上海人民出版社，1998 年版，第 392 页。

情况下，这种安全合作模式才有可能成行。从这个意义上来说，共有观念与共同利益对于多边安全合作具有同样重要的奠基作用。

三、多边安全合作的选择要素：国家的理性

多边安全合作的成行不仅仅要有相互依存的外部环境、共同利益与共有观念，同时在多边安全合作的发展及延续过程中，行为体自身的要素也是很重要的，这主要表现为行为体对于国际机制的选择。这种选择的背后是行为体的理性预期。行为体的理性源于人的理性假定，即将人假定为“经济人”。简单地说，所谓人的理性，就是指每个人都能够通过成本—收益中趋利避害原则来对其所面临的一切机会和目标及实现目标的手段进行优化选择。在新古典经济学中，理性一般是指效用函数的最大化。公共选择理论把理性特征赋予政治活动中的行为体。这一理论的代表人物安东尼·唐斯认为，理性是以既定的投入获得最大的产出。采取国家理性假定，意在强调国家在国际关系中的行为是以理性为准则的，换言之，国际关系中理性国家以与经济学的“经济人”相同的方式行事，即根据成本—收益分析来确定目标、制定政策和实施战略。[①] 正是因为国家有这种“经济人”的特点，在面对威胁或潜在的威胁时，它才会选择合作的方式而不选择单独通过增加实力的方式解除安全威胁，同时也会选择和保持对多边安全合作国际制度的参与而不是放弃。

四、多边安全合作的保障要素：国际机制

正如分析家所指出的那样，虽然共同利益、共有观念对于多边

---

① 田野：《国际关系中的制度选择：一种交易成本的视角》，上海人民出版社，2006年版，第45—47页。

安全合作具有重要意义，但仅有共同利益和良好的共有观念，多边安全合作的建立和维持还是相当困难的，特别是对于维持而言，是一个关键性的挑战，如果处置不好，就又回到旧的多边同盟的状态，即一旦现实威胁消失合作就会随之瓦解，从而使多边安全合作沦为一种消解安全威胁的工具。冷战后的情况显然并非先前的时代的重复，国际体系文化中的相互依存性也绝不是冷战时期的对抗性，这些决定了国家间进行多边安全合作的时候，也不仅仅只是为了一时的安全需要，而更倾向于构建一种长效机制，不仅仅解决一次安全难题，而且要避免未来的难题出现。这就涉及到了一个如何将共同利益与共有观念保持并扩大的问题，正如国家内部为了维护公共秩序需要有交通规则等规范与惩罚机制一样，为确保这上述两个重要因素的存续，需要建立一些管制性安排，这就是国际机制①。依据克拉斯纳在《国际机制》一书的权威性解释，国际机制是指“在国际关系特定问题领域里形成的一整套明示或暗示的原则、规范、规则和决策程序”。② 其中，原则是对事实、因果关系及公正的信念；规范是由权利与义务所确定的行为标准；规则是对行为的特定规定或禁令；决策程序则是作出和执行共同选择时所通用的方式。此外，机制还具有两个重要的外部特征，即：（1）它具有一定的稳定性，不是一个临时性的安排，其变化与国际权势和利益的转移相联系。（2）机制的利益具有长远性，它指导下的行为不是以短

① 国际机制与国际制度具有相似性，有人认为国际制度要包含国际机制内容，但也有学者认为二者在本质上是一回事，笔者在这里选取后一种观念，认为国际机制与国际制度是同一事物的不同概念。参阅王逸舟著：《西方国际政治学：历史与理论》，上海人民出版社，1998 年版，第 389 页。

② Stephen D. Krasner，“Structural Causes and Regime Consequences：Regimes as Intervening Variables，” in Stephen D. Krasner ed.，*International Regimes*（Ithaca：Cornell University Press，1983）p. 2.

期利益的考虑为基础的。[①] 国际机制最为重要的作用在于其对某种行为与认知的稳定性。这主要是源于国际机制的主要功能，一般而言，国际机制主要有四项主要功能[②]：第一，机制具有约束功能。国际机制规定了什么是可以做的，该怎么做，从而为行为划清了一条界限。第二，机制能提供流动的信息。国际机制本身所包含的内容就是信息，这些信息以明文的形式传递，从这些信息中，人们可以知道谁做了什么，哪些国家在服从什么样的和由谁制定的，从而提供一个检验和校对的标准，同时可以通过国际机制了解和预期其他国家的行为，为国家间互动提供可靠的信息。第三，机制提供了互惠的可能。如果法国今天得到较多，意大利可能明天会有更多的收益。在长久的过程中，暂时的不平衡总会得到校正。第四，机制具有惩罚功能。国际机制的关联效应使其能够奖励遵守国际机制的行为，处罚违反国际机制的行为，从而确立国家的活动空间。这种惩罚来自两个层面：一是机制本身所含有的惩罚规定；二是由于违背机制规范损害的声誉使其在未来的行为受到置疑。正是因为有了规则、规范、原则这些国际机制的制约，使国家间的交往连续而透明，从而令国家及其他参与多边安全合作的行为体才有可能克服信息不确定、相互交往中的欺骗行为以及各方对对方欺骗行为的担心。国际机制的有效性是衡量国际机制在多大程度上塑造或影响国际行为的一种尺度。按照奥兰·扬的解释，国际机制的有效性是可以从其能否成功地执行、得到服从并继续维持的角度来加以衡量的；有效性是一个程度大小的问题，而不是一个

---

① Stephen D. Krasner, "Structural Causes and Regime Consequences: Regimes as Intervening Variables," in Stephen D. Krasner ed., *International Regimes* (Ithaca: Cornell University Press, 1983), pp. 2-3.

② 关于国际机制的功能在论述新自由制度主义对于国际安全合作的理念观点时已经有所涉及，这里仅简单论述，不做展开。

“不全则无”的命题。[①] 机制的不同程度的有效性分别对应着不同形态的多边安全合作机制。

五、多边安全合作的目标：构建安全秩序

对于多边安全合作而言，它并不是仅仅要应对面临的现实而紧迫的安全威胁，更为重要的是它要通过国家之间的互动与对普遍原则的承认，进而逐渐形成对共同威胁界定、共同语境、共同决策机制，最终构建起以某种多元安全共同体为表现形式的国际安全秩序。当然，在具体的构建过程中，多元安全共同体的形成不可能一蹴而就，它需要一个渐进的发展过程，即多边安全合作要有不同的发展阶段，由之就会形成一系列的阶段性目标。在这些阶段性目标的实现过程中，目标本身或许都并不完全反映构建国际安全秩序的终极关怀，甚至有个别的情况还停留在多边安全合作的工具性运用中。但这并不影响理论塑造者对构建安全合作秩序的追求，事实上，仅是多边的形式已经在超越传统的以单边、双边为主的模式选择，而开始触及国际关系的安全问题多元多维的现实特征，这已经代表了向多元安全共同体迈进的步伐。而从区域多边安全合作的实践来看，构建国际多边安全秩序也确实是分步走的，往往易于建立多边合作的功能领域或区域先行起步，继而以其示范效应与预期利益引导其他功能领域或区域加入多边安全合作机制。同时，因各个地理区域经济、文化、历史传统的不同，特别是包括对威胁的判断在内的安全观不尽相同，多边安全合作也往往具有区域化、次区域化特征，这一点与多边安全合作的发展性相结合，更进一步决定了多边安全合作模式的与目标的多样化。

---

① 转引自门洪华：《和平的纬度：联合国集体安全机制研究》，上海人民出版社，2002年版，第102页。

六、主要多边安全合作模式

虽然多边安全合作模式是以多边主义原则为基础的国际制度，但作为一种制度形式，多边主义只反映安全合作的形式，并不反映安全合作的性质。就目前的研究来看，从功能与性质的差别角度来看，多边安全合作模式主要有四种形态：多边同盟、大国协调、集体安全、合作安全。其中，多边同盟是传统均势政治的产物，没有摆脱由均势对抗求安全的传统模式，其思想基础在本质上仍是个体安全。大国协调已经开始具有真正多边主义的意思，但它把多边主义局限于大国之间，并不能充分反映中小国家的利益，同时其虽然摆脱了均势的影响，但大国强权的意味仍很浓郁，仍带有旧安全合作的痕迹，应该是一种由传统安全合作向新安全合作过渡的形式。而合作安全与集体安全则从建立国际规范和制度出发来保障所有国家的安全，其思想基础是共同安全、综合安全，体现了冷战后国际关系的现实与未来的发展趋势。四种多边安全合作模式都带有多边的特征，但严格来讲，只有集体安全是真正代表未来发展方向、真正符合理论意义的多边主义安全合作模式，其他三种多边主义安全合作模式则代表了向集体安全合作模式发展过程中的不同阶段的形态。从它们的构成及其现实的功能来看，都有维护行为体安全、影响区域安全秩序的作用，而又有不同的区域地缘特征与安全合作条件完善程度的差异。这四种模式都有其存在的可能性及其现实的需要，在现实中，甚至会常常出现四种模式共同存在于某一区域、四者间此消彼长的局面，而具体哪一种模式代表了本地区的国际安全秩序的基本模式，则要视情况而定。

第二章

亚太地区多边安全合作的发展历程

与国际政治和国际安全领域中的其他现象一样，亚太地区的安全合作也带有很强的时代特征，随着国际格局和地区形势的变化而不断演进发展。由于独特的地理、文化和历史条件，亚太地区多边安全合作拥有自己的特性，经历了一条与欧洲等地区不同的发展轨迹。这种独特的历程不仅决定了亚太地区安全合作的现状，也在相当程度上影响到其未来的发展。

第一节　亚太地区多边安全合作的基本进程

在国际政治中，“安全合作”是一个比较宽泛的概念，既包括国家间为应对共同安全威胁、实现共同安全目标而进行的联盟和准联盟行为，也包括国家间为避免冲突、稳定安全局势而进行的沟通、对话和协调。二战结束以后，亚太地区的安全合作随着国际格局、地区形势的发展而逐步演变，内容和范畴不断扩展，形式和结构也几经变化。总体上看，亚太地区安全合作的进程可以分为冷战时期、冷战结束至“9·11”事件、“9·11”事件以后这三个主要阶段。

一、冷战时期的亚太地区安全合作

美苏之间的尖锐对抗、国际体系的两极状态是冷战时期的主要特征。但是在亚太、特别是东亚地区，这种特征却不如欧洲那么明显。整个冷战时期，亚太地区从来没能像欧洲那样形成一种界限分明的两极格局，也没能形成一条固定的“对抗分界线”。在20世纪50年代，美国拼凑起一系列军事同盟与中苏同盟对立，其在东亚的“弧形防御带”就成为两大阵营对抗的分界线。然而到60年代中苏分裂后，又在美苏对立的基础上出现了中美、中苏对抗。到70年代，随着中美展开协调，本地区主要“对抗分界线”再次发生变化，出现中国与美国及其盟国共同对付苏联的局面。

这种情况无疑深刻地影响了亚太地区的安全合作，使其走了与欧洲不同的道路。首先，美国和苏联都没能在这一地区形成类似于北约、华约这样稳定的、多边的军事联盟。1954年美国虽然拼凑了包括英、法、澳、新西兰、巴基斯坦、菲律宾、泰国在内的所谓“东南亚条约组织”，但这一联盟并完全不是由本地区国家组成的，在美国亚太地区的联盟体系中也不占重要地位，而且内部松散，于1977年就已经解散。其次，这一地区也没有形成类似欧安会那样的覆盖全地区的多边安全机制。20世纪50年代中苏曾呼吁亚太地区各国为地区和平而共同努力，70年代苏联也提出过“亚洲集体安全”建议，但这些设想在冷战时期从未引起过认真的反响。像欧安会那样跨越两大对立阵营的多边安全机制在亚太地区的战略格局下则是既无可能，也无必要。到80年代后期，美国学者还认为，多边安全机制在亚太地区不存在，要建立的话也是在遥远的将来。①

总体上看，冷战时期亚太地区的安全合作以双边军事联盟为主。从其持续时间和对冷战后安全合作的影响来看，比较重要的军事联盟包括：

（一）美日安保关系

美日安全保障关系，或者说是美日同盟始于20世纪50年代。1951年，美国在与日本签订《旧金山和约》的同时签署了《美日安全保障条约》，并于次年签订了《美日行政协定》，从而建立了美日军事同盟框架。1960年，美日又签订了新的《美日安全保障条约》，在一定程度上改善了美日安保关系中严重的"不对等"色彩。然而，美日同盟关系与北约内部成员国之间的关系仍存在关键区别。对于北约来说，对任一成员国的武装进攻都会被视为对所有成员的攻击，可启动"共同防御"条款。但美日之间的"共同防御"只适用于"远东地区"，美国本土并不在其中。②

（二）美韩安全防御同盟

1953年，美国与韩国签订了《美韩共同防御条约》，规定在整个"太平洋地区"，对"缔约任何一方目前各自行政控制下的领土的进攻，或者对以后经缔约一方承认合法地处于另一方行政控制下的领土的进攻"，都将启动双方的"共同行动"。③ 1966年，作为美韩军事同

① Claude A. Buss, ed., *National Security Interests in the Pacific Basin*, Hoover Institution Press, 1985, p. 34.

② 《国际条约集1960—1962》，北京：世界知识出版社，1975年版，第28—29页。

③ 《国际条约集1953—1955》，北京：世界知识出版社，1960年版，第631—632页。

盟关系的一种补充，两国又签署了《驻韩美军地位协定》，使驻韩美军获得了特殊的司法保护。

（三）美澳新军事同盟

美国与澳大利亚、新西兰于1951年在美国旧金山签订了《澳新美安全条约》。该条约于1952年正式生效，奠定了美澳新军事同盟的基础。与美日同盟或美韩同盟相比，美澳新军事同盟更类似于北约，规定缔约国中任何一国受到武装攻击时，应采取共同行动。1984年新西兰政府开始采取反核政策后，新西兰实际上就被排除出美澳新同盟。

除上述军事同盟关系外，冷战期间美国还与菲律宾建立了军事同盟，与泰国签署了《军事援助协定》，并在1954—1977年期间保持了“东南亚条约组织”。另外，苏联和越南之间的军事同盟关系、澳大利亚、马来西亚、新西兰、新加坡、英国在1971年的“五国防务协定”基础上建立的联合防空等等，也都是这一期间亚太地区比较重要的军事同盟关系。

值得一提的是，自80年代以后，随着美苏关系的缓和，亚太地区的安全合作出现了新的动向，一些多边政治安全对话与交流开始出现，像1987年在马来西亚举行的“亚太地区圆桌会议”，同年日本举办的“国际安全论坛会议”、1988年开始的“西太平洋海军论坛”、1989年建立的“亚太经济合作组织”等等。这些多边对话活动和多边机制对缓和地区矛盾、协调各国政治和安全行为起到了一定积极作用，是亚太地区多边安全合作的初始阶段，为其后的发展作了较好的铺垫和准备。

二、冷战结束后多边安全合作的发展

冷战结束使亚太地区的战略形势发生革命性的变化。随着“苏联威胁”的消失，促使各种力量重新评估自身的安全利益和发展利益，调整自身的政策和彼此间的关系。对于地区的安全框架和安全合作，各国也有着不同的考虑。

对于美国来说，冷战结束正是其扩展地区主导权的有利时机。但是亚太地区缺乏像北约这样以美国为主导的稳定性好、覆盖面大的多边安全机制，可以说，美日、美韩等任何美国在该地区的军事联盟都难以承受成员国的大量扩充。在这种情况下，美国就不可能采取其在欧洲的做法，而只能在原有的多个双边同盟的基础上做一些改动和补充。[①] 冷战结束后老布什政府提出的“扇形结构”模式、克林顿政府的“太平洋共同体”构想都反映了这样的战略考虑。俄罗斯经过其短暂的向西方“一边倒”以后，于 1992 年中期开始逐步恢复东西方并重的“双头鹰政策”，但由于其国力不振，俄当时对亚太安全合作并未提出有影响力的建议或主张。对于中国，冷战的结束可能带来一个良好的发展环境，因而提出了“立足亚太、稳定周边”的战略设想，希望推动形成一个稳定、和平的地区安全环境。日本则将冷战结束视为改变日本在美日安保关系中的从属地位、走向政治大国和军事大国的有利时机，其在亚太安全合作中的主张也基本围绕着增强日本在本地区的政治影响力展开。对于东盟，冷战结束一方面降低了大国间爆发大规模战争的风险，另一方面，由于俄军从越南的金兰湾撤出、美军从菲律宾的克拉克空军基地和苏比克海军基地撤出，东盟国家也担

① 比如当时老布什政府的国务卿贝克就阐述了这样的观点，见 James Baker，“America in Asia：Emerging Architecture for a Pacific Community，” in *Foreign Affairs*，vol. 70，no. 5，1991—1992。

心本地区出现所谓的“权力真空”。①

这种错综复杂的战略考虑和利益需求决定了冷战后亚太地区安全合作的基本面貌：一方面，美国在本地区的双边军事同盟得到保留，而且没有经历像北约那样程度较大的改革；另一方面，亚太地区多边安全合作在基本没有以任何“冷战遗产”为依托的情况下发展起来，成为地区安全合作的一个重要的、独立的组成部分。

1990 年 7 月，加拿大和澳大利亚外长先后提出按欧安会模式在亚太地区推行建立信任与安全措施（CSBMs）的主张，引起了各国对建立多边安全框架的探讨。1992 年，联合国秘书长加利发表了一份《和平纲领：预防性外交，建立和平与维持和平》的文件，主张在发挥联合国主导作用的同时，充分发挥区域性国际组织的作用，共同维护世界的和平与稳定。这份文件对于建立亚太多边安全框架，特别是发挥东盟这个次区域国际组织在这一进程中的作用起到了巨大的推动作用。经过一段时间的酝酿，1993 年第 26 届东盟外长会议正式确定成立旨在进行亚太地区安全对话与合作的“东盟地区论坛”（ARF），1994 年 7 月召开 ARF 首次会议，开始形成以东盟为主导、地区各大国参加的多边机制。1996 年，在中国与俄罗斯、哈萨克斯坦、吉尔吉斯斯坦和塔吉克斯坦边界谈判协议的基础上，五国在中国上海签订了《关于在边境地区加强军事领域信任的协定》，并逐步发展为“上海五国”合作机制，到 2001 年 6 月，“上海合作组织”（SCO）正式成立，标志着亚太地区多边安全合作的一次重大进展。

除上述官方层面的多边安全合作外，亚太地区多边安全对话与合作还在半官方、或者说是民间层面发展起来，即“第二轨道”的多边

① 苏浩：《从哑铃到橄榄——亚太合作安全研究》，北京：世界知识出版社，2003 年版，第 179 页。

安全对话。这一渠道主要就地区安全中的敏感问题和不确定性问题进行政策研讨并向政府提供政策建议，发挥着创造宽松氛围、试探多种可能性、拓宽合作领域的重要作用。可以说，官方层面与“第二轨道”互为表里、共同发展是亚太地区多边安全合作的一大特色。其中，1993年成立的“亚太安全合作理事会”（CSCAP）是其中规模最大、活动最积极的亚太地区“二轨”对话机制，参加者是以私人身份出席的政府官员或具有明显官方背景的学者。1994年东盟地区论坛成立后，亚太安全合作理事会迅速确定了为东盟地区论坛服务的宗旨和目标。另外，像冷战后期既已存在的“亚太圆桌会议”（Asia-Pacific Round Table）、1993年在美国加州大学全球冲突与合作研究所倡导下建立的“东北亚合作对话会”（NEACD）、1990年开始的“管理南中国海问题潜在冲突研讨会”（一般简称“南中国海问题研讨会”）等，也是重要的“二轨”对话机制。

总体上看，从冷战结束到21世纪初是亚太地区多边安全合作迅速发展的时期，多边安全合作的基本框架已经定型。在这一阶段，亚太地区最主要的两大多边安全合作机制——东盟地区论坛和上海合作组织已经建立并进一步发展。而且，由于亚太地区巨大的差异性和复杂性，亚太多边安全合作形成了官方层面和“第二轨道”层面相互补充、相互推动的独特框架，与欧洲主要由官方层面推动的模式形成了显著区别。这些多边合作机制基本覆盖了亚太地区所有的国家，为稳定地区安全局势、缓和地区成员之间的矛盾和冲突、促进安全交流与合作起到了积极作用。

然而，从20世纪90年代末开始，亚太地区多边安全合作、特别是东盟地区论坛的发展势头开始减缓，其原因包括：

第一，缺乏新的“增长点”，进一步发展的动力不足。在1995年第二届东盟地区论坛外长会议上提出，论坛将分三步走，即建立信任措施、预防性外交和探讨解决冲突的途径。到90年代末，论坛的发展就进入了第一步与第二步的交叉阶段。然而在预防性外交问题上，论坛虽然在预防性外交的定义、措施及应遵循的基本原则等问题上达成一些共识，但此后进展就明显放慢。其主要原因在于：预防性外交必然触及一些实质性的争议和矛盾，在各国建立信任措施尚未完成的情况下，贸然推动这一问题必然暴露各国之间的分歧，反而拔苗助长。而与此同时，论坛暂时又没有找到一个合适的、能够推动合作进一步深化的领域。在这种情况下，论坛的发展实际上陷入了动力不足的“失速”状态。

第二，对安全威胁的判断和安全合作发展方向缺乏必要的共识。冷战结束以后，亚太地区各国对安全威胁的判断实际上一直没能形成一个基本共识。美日延用冷战思维，将不断发展的中国作为假想中的主要对手，其强化军事同盟关系、共同研制导弹防御系统的做法加深了国家间的不信任，不利于多边安全合作的发展。另外，所谓的“中国威胁论”在一些东盟国家也有一定市场，反映出其对中国发展的疑惧心理。这种情况必然影响到各国对多边安全合作发展方向的看法，从而阻碍安全合作的进一步深入。

第三，美国加强对多边安全合作主导权的争夺。东盟地区论坛走的是小国主导、大国均衡的模式。然而到 90 年代下半期，美国开始积极推动论坛的事务，并显示出争夺论坛主导权的企图。美国以东盟难以有效领导论坛为由，要求东盟放弃对论坛主席地位的“垄断”，提出与东盟分享领导权。1998 年 7 月，美负责东亚事务的助理国务卿斯坦利·罗斯在一篇题为“地区安全的多边主义道路”的演讲中，就直言不讳地要求东盟部分地放弃对论坛的控制，让东盟以外的成员“分享”论坛主席的责任和权力。① 与此同时，美国也大力推动论坛

① 武桂馥、郭新宁：《新世纪初亚太战略纵横》，北京：国防大学出版社，2004 年版，第 158 页。

从建立信任措施阶段转向预防性外交阶段，还提出了一系列具体措施，如建议成立地区预防危机中心，讨论诸如南海争端、朝鲜半岛、台湾局势及核不扩散等问题，并就热点问题采取强制性措施。这些做法主观上客观上都冲击了东盟对论坛的主导地位，干扰了论坛的发展方向和步骤。

第四，东盟国家自身的发展遭受挫折。东盟是东盟地区论坛和整个亚太地区多边安全合作的主要倡导者和主导力量，东盟地区论坛的诞生与发展都离不开东盟的积极推动。然而 1997 年东亚金融危机以后，泰国、印尼和马来西亚等主要东盟成员国的经济遭受重创，而且像印尼随后又出现了长时间的社会动荡。在这种情况下，不少东盟国家自顾不暇，在推动东盟地区论坛的发展、促进地区多边安全对话与合作方面的热情明显下降，这也必然影响到东盟地区论坛的发展进程。

三、“9·11”事件以后亚太地区多边安全合作的新进程

从历史的眼光来看，“9·11”事件的影响和意义可能比当前所能看到更加深远。这一事件及美国随后的反恐战争不仅暴露了国际体系的一些“内生性”矛盾，向世界凸显了“非传统安全”的重要性，更重要的是，它在某种程度上标志着冷战结束后那种大国关系阴晴不定、战略对手和安全威胁难以明确的“后冷战”状态暂时告一段落。对于亚太地区的多边安全合作而言，“9·11”事件也可以看成一个新阶段开始的标志，使得地区多边安全合作摆脱了 90 年代末停滞不前的状态，开始了新的发展。其主要原因包括：

第一，推动各国对地区威胁判断的共识。对于亚太地区的多数国家来说，“9·11”事件和随后美国开展的反恐战争，在冷战以后第一次展示了一个明确的、现实的安全威胁——恐怖主义，也是第一次将

这类威胁提高到国家安全和战略的高度，而在此之前，对地区安全威胁的判断一直是含混不清、缺乏共识的。将恐怖主义等非传统安全威胁作为本地区国家面临的一种重要威胁，是对冷战以后地区安全形势的客观反映，促使部分国家调整自己的政策，暂时改变了寻找大国作为“假想对手”的做法，从而在客观上缓和了大国之间矛盾，为多边安全合作的发展提供了有利的条件。

第二，强化了地区各国以合作求安全的理念。恐怖主义、自然灾害和跨国犯罪等非传统安全威胁的一个重要特点就是不分国界，而且其中像恐怖主义等威胁则具有深层的根源和复杂的背景。对于这类威胁，任何国家、包括最强大的国家在内，都不可能单独应对，而必须通过国家间的紧密合作才能有所作为。因此，在非传统安全威胁突出的情况下，亚太地区各主权国家以合作求安全的理念得到了进一步的强化，从而也在一定程度上促进了多边安全合作的发展。

第三，提供了多边安全合作的新领域、新动力。在 20 世纪 90 年代末期，亚太地区多边安全合作的发展一度因缺乏新的“增长点”而放缓，而“9·11”事件以后的非传统安全威胁则为多边安全合作提供了一个新的领域、新的动力。一方面，不断上升的非传统安全威胁为本地区国家加强在该领域的多边合作提供了强大的动力；另一方面，相对于传统安全领域，在非传统安全领域开展多边合作的阻力较少，敏感性也较低，在文化差异巨大、利益关系复杂、潜在矛盾和冲突较多的亚太地区具有很大的发展空间。

在这种情况下，“9·11”事件以后亚太地区的多边安全合作在深度和广度上都有了进一步发展，非传统安全领域的多边合作则成为其中的亮点。其中，东盟地区论坛迅速将恐怖主义和国际反恐合作作为一项重要议题和任务。在 2002 年第九届外长会议上，论坛就通过了文莱提出的“论坛发展进程设想和建议”，决定设立“打击国际恐怖主义和跨国犯罪会间会”。2005 年第十二届外长会议时，论坛又强调了地区协调和合作在减少灾害和加强应急援助中的积极作用，并表示支持第三十八届东盟外长会议上签署的“建立灾害控制和应急反应协议”。与此同时，东盟地区论坛在机制建设方面也取得了进展，如在论坛框架内设置了由成员国国防部副部长或相应级别的防务和安全官员参加的“安全政策会议”，进一步加大了多边安全合作的深度。上海合作组织的发展则更加明显。2002 年《上海合作组织宪章》签署，标志着该组织从国际法意义上真正建立。2004 年 1 月，上合组织秘书处在北京宣布成立，同时地区反恐怖机构也在乌兹别克斯坦首都塔什干正式启动，进一步强化了各成员国在安全领域，特别是在非传统安全领域的合作。

亚太地区多边安全合作的发展还体现在一些新安全对话渠道和机制的出现上，比如朝核问题“六方会谈”和“香格里拉对话”。2002 年下半年，朝鲜承认推进浓缩铀开发计划并暗示在研发核武器，朝鲜半岛核危机爆发。在中国政府的斡旋下，于 2003 年 4 月在北京举行了中、朝、美三方会谈，同年 8 月扩展为由中、朝、美、韩、俄、日参加的六方会谈。在此后的一系列谈判中，六方会谈这一机制证明了自身的有效性和生命力，为妥善解决朝核问题发挥了重要的作用。在有效推动、环境适宜的情况下，六方会谈还可以进一步处理涉及东北亚地区的多种安全问题，具有成为东北亚多边安全合作机制的潜力。“香格里拉对话”的正式名称是“亚洲安全会议”，自 2002 年开始由英国伦敦国际战略研究所（IISS）主办，由于其每年都在新加坡的香格里拉大酒店举行而得名。这一对话会的议题涉及广泛，由来自 26 个国家和地区的高级防务官员及安全专家出席，是亚太地区参加规格最高的多边安全对话机制。2005 年 12 月，“东亚峰会”在马来西亚首都吉隆坡召开，通过并签署了《关于东亚峰会的吉隆坡宣言》，发表了《关于预防、控制禽流感的东亚峰会宣言》，标志着亚太地区的区域合作进入了一个新的阶段，同时也为地区多边安全合作增加了一个良好的平台。

此外，一些原先并非安全领域的多边机制也向安全领域扩展。1989年成立的“亚太经济合作组织”（APEC）原本作为一个推动地区市场开放和加强经济技术合作的政府间机制，在运行过程中也具有加强成员国间的交流协商、降低冲突风险、促进地区稳定的作用。“9·11”事件后，APEC在反恐领域加强了合作，2001年上海APEC领导人会议发表了各成员国领导人的联合反恐声明，此后，APEC在金融反恐、贸易安全等方面进行了广泛的合作。再如，1997年启动的中国、日本、韩国与东盟之间的“10+3”机制原先主要致力于经济领域的合作，“9·11”事件以后也逐步向安全合作方面扩展。2004年，中、日、韩与东盟同意建立打击跨国犯罪的合作机制，2005年12月第九次“10+3”领导人会议又提出今后将在应对高致病性禽流感等突发公共卫生事件和重大自然灾害、环境保护、打击恐怖主义和跨国犯罪等方面加强合作。近年来“10+3”框架下的非传统安全合作进一步向着务实、具体的方向发展，程度不断加深。2007年6月，来自东盟和中、日、韩及东盟秘书处的代表在中国石家庄陆军指挥学院举行了“东盟和中日韩武装部队国际救灾研讨会”，对武装部队参与国际救灾合作的地位作用、经验做法、军地协调机制、组织指挥基本原则及有关法律制度等问题展开交流。2008年，该研讨会继续在中国石家庄陆军指挥学院举行，集中讨论了国际救灾协调机制建设、标准操作程序、法律保障等专题。

当然，在多边安全合作发展进程中也存在一些不容回避的问题。其中，建立排他性的多边军事联盟在概念上也是多边安全合作的一部分，但其现实效果却往往是降低国家间的信任，对地区多边安全合作的全局起到一种破坏性作用。可以说，在亚太地区多边安全合作中就存在着这样一种倾向。2001年7月，澳大利亚外长就提出一个包括美、澳、日、韩在内的“四国安全磋商机制”的构想，以对付所谓的“地区潜在威胁”。从美、澳政府高官的相关阐释来看，这一构想就是一种封闭的、具有排他性的安排，应该说是体现了美国试图对现有双边军事同盟进行整合、建立以双边同盟条约为基础的多边机制的意图。[①] 2006年，时任日本内阁官房长官的安倍晋三在其出版的《致美丽的祖国》一书中又提出了美、日、澳、印组成“四国同盟”的构想，认为四个“拥有共同的普遍价值观”的国家应加强战略协调。[②] 安倍上台后，这一构想很快成为日本的政策。2007年在菲律宾举行的东盟地区论坛外长会议上，日本积极推动美、日、澳、印组成新的战略对话机制“四国同盟”，并与美、澳、印举行了局长级磋商。2007年9月，四国还在孟加拉湾举行了大规模联合军演。这一构想虽然随着日澳两国政府的更迭而前景看淡，然而也从一个角度反映出在亚太地区组成新的多国军事联盟、或者说是“亚洲版北约”的倾向却始终存在，这势必对亚太多边安全合作的健康发展构成冲击。

第二节 主要多边安全合作机制的发展

作为地区多边安全合作与协调的平台，多边安全机制，特别是主要多边机制在很大程度上代表了地区多边安全合作的水平与特性，它们的发展历程则可以看作是地区多边安全合作发展历程的集中体现。在亚太地区，最主要的多边安全合作机制就是政府层面的东盟地区论坛和上海合作组织。考察这两个机制的发展进程，可以理清亚太地区

① 苏浩：《从哑铃到橄榄——亚太合作安全研究》，北京：世界知识出版社，2003年版，第124页。

② http://news.china.com/zh.cn/news100/11038989/20070829/14307534.htm.

多边安全合作的主要脉络，把握其内在发展规律。

一、东盟地区论坛

（一）东盟地区论坛的发展进程

1993 年 7 月举行的第 26 届东盟外长会议明确了建立以东盟为主导的亚太地区多边安全对话与合作的“东盟地区论坛”。1994 年 7 月，东盟地区论坛首次外长会议在泰国首都曼谷召开，论坛的创始成员包括东盟 6 国（即文莱、印度尼西亚、马来西亚、菲律宾、新加坡和泰国）、东盟的 3 个观察员国（越南、老挝、巴布亚新几内亚）、东盟的 7 个对话伙伴国（美国、日本、加拿大、澳大利亚、新西兰、韩国和欧盟）和 2 个磋商伙伴国（中国、俄罗斯）。1995 年在文莱举行的东盟地区论坛第二届外长会议通过了《东盟地区论坛：概念文件》这一重要文件，提出论坛将分三步走，即建立信任措施、开展预防性外交和探讨解决冲突的途径。会议具体确定论坛在建立信任措施、核不扩散、维和、交换非机密军事信息、海上安全和预防性外交等六大领域开展合作，并同意论坛沿第一和第二轨道进行对话和合作。可以说，第二届外长会议明确了论坛运行的具体框架和未来发展的路线图，在东盟地区论坛的发展进程中占有十分突出的位置。此后，论坛就建立信任措施、维和、预防性外交等问题，多次举行官方、半官方对话与合作会议，取得了一系列成果。

在围绕建立信任措施进行对话与合作的同时，东盟地区论坛也在为进入预防性外交阶段做准备。1999 年在新加坡举行的论坛第六届外长会议同意，论坛将开始探讨在亚太地区开展预防性外交的概念和原则。经过为期两年的积极磋商与对话，各成员国在该问题上达成了妥协。2001 年在河内举行的论坛第八届外长会议通过了“东盟地区论坛预防性外交概念与原则”、“加强东盟地区论坛主席作用”和“东盟地区论坛专家名人职权范围”三份重要文件，在预防性外交的定义、所遵循的原则和基本内容等问题上进行了阐述。总体来看，论坛在预防性外交问题上的讨论是初步的，而且做法也十分谨慎。文件将预防性外交定义为“征得所有直接当事方同意后，由主权国家所采取的协商一致的外交和政治行动”。同时还明确指出：“东盟地区论坛成员所同意的预防性外交的概念和原则不是法律上的义务。它们是只能适用于东盟地区论坛的共同看法，应将它们理解为论坛继续对话过程中一种逐步演进的共识的当前状况。论坛各种对话应将加强论坛成员之间的相互理解和信任作为目标，充分考虑本地区的现实，并与国际法和论坛进程中确立起来的基本原则保持一致。”① 因此，河内会议是论坛为进入下一阶段发展的一种尝试和准备，反映出论坛的发展意向，但是并没有实质性的突破，也没有从根本上改变 20 世纪 90 年代末以来论坛发展放缓的局面。

“9·11”事件以后，恐怖主义和其他非传统安全威胁的增长使论坛面临新的任务，同时也为其提供了新的动力，其发展主要体现在三个方面：

第一，成员国进一步扩大。东盟地区论坛是一个开放型的多边安全机制，1994 年正式成立以后，其规模不断扩大，成员国从最初的 18 国增加到 2001 年的 23 个（期间柬埔寨、缅甸、印度、蒙古和朝鲜先后成为论坛成员）。2001 年以后，论坛又接纳了东帝汶、巴基斯坦、孟加拉国和斯里兰卡作为新成员，使其成员国扩大到 27 个。从地理范围上看，东盟地区论坛的成员已经扩展到整个南亚次大陆，基本涵盖了亚太地区的所有国家，可以说是该地区最具代表性的多边安全机制。

① “Concept and Principles of Preventive Diplomacy”, http: //www. aseansec. org/3571. htm.

第二，非传统安全领域的合作显著加深。“9·11”事件以后，东盟地区论坛内部应对非传统安全威胁，特别是恐怖主义威胁的合作迅速加强，从而在一定程度上改变了论坛工作“虚多实少”的状态，使论坛框架内的安全合作向着务实、具体的方向发展。2002年7月，东盟地区论坛发表了《东盟地区论坛关于打击恐怖主义金融活动措施的声明》，其中提出几项具体措施，包括立即冻结恐怖分子的资产、加强反恐情报交流、推动建立反洗钱等方面的国际标准，等等。① 这是论坛首次直接采取集体行动处理政治与安全问题。

第三，国防官员参与加大，军事安全对话进一步深入。军事安全是一个高度敏感的领域，也是增加互信的重要内容。在论坛发展的初期，军事安全很少被直接触及，军人或国防官员的参与也受到严格的限制。1997年5月在马来西亚召开的东盟地区论坛高官会上，各国的外交和国防高级官员开始以午餐会的形式非正式地讨论地区军事安全问题。1999年起，论坛单独设立国防官员午餐会，到2002年又在午餐会基础上建立了由中级国防官员参加的国防官员对话机制。2002年7月，论坛第九届外长会议通过了《东盟地区论坛进程设想和建议》文件，提出扩大军人的参加，进一步增进地区安全互信。2003年6月，中国在第十届外长会议上首次提出召开“东盟地区论坛安全政策会议”的倡议并得到其他成员国的支持。当年10月，中国散发了“东盟地区论坛安全政策会议”概念文件初稿。2004年7月，在印尼召开的第十一届外长会议批准了概念文件，决定此会议每年举行一次，由东盟国家担任主席，参与人员为国防部副部长或相应级别的防务和安全官员。2004年，首届“安全政策会议”在北京召开，从而在东盟地区论坛的框架内增加了一个直接交流军事安全议题的平

① “ARF Statement on Measures against Terrorist Financing”, http: //www. aseansec. org/12001. htm.

台，为推动亚太地区进一步建立互信、深化安全合作发挥了重要作用。

（二）东盟地区论坛发展的主要特点

十多年时间里，经过地区各国的协调与努力，东盟地区论坛在促进地区安全对话与合作方面取得了显著成就，并形成了自己独特的模式。从其以往的实践来看，论坛的发展主要有以下特点：

第一，论坛的发展体现出高度的开放性。东盟地区论坛的开放性首先体现在成员构成上。其成员不受意识形态、社会制度和经济社会发展水平的限制，甚至地理上的限制也不严格，比如论坛还包括了欧盟这样不属于亚太地区的国家组织。这种开放性和包容性适应了亚太地区安全形势的特点，有利于反映地区内各类国家的不同需求。其次，论坛的开放性也体现在议题的设置上。从其十几年来的实践来看，论坛的对话议题设置始终是开放的，不仅关注地区安全，也涉及各种经济、社会、文化等其他领域的问题，“9·11”事件以后又迅速扩展到非传统安全领域。而且，论坛所讨论的问题也并不局限于本地区，像核不扩散、环境保护等全球性问题，以及巴尔干冲突和阿以和平进程等其他地区的安全问题也在论坛的讨论范围之内。第三，论坛的运作模式也是开放的。论坛积极与地区其他类型的多边安全机制相配合，鼓励加强对话，广泛利用多种渠道、多种层面的对话形式来推动自身的发展，形成了多种对话机制相互支撑的独特运作模式。

第二，在发展进度上强调协商一致、照顾各方的“舒适度”。东盟地区论坛强调成员国之间的“协商一致”，即通过磋商达成共识并作出声明，但这样的声明并不具有约束力，而且任何成员国有不同意见都可以保留。在论坛本身的发展上也同样贯彻这种原则，强调循序渐进、照顾到各方的意见和“舒适度”（level of comfort）。而在实践中，则往往是等到各方形成共识以后才开始采取行动向前推进，并不急于在限定的时间内实现某一目标。比如，《东盟地区论坛：概念文件》虽然提出了论坛发展的三个阶段，但都没有在时限上作任何规定，以保证各成员国按照各自的情况进行充分的准备。从其十多年的发展进程来看，这种方式最大限度地照顾到亚太地区多样性、复杂性的特点，保证了各成员国的积极性，避免了因推动过急而引起的反弹和抵制，对论坛本身具有积极作用。

第三，小国在论坛发展过程中发挥了重要的推动作用。小国主导、大国均衡是东盟地区论坛发展过程中的又一个重要特征。由于亚太地区的主要大国彼此之间的猜忌较深，在一些重要的安全领域存在战略性矛盾和竞争，因而没有一个大国可以安然占据主导地位。相反，东盟国家则可以通过自己独特的地位和技巧，推动多边合作的发展。在亚太地区特殊的力量结构下，东盟的主导地位可以为各方接受，正如新加坡外长杨文荣所说："让东盟坐在驾驶席上，会让每个人放心，因为我们是安全的驾驶员。"[①] 在十多年的时间里，东盟一方面加强内部协调与合作，确保自身独立自主的形象；另一方面，在多边合作中谨慎处理与大国的关系，在大国间出现矛盾时则积极进行调解并提出建设性建议，从而起到一种大国间"润滑剂"的作用。

（三）东盟地区论坛面临的主要问题

当然，东盟地区论坛的发展绝非一帆风顺。亚太地区复杂的安全形势使得论坛不断受到一些问题的困扰，其每一步发展都必须付出很大努力才能实现。这些问题与矛盾根源于亚太地区的战略格局和历史

① "东盟为适应新世界格局而重新定位"，载（新加坡）《海峡时报》，2005 年 9 月 8 日。

背景，同时也与论坛自身的结构和组织有关，具有长期性的特点。

第一是东盟内部的协调问题。东盟在论坛的运行过程中发挥着重要作用。然而，作为一个由中小国家组成的国际组织，东盟缺乏强有力的核心，难以真正形成一个紧密团结的、具有高度凝聚力的集团。在关于论坛发展的很多问题上，东盟内部就存在较大分歧。比如，在是否遵循“协商一致”原则来推进论坛发展上，一些东盟国家就认为这一原则影响了效率，建议用“多数一致”来代替。再如：在安全合作的原则与内涵上，一些东盟国家主张“建设性地介入”某些国家的内部事务，但另一些东盟国家则坚持不干涉原则。这种内部凝聚力不足、协调程度较低的情况与东盟希望充当论坛“核心”的想法相去甚远。在很多时候，由于内部缺乏共识，东盟并不能像其设想的那样在论坛中发挥“主导作用”，从而在很大程度上也影响到论坛的发展动力，是其前进过程中的一个深层次制约。

第二是西方国家对地区安全合作主导权的争夺。在东盟自身凝聚力不足的情况下，西方国家对地区多边安全合作主导权的争夺也对东盟地区论坛的发展构成了冲击。西方国家，特别是美国希望东盟地区论坛的发展能更多地体现西方的理念与利益，一方面积极提出各种具体建议，努力推动多边合作向“欧安组织”模式方向发展；另一方面也不断试图争夺论坛的主导权。与此同时，西方国家还试图在多边安全对话与合作中“另起炉灶”，通过设置更能反映西方意图的机制来降低东盟地区论坛的地位与作用。比如美军太平洋总部1995年在夏威夷成立了“亚太安全研究中心”，其用意就是吸收亚太各国官方、非官方有影响的人士进行经常性的安全对话与磋商，以扩大美国在亚太多边安全合作问题上的影响。另外，2002年伦敦国际战略研究所主办的“香格里拉对话”在议题上与东盟地区论坛基本重叠，参加规格则更高，因而在某种程度上也可以看成是西方国家谋求多边安全对话与合作的主导权、“架空”东盟地区论坛的一种努力。

第三是论坛本身的作用遭受质疑。东盟地区论坛建立以来在地区安全中发挥着积极作用，通过增进互信、建立良好的氛围和环境，达到了防止冲突和加强国际安全协调与合作的作用。一些西方国家批评论坛为“清谈馆”是不符合实际的，是对论坛作用的贬低。但是也应该看到，如果长期停留在促进安全对话、发表各种联合声明的阶段，同时又缺乏更多实质性的合作内容，那么论坛的有效性和存在价值将会遭到越来越多的质疑，其本身的发展也会受到影响。从目前情况来看，东盟地区论坛还远远不能发挥解决安全争端、协调地区安全的作用，而且其防止冲突的作用也不足，甚至不能防止东盟内部的冲突，其在 2008 年柬埔寨与泰国之间的领土争端中的表现就体现了这一点。从长远来看，这也是限制论坛发展的一个重要因素。

二、上海合作组织

（一）上海合作组织发展的基本进程

20 世纪 90 年代末中国、俄罗斯、哈萨克斯坦、吉尔吉斯斯坦、塔吉克斯坦在边境信任措施的基础上形成了“上海五国”机制，成为上海合作组织的前身。2001 年 6 月，“上海五国”的成员国元首和乌兹别克斯坦总统在上海举行会晤并发表《上海合作组织成立宣言》，规定上海合作组织的宗旨是“加强各成员国之间的相互信任与睦邻友好；鼓励各成员国在政治、经贸、科技、文教、能源、交通、环保及其他领域的有效合作；共同致力于维护和保障地区的和平、安全与稳定；建立民主、公正、合理的国际政治经济新秩序”。[①] 同时，6 国元首还签订了《打击恐怖主义、分裂主义和极端主义上海公约》，显示

① “‘上海合作组织’成立宣言”，载《人民日报》，2001 年 6 月 16 日。

出深化地区多边安全合作的决心，为今后上海合作组织加强反恐等方面的能力奠定了法律基础。

“9·11”事件发生后，中亚地区的安全形势进一步复杂化。为稳定地区局势、应对恐怖主义的挑战，上海合作组织进一步加快了自身的建设步伐。2002年，上海合作组织6个成员国的元首在俄罗斯圣彼得堡签署了《上海合作组织成员国元首宣言》、《上海合作组织宪章》和《关于地区反恐怖机构的协定》。其中《上海合作组织宪章》对《成立宣言》中规定的上合组织的宗旨作出了进一步的细化，规定要“维护地区和平，加强地区安全与信任；就共同关心的国际问题、包括在国际组织和国际论坛上寻求共识；研究并采取措施，共同打击恐怖主义、分裂主义和极端主义，打击非法贩卖毒品、武器和其他跨国犯罪活动，以及非法移民；就裁军和军控问题进行协调”，此外还指出该组织要在贸易、投资、交通运输、利用自然资源等多个方面促进成员国之间的合作。宪章还明确了组织的内部机构设置，其中包括“国家元首会议、政府首脑（总理）会议、外交部长会议、各部门领导人会议、国家协调员理事会、地区反恐怖机构和秘书处。秘书处是上海合作组织的常设行政机构，承担该组织框架内开展活动的组织技术保障工作”。[①]《宪章》的签署使得上海合作组织具备了完整的法律基础，在国际法意义上成为一个真正的国际组织。2004年1月，上海合作组织秘书处在北京成立，地区反恐怖机构在乌兹别克斯坦首都塔什干正式启动，这两大机构的运行标志着上合组织进入全面发展阶段。

在完善机构设置、组织程序和法律制度的同时，上海合作组织框架内的多边安全合作也在向着深入、务实方向发展。比如，在打击“三股势力”方面，上海合作组织在《打击恐怖主义、分裂主义和极

① 中华人民共和国外交部网站：http：//www.fmprc.gov.cn/chn/30857.html。

端主义上海公约》、《上海合作组织成员国关于地区反恐怖机构的协定》的基础上，又签署了《上海合作组织成员国打击恐怖主义、分裂主义和极端主义2007至2009年合作纲要》、《关于在上海合作组织成员国境内组织和举行联合反恐行动的程序协定》、《关于查明和切断在上海合作组织成员国境内参与恐怖主义、分裂主义和极端主义活动人员渗透渠道的协定》等一系列重要文件，使多边安全合作更加深入和具体。在打击非法武器交易、毒品走私和其他跨国犯罪方面，成员国之间也建立起了有效的司法协调和信息交换机制。此外，为加强共同打击恐怖主义的能力，上合组织成员国之间还举行了一系列反恐军事演习。2002年10月，中国与吉尔吉斯斯坦在中吉边境进行联合军演，这是中国与其他国家的第一次联合实兵演习。此后，在上海合作组织框架下又进行了一系列联合军演，如2003年8月，中国、哈萨克斯坦、吉尔吉斯斯坦、俄罗斯、塔吉克斯坦5国武装力量举行“联合—2003”反恐演习。演习科目包括“侦获、拦截与迫降越境飞机”、“围剿非法越境武装分子”、“城镇清剿，解救人质”、“攻打营地，联合围歼”等，参演兵力为1000人。这是上海合作组织框架下的首次多边反恐联合军演。2005年8月，中俄举行“和平使命—2005”演习，演习规模有了进一步提高，双方参演兵力近二万人。2007年8月，中俄又举行“和平使命—2007”演习。为进一步规范联合军演的程序、加大该领域的法规建设，上合组织还于2007年6月签署了《上海合作组织成员国关于举行联合军事演习的协定》，从而使上合组织框架内的联合军演向着更加机制化的方向迈进。

另外，上海合作组织在安全合作的广度上也不断加强。首先，上合组织进一步拓宽合作领域。除推动成员国在打击“三股势力”、跨国犯罪等方面加深合作外，上合组织还将合作扩展到其他安全领域，比如2006年上合组织的上海峰会通过了《上海合作组织成员国元首关于国际信息安全的声明》，突出显示了上合组织对信息安全的关注。

另外，能源安全合作也逐步成为上合组织的一个重要合作内容。2007年6月，上合组织首次能源部长会议在莫斯科举行，讨论了能源合作的前景和成员国能源战略对比问题。其次，安全合作影响和辐射的地理范围也不断扩大。经过几年的快速发展，上合组织显示出强大的生命力，在中亚地区的安全与稳定上发挥了关键作用，已经成为亚太地区多边安全合作中的一个重要平台。这种示范效应对周边国家产生了强大的吸引力，上海合作组织的安全合作关系也逐步向外延伸。2004年开始，上海合作组织启动了观察员机制，同年6月在塔什干举行的第四次峰会上，蒙古成为观察员。2005年7月，在哈萨克斯坦首都阿斯塔纳举行的上海合作组织第五次峰会上，印度、巴基斯坦和伊朗又被接纳为观察员，从而使上海合作组织的安全合作关系进一步扩展到南亚次大陆和中东地区。

总体来看，上海合作组织体现了冷战以后亚太地区多边安全合作的突出成果。在短短的几年时间内，上海合作组织就基本完成了自身各项制度建设，同时将各成员国之间的安全合作推进到一个相当的程度，基本实现了全面深化和扩大成员国间多层次合作的任务。这不仅在亚太地区独一无二，从世界范围来看也属罕见。值得一提的是，上合组织这种成就是在一种相对动荡、复杂的形势下取得的。上合组织成立一年以后就发生了“9·11”事件，美国随即出兵阿富汗并在中亚地区实现了军事存在。西方一些观点认为这种情况标志着上海合作组织遭受失败。① 与此同时，在西方势力的渗透下，中亚一些国家出现了“颜色革命”，如2005年3月吉尔吉斯斯坦发生的“郁金香革命”以及同年5月乌兹别克斯坦的“安集延事件”。然而上合组织经受住了这些冲击和考验，其在逆境中的快速发

① 转引自苏浩：《从哑铃到橄榄——亚太合作安全研究》，北京：世界知识出版社，2003年版，第136页。

展不仅体现了各成员国推进安全合作的决心和意志，也显示出该组织强大的生命力。

（二）上海合作组织发展的特点

第一，以传统的增加信任措施为基础。上海合作组织是在中国、俄罗斯和中亚国家在边境地区相互裁减军事力量和加强军事领域信任的基础上发展起来的。最初，中、俄等国的目标均比较有限，仅仅是预防冲突、稳定边界和加强军事互信。然而通过这种传统的增加信任措施，参与各方之间的互信得到了培养，创造了有利于进一步开展合作的良好氛围。正是在这样的基础上，各方之间的协调与合作开始向其他领域扩展，并在打击恐怖主义、分裂主义和极端主义和稳定中亚地区局势等方面找到了更多的合作需求。2001 年上海合作组织成立以后，成员国之间不仅在安全领域加强了合作，而且这种合作又扩大到政治、外交、经济、科技、文化、环保、能源、交通等方面，逐步向全方位、多层次方向发展。可以说，上海合作组织这种由某一领域的合作逐步向外扩散的发展方式是比较有特点的，接近于国际关系理论中的“外溢”（spillover）[①] 模式。

第二，“新安全观”贯穿发展的全过程。从“上海五国”机制的最初形成到上海合作组织的建立和发展，各成员国都有意识地将新安全观作为指导并加以实践，从而保证了上海合作组织的健康发展。可以说，上海合作组织从一开始就摒弃了那种以实力对比为威胁判断依据、将自身的安全建立在他国不安全基础上的旧安全观，主张在和平共处五项原则和联合国宪章基础上，通过平等对话、交流与合作消除对立，增进共同安全。1997 年 4 月，中、俄、哈、吉、塔五国元首

① ［美］詹姆斯·多尔蒂、小罗伯特·普法尔茨格拉夫：《争论中的国际关系理论（第五版）》，阎学通、陈寒溪等译，北京：世界知识出版社，2003 年版，第 552 页。

签署的《关于在边境地区加强军事领域信任的协定》和《关于在边境地区相互裁减军事力量的协定》就充分体现出完全不同于冷战思维的一种新的安全观，“顺应了冷战后国际形势和国际关系发展的时代潮流和需要，有利于国际合作与发展，有利于世界和平与安宁，有利于建立公正合理的国际政治经济新秩序”。① 2001 年 6 月上海合作组织正式成立以后，在推动国家间合作、实现共同安全方面取得了更多的成果，进一步凸显出其在实践新安全观、推动新安全观发展方面的独特作用。

第三，大小国共同倡导，推动形成新型国际关系。上海合作组织是由中、俄两个大国和中亚地区五个中小国家共同创建、共同推动的。在发展多边安全合作的同时，上海合作组织成员之间在经济、政治、文化等多个领域的合作关系也在不断加强，推动国家间关系整体发展。在这一过程中，各成员国不分大小一律平等、通过对话磋商化解矛盾冲突的原则得到充分体现，以“互信、互利、平等、协商，尊重多样文明，谋求共同发展”为基本内容的“上海精神”也得到不断充实和完善。此外，上海合作组织的发展坚持“奉行不结盟、不针对其他国家和地区及对外开放的原则，愿与其他国家及有关国际和地区组织开展各种形式的对话、交流与合作”，② 推动形成了“结伴而不结盟”的新型国际关系，为建立国际政治经济新秩序做出了重要的贡献。

第三节　安全观的演进

安全观是人们对安全本身以及实现安全的途径的认识。作为一种

① “睦邻友好的新安全模式”，载《人民日报》1997 年 4 月 25 日。

② “‘上海合作组织’”成立宣言，载《人民日报》2001 年 6 月 16 日。

理念层面的东西，安全观始终与国际政治和国际安全的实践进行着密切的互动并对后者产生巨大的影响，甚至可以说，安全观决定了国家安全行为和安全政策的基本形态。在国际安全协调与合作中，安全观同样起着关键作用。从二战以后的情况来看，安全观的演进与国际安全合作的发展几乎是同步进行的，是一种相互促进的关系。一方面，安全观的改变使国际安全合作具有了新的内容和发展空间，同时，国际安全合作实践的发展也为安全观的演进提供了更多的现实支撑，提出更高的要求。

在亚太地区多边安全合作的发展进程中，安全观也同样扮演了关键角色。冷战期间亚太地区的多个军事同盟就是传统的集体安全观的具体化，而从 20 世纪 80 年代起，亚太地区开始总结以往的经验教训，分析安全领域出现的各种新变化，并在此基础上逐步提出一些超越传统思维的新型安全观。这些安全观彼此之间并不存在鲜明的界限，在内容上往往是相互补充、相互印证，可以说是从不同的角度对同一个现实的反映。从发展过程来看，这些安全观的演进也是相互影响、相互交叉的，其阶段性并不像亚太地区多边安全合作的实践活动那么明显。因此，这里只能对主要安全观进行逐个梳理。

一、冷战后亚太地区的主要安全观

（一）集体安全观

“集体安全”（collective security）本来是指所有国家或大多数国家一致对破坏和平的国家采取共同行动，从而保障国际社会的安全与稳定，联合国就体现了这种集体安全观。但是在亚太地区，集体安全的含义却有所不同，其主要体现了美国对此概念的理解。在美国看来，集体安全体现的是某一集团内部的共同防御行为，比如柯林斯就认为集体安全是“通过共同行动谋求国家联盟中所有成员国的安全”。[①] 这样，集体安全观实际上就是通过建立和加强军事同盟来对付现实的或想象的威胁，是美国在亚太地区军事同盟体系在理念层面上的反映。

这种美国版的集体安全观所包含的内核就是典型的传统安全逻辑：第一，安全是一种你得即我失的“零和游戏”，我国的安全必然以对手的不安全为代价，反之亦然；第二，实力的对比是判断自身是否安全的重要依据，对方实力的增长就是对我方的威胁；第三，实现安全的手段就是扩充自己的实力，特别是军事实力，而与其他国家结成军事联盟则是一种主要选择。在冷战结束以后，美国仍保留了这种集体安全观，其主要变化就是从防范一个确定的对手变为针对相对不确定的威胁，或者说是不指明的“对手”。美国克林顿政府出台的《面向新世纪的国家安全战略》就明确指出要将其在亚太地区的双边军事同盟作为美国在“这一地区继续发挥安全作用的基础”。[②] “9·11”事件发生后，美国对威胁判断作出调整，指出美国“面临的最严重的危险来自极端主义和技术的结合”。但在如何应对威胁的问题上，美国仍然将其同盟关系放在首要位置，认为“9·11”事件为美国与亚太地区的联盟注入了活力，而发展与中、俄等大国的关系则需要以“联盟所提供的稳定为基础”。[③]

可以看到，尽管在具体的表现形态上有所变化，但这种传统的安全观的内在逻辑并没有变化，实际上就是“冷战思维”的体现。在冷

---

① [美] 约翰·柯林斯：《大战略》，中国人民解放军军事科学院译，战士出版社，1978 年版，第 228 页。

② The White House, *A National Security Strategy for a New Century*, May 1997.

③ The White House, *The National Security Strategy of the United States of America*, September 2002.

战结束以后，随着全球化的深入发展、国家间相互依存程度的不断加深，这种传统的安全观已经显得越来越不合时宜。在多样性、复杂性都很强的亚太地区，这种观念明显不利于克服国家间的猜忌和不信任，甚至会加剧地区内业已存在的紧张局势，对地区多边安全合作的健康发展产生巨大的负面影响。

（二）共同安全观

“共同安全”（common security）的概念最初是由欧洲国家提出的。早在 1982 年，由瑞典前首相帕尔梅牵头的“帕尔梅委员会”提出了一份著名报告，即《共同安全：生存的蓝图》。这份报告所提出的共同安全侧重于各个国家对于防止战争的共同责任，强调各国的安全与生存是相互依存的。这一安全观体现了欧洲国家在美苏激烈军备竞赛的背景下试图寻求改变、寻求出路的一种努力，其提出后很快成为欧安会开展活动的一种理念依据。

在亚太地区，各国基本上都认同共同安全观中对国家间共同安全利益的强调，然而多数亚洲国家并不接受其中与欧安会的组织与实践密切相关的部分。因此，共同安全观在被亚太地区各国所接受的同时，也有了新的形态。一些国家在此基础上进行了发挥，丰富了共同安全观的内容。

美国太平洋总部司令布莱尔海军上将提出的“安全共同体”概念就可以视为共同安全观的一种发展。他在一篇名为“重构亚太地区安全安排”的文章中指出，亚太地区未来应向安全共同体方向发展，而安全共同体则意味着：“各国不打算或者不准备相互冲突，而是愿意为解决地区摩擦共同努力，愿意为联合国授权的、支持外交安排的行动派遣武装部队并提供其他援助；愿意促进人道主义行动，愿为建立信任、信心和能力，联合对其武装部队进行规划、训练和演习。”[1] 而且，参与安全共同体的国家也不一定是军事同盟的缔约国，而应包括所有具有共同安全利益和合作意愿的国家。这种观念与原先的“集体安全观”相比体现出一定的进步。然而需要指出的是，在如何实现这种“安全共同体”的问题上，布莱尔的设想仍然是以美国在亚太地区的双边军事同盟为基础，将这种同盟框架扩大为“合作网”，因此并没有完全跳出美国“集体安全观”的框框，在亚太地区并不现实。

（三）综合安全观

与共同安全观相比，“综合安全”（comprehensive security）则是一个更富亚太色彩的概念，其在 20 世纪 80 年代由日本政府首先提出。日本提出的综合安全主要包括四层意思：国家安全体现在多个方面；对国家安全的威胁来自多个方面；国家维护安全的方式是多种多样的；国家由此必须具备多种能力。此后，东盟国家也开始从这一角度来分析国家安全问题。综合安全观的提出反映了国际政治与安全发展的新现实，使各国对国家安全的理解从传统的军事领域扩展到包括政治、社会、经济等各个方面，客观上有利于地区多边安全合作的开展。

冷战结束以后，亚太地区的安全环境迅速变化，传统安全威胁大幅下降，民族宗教矛盾、大规模武器扩散、恐怖主义、毒品走私、海盗、跨国犯罪、环境恶化等威胁显著上升，甚至成为一些国家面临的主要安全威胁。这种情况使综合安全观具有了更加现实的意义，促使更多的国家接受并实践这种安全观。1997 年东南亚金融危机爆发，一些东盟国家不仅在经济上遭受重创，其政治稳定和社会稳定也受到

---

① Dennis C. Blair and John T. Hanley Jr., “From Wheets to Webs: Reconstructing Asia-Pacific Security Arrangement,” *the Washington Quarterly*, Winter, 2001, pp. 7—17.

很大破坏。像泰国就发生社会动荡，总理差瓦立被迫下台，而印尼的情况更加严重，首都和部分城镇发生暴乱，出现民众游行、绝食抗议，长期执政的总统苏哈托也被迫下台。这些充分体现了国家安全中各领域之间的“联动效应”，同时也从一个侧面进一步反映出综合安全的重要性和现实性，经济安全、特别是金融安全成为国家安全的重要内容。

从20世纪90年代中期开始，美国也逐步接受综合安全这一概念。美国国防部1998年出台的《1998美国东亚—太平洋地区安全战略》中就明确提到：“‘综合安全’是一种更广泛的安全概念，包括各种与传统军事力量和影响无关的因素。国际安全所面临的新的、非传统的威胁并非以夺取领土和击败武装力量的能力为基础。它们越过武装力量而直接威胁基本的政治、经济和社会结构，而这些正是一个国家或地区的稳定与繁荣所赖以存在的基础。”其中列出了恐怖主义、环境恶化、传染性疾病、毒品走私、能源问题、人道主义救援6个方面的威胁。美国还提出要运用其国际经济与政治援助来消除跨国安全威胁的根源，也要通过双边接触和地区的、国际的多边组织和机制来施加政治影响，以提醒国际社会关注这类威胁并与之斗争。① 当然，美国在这一时期虽然接受了综合安全的概念，但并没有真正加以重视。

“9·11”事件以后，恐怖主义等非传统安全威胁在亚太地区安全中的地位迅速凸显，促使各国更多地从多角度、多领域来审视自身安全，进一步运用多种手段维护安全利益。其中美国对自身的安全环境判断作出了重大调整，认为“我们国家面临的最严重的危险在于极端

① U. S. Department of Defense, *The United States Security Strategy for the East Asia-Pacific Region* 1998, November 23 1998.

主义和技术的结合”，① 从而开始真正重视应对传统的大国竞争、军事安全以外的威胁。在这种情况下，强调超越传统军事安全的综合安全观显示出了充分的现实性和前瞻性，逐步成为亚太地区普遍接受的安全观念，同时也增加了新的内容和层次，实现了进一步发展。

（四）合作安全观

“合作安全”（cooperative security）是亚太地区在冷战后形成的又一种安全观，它与综合安全观在逻辑上有着密切联系。综合安全强调的是所要实现的目标和状态，而合作安全似乎更强调实现目标的途径和方式，即通过国际合作的途径来实现国家和地区安全。

在合作安全的具体内容方面，亚太地区国家由于角度、背景和具体利益需求的不同，其看法存在一些差异。比如美国就比较注重通过合作来降低军事安全威胁，其合作安全观体现出明显的军事色彩。此外，像加拿大、澳大利亚和东盟在这方面的认识与提法也各有侧重。然而总体上看，上述各家的合作安全观仍存在着共同点，那就是通过地区合作来预防、遏制和处理国家间的矛盾和争端、应对多样性的安全问题和安全威胁。

根据国外一些学家的总结，亚太地区各国提出的合作安全核心包括三层含义：（1）包容性。其中包括两方面：一是参与者的包容性，即对于任何一个行为体，不论其观点如何、政体性质如何、在国际组织中的地位如何，也不论其是否参与其他多边论坛，均可参与其中。而且，合作安全强调非国家行为体和国家行为体一样，均可参与国际合作进程。二是探讨议题的广泛性。合作安全是基于“综合安全”的理念来设定对话与讨论议题的，因此其涉及面必然包括多个领域、多

---

① The White House, *The National Security Strategy of the United States of America*, September 2002.

个层次。（2）建立对话的习惯。各国应该定期举行双边或多边对话，因为建立正式的对话机制将带来长远的利益。（3）通过合作实现安全。因为当今的一些安全问题，如跨国犯罪、环境问题等等，已经无法通过单边行动来处理，要求主权国家之间、甚至包括一些国内的相关行为主体共同采取行动。[1] 需要补充的是，在亚太地区，合作安全并不一定要求建立正式的、有约束力的国际机制或组织，而是可以通过循序渐进的方式逐步实现机制化的安全合作。这一点也是合作安全与欧洲版“共同安全”之间的主要区别。

从亚太地区多边安全合作的实践来看，这种合作安全观已经被绝大多数国家所接受并在现实中得到了广泛应用。其三个核心特征，特别是“包容性”的特征较好地适应了亚太地区独特的安全环境，有利于地区多边安全合作的顺利开展。

二、中国的新安全观

中国作为亚太地区有着重要影响的大国，作为亚太地区多边安全进程的重要参与者，对于如何看待安全、实现安全的问题有着自已的理解。冷战结束以后，中国开始认真分析时代特征和地区安全形势的发展趋势，在总结以往经验的基础上广泛参照其他国家的做法，逐步形成了新的安全理念。从 20 世纪 90 年代中后期开始，中国开始公开提出自己的“新安全观”，丰富了亚太地区“综合安全观”和“合作安全观”的内涵，为推动地区多边安全合作、推动国际关系的健康发展作出了重大贡献。

① 转引自苏浩：《从哑铃到橄榄——亚太合作安全研究》，北京：世界知识出版社，2003 年版，第 58 页。

(一) 中国新安全观的提出与发展

中国首次正式提出“新安全观”的主张是在1996年。在当年举行的第三届东盟地区论坛会议上，时任中国外长钱其琛在发言中倡议建立“新安全观”，并提议论坛适时开始这方面的探讨。此后，中国政府就将建立和推行“新安全观”作为一项重要的工作，在各种场合、各种文件中不断对其进行充实。1997年4月，中国对新安全观进行了具体的阐述。中国在与俄罗斯签订的联合声明中共同提出了建立“新安全观”的倡议，主张“确立新的具有普遍意义的安全观，必须摒弃‘冷战思维’，反对集团政治，必须以和平方式解决国家之间的分歧或争端，不诉诸武力或以武力相威胁，以对话协商促进建立相互了解和信任，通过双边、多边协调合作寻求和平与安全”。[①] 这是中国第一次比较完整、具体地表明自己的新型安全观，符合冷战结束以后国际安全的发展趋势，与“冷战思维”形成了鲜明对比。当然，从中也可以看出，当时中国提倡的新安全观仍处于初步发展阶段，其主要强调运用和平方式解决争端、防止冲突，运用的领域主要还是国家间政治和军事安全方面。

1997年7月爆发的东南亚金融危机是冷战后亚太安全中的一次重大事件，对于中国新安全观的发展也产生了很大影响，其综合安全的特点更加明显，经济安全、特别是金融安全的地位进一步突出。实际上，从改革开放以后，中国就开始逐步重视金融安全。邓小平同志就曾指出，金融是“现代经济的核心，金融搞好了，一着棋活，全盘皆活”。[②] 经过东南亚金融危机，中国对经济安全、特别是金融安全的认识更加深刻。在1998年7月第五届东盟地区论坛外长会议上，

---

① “中俄关于世界多极化和建立国际新秩序的联合声明”，载《人民日报》，1997年4月24日。

② 《邓小平文选》第3卷，北京：人民出版社，1993年版，第366页。

时任中国外长唐家璇在发言中就强调了经济安全的重要性，指出："经济安全最重要的实质是维护国家的经济主权，核心是金融安全。经济安全首先基于制定正确的经济发展战略，提升国家经济实力和竞争力，有赖于政治稳定，主权不受侵犯，发展模式受到尊重。同时，也需要积极参与和加强区域经济合作与协调，调整和完善现行的国际经济和金融秩序，尤其要加强对过度投机的监管和防范。经济安全是相互的，不应采取以邻为壑的做法。"① 与亚太地区其他国家的综合安全观相比，中国的这种安全理念把经济安全放在一个突出位置，着重强调了经济发展对安全的基础作用和支撑作用，因此也可以称之为"发展安全观"。其含义有两个方面：第一，对于单个国家，强调国家的安全需要发展来提供基础，不重视经济发展将带来不安全；第二，对于一个地区乃至整个国际社会来说，需要通过共同发展，实现"各国经济持续发展，经济交流与合作不断扩大，从而加深各国利益的相互依存，为地区安全提供坚实的经济基础"。②

在上述理念的基础上，中国对冷战后国际安全形势发展的规律和趋势进行了进一步总结和概括，使新安全观得到了更加系统的发展。1999 年，中国国家主席江泽民在日内瓦裁军谈判会议上发表演讲，指出："新安全观的核心，应该是互信、互利、平等、合作。各国相互尊重主权和领土完整，互不侵犯、互不干涉内政、平等互利、和平共处五项原则以及其他公认的国际关系准则，是维护和平的政治基础。互利合作、共同繁荣，是维护和平的经济保障。建立在平等基础上的对话、协商和谈判，是解决争端、维护和平的正确途径。""安全必须是各国的普遍安全。国家不分大小、贫富、强

① 唐家璇外长在第五届东盟地区论坛外长会议上的讲话，1998 年 7 月 27 日。

② "在第四届东盟地区论坛会议上钱其琛就亚太形势阐述我观点和立场"，载《人民日报》，1997 年 7 月 28 日。

弱，都有享受安全的平等权利。”[①] 这是中国政府第一次明确了新安全观“互信、互利、平等、合作”的“八字”核心，标志着中国新安全观的成型与完善。

2001年“9·11”事件发生后，中国明确认识到地区安全形势的重大变化，即“世界安全威胁呈现多元化、全球化的趋势，各国在安全上的共同利益增多，相互依存加深”，并据此对新安全观的内容进行了适时的调整和补充。2002年7月31日，参加东盟地区论坛外长会议的中国代表团向大会提交了《中方关于新安全观的立场文件》，全面系统地阐述了中方在新形势下的安全观念和政策主张，是中国新安全观发展过程中的一份具有标志意义的重要文件。在文件中，中国明确提出“新安全观的实质是超越单方面安全范畴，以互利合作寻求共同安全。新安全观建立在共同利益基础之上，符合人类社会进步的要求”。与此同时，中国对新安全观的“八字”原则也做了一些调整，将其中的“合作”改为“协作”，并对其作出了详细的阐述，使新安全观更加充实丰满。中国指出，新安全观的核心应是互信、互利、平等、协作。其中“互信”是指超越意识形态和社会制度异同，摒弃冷战思维和强权政治心态，互不猜疑，互不敌视。各国应经常就各自安全防务政策以及重大行动展开对话与相互通报。“互利”是指顺应全球化时代社会发展的客观要求，互相尊重对方的安全利益，在实现自身安全利益的同时，为对方安全创造条件，实现共同安全。“平等”是指国家无论大小强弱，都是国际社会的一员，应相互尊重，平等相待，不干涉别国内政，推动国际关系的民主化。“协作”是指以和平谈判的方式解决争端，并就共同关心的安全问题进行广泛深入的合作，消除隐患，防止战争和冲突的发生。对于如何在地区安全中实现

① 江泽民：“推动裁军进程维护国际安全——在日内瓦裁军谈判会议上的讲话”，载《人民日报》，1999年3月27日。

安全与稳定的途径与模式，中国也提出了比较完整的看法，认为“新安全观的合作模式应是灵活多样的，包括具有较强约束力的多边安全机制、具有论坛性质的多边安全对话、旨在增进信任的双边安全磋商，以及具有学术性质的非官方安全对话等。促进经济利益的融合，也是维护安全的有效手段之一。”①

除了依据安全形势做出调整和充实外，中国的新安全观发展也受到国内新思想的推动。2003 年 10 月中共中央十六届三中全会上首次完整提出了“科学发展观”的概念，在 2005 年的十六届五中全会上又把科学发展观做为各项工作的指导。中国的新安全观也受到科学发展观的影响，吸收了其中的核心精神，特别是其中强调“统筹兼顾”的思想。2006 年中国的国防白皮书就指出：“中国依据发展与安全相统一的安全战略思想，对内努力构建社会主义和谐社会，对外积极推动建设和谐世界，谋求国家综合安全和世界持久和平；统筹发展与安全、内部安全与外部安全、传统安全与非传统安全，维护国家主权、统一和领土完整，维护国家发展利益，维护国家发展的重要战略机遇期；努力构建互利共赢的合作关系，促进与其他国家的共同安全。”②从这个意义上说，中国的新安全观既是对国际安全形势和国际安全合作实践的概括，也是国内思想观念发展的结果。在 2007 年 7 月召开的东盟地区论坛第十四届会议上，中国外长杨洁篪对亚太地区的新安全观的实践进行了总结，这实际上也可以看成是对中国新安全观以往的发展和内容的一次重要归纳。他从三个方面总结了亚太地区的新安全观实践：（1）相互尊重、相互平等；（2）互利合作、共同发展；（3）求同存异，协商共事。同时还指出，新安全观是以互信、互利、平等、协作为核心理念的安全观，是综合安全观、发展安全观、合作

① http：//www.fmprc.gov.cn/chn/wjb/zzjg/gis/gizzyhy/1136/1138/t4549.htm.

② 中华人民共和国国务院新闻办公室：《2006 年中国的国防》，2006 年 12 月，第 7 页。

安全观、共同安全观，是建立在亚太地区多样性和共同利益基础上的安全观念和安全模式，顺应人民的意愿和时代潮流，符合亚太和平、发展、进步、繁荣的内在规律和要求。①

（二）中国新安全观的主要特点

中国的新安全观与亚太地区的共同安全、综合安全和合作安全等安全理念是在同一个时代背景和地区安全形势下发展起来的，而且相互影响、相互借鉴，彼此之间存在不少共性。然而，中国的新安全观与中国的经历和国情密切相关，带有浓厚的中国特色，主要表现在以下几个方面：

第一，强调反对冷战思维。所谓“冷战思维”是指在冷战时期占主导地位的安全观念，其主要内容包括两个方面：（1）实力对比是威胁判断的标准，认为对方力量的增长就是对自身安全的威胁；（2）安全合作强调对付共同威胁，强调结盟以针对第三方。中国新安全观从一开始就旗帜鲜明地反对冷战思维。在1997年“中俄联合声明”中就明确提出“必须摒弃‘冷战思维’，反对集团政治”。1999年国家主席江泽民在英国剑桥大学演讲时也指出：“维护国际安全必须彻底摒弃冷战思维，努力把国际社会的持久和平建立在促进各国相互信任和共同利益的新安全观的基础上。”② 在威胁判断上，中国一方面认为“冷战思维”本身就是威胁，中共中央的十五大报告指出：“冷战思维依然存在，霸权主义和强权政治仍然是威胁世界和平与稳定的主要根源”③，同时中国也提出“一个国家对于世界是否构成威胁，不

---

① 中华人民共和国外交部网站：http：//www.fmprc.gov.cn/chn/wjb/zzig/gis/gizzyhy/1136/t410566.html。

② 江泽民：“在英国剑桥大学的演讲”，载《人民日报》，1999年10月23日。

③ 江泽民：《中国共产党第十五次全国代表大会上的报告》，第47页。

在于它的国力是否强大，而在于它奉行什么样的内外政策”，[1] 从而与按实力对比来判定威胁的“冷战思维”形成鲜明对比。另外，在关于安全合作的问题上，中国也明确反对冷战思维，主张“安全是相互的，安全对话和合作旨在促进信任，而非制造对抗，更不应针对第三国，不能损害别国的安全利益”。[2] 在创建和发展上海合作组织的过程中，这种“不结盟、不对抗、不针对其他国家和地区”的安全合作理念应该说得到了充分的实践和进一步深化。总体上看，在中国所有涉及新安全观的文件和表述中，都不同程度地提出了反对冷战思维的观点。可以说，中国新安全观从其正式提出开始，就一直作为冷战思维的对立面而存在的。

第二，强调安全合作的政治前提与基础。中国的新安全观主张国家间相互信任、相互合作以实现国际安全与稳定。然而中国认为，安全合作不是无条件的，而是需要在一定的前提和基础上才能够顺利进行并真正实现国际和平与稳定。在 1999 年，中国就强调各国相互尊重主权和领土完整、互不侵犯、互不干涉内政、平等互利、和平共处五项原则以及其他公认的国际关系准则是国家间进行安全合作的政治前提和基础。在 2002 年《中国关于新安全观的立场文件》中，中国政府明确提出国际安全合作应以下列原则为基础：(1) 在《联合国宪章》、和平共处五项原则及其他公认国际关系准则的基础上开展合作，充分发挥联合国的主导作用；(2) 通过谈判和平解决领土、边界争端和其他有争议的问题；(3) 本着互惠互利、共同发展的原则，改革和完善现有国际经济与金融组织，寻求共同繁荣；(4) 除防止外敌入侵、维护领土主权完整等传统安全领域外，重点对打击恐怖主义、跨国犯罪等非传统安全领域予以关注；(5) 根据公正、全面、合理、均

① 江泽民：“为建立公正合理的国际新秩序而努力——在俄罗斯国家杜马的演讲”，载《人民日报》，1997 年 4 月 24 日。

② “中国的国防”，载《人民日报》，1998 年 7 月 28 日。

衡的原则，在各国普遍参与的基础上，实行有效的裁军和军控，防止大规模杀伤性武器扩散，维护现有国际军控与裁军体系，不搞军备竞赛。①

第三，强调经济发展在国家安全和国际安全中的重要地位。中国的新安全观高度重视经济发展对安全的意义。一方面，中国将经济安全提高到一个相当重要的位置，认为经济稳定发展是国家安全和地区安全的基础，没有发展就没有安全，从而形成了具有中国特色的“发展安全观”；另一方面，中国也高度重视开展国际经济合作对于国际安全合作的促进作用。中国认为“各国经济持续发展，经济交流合作不断扩大，从而加深各国利益的相互依存，为地区安全提供了坚实的经济基础”。② 对于亚太地区经济合作与安全的关系，中国则指出“以东亚10+3合作为代表的各种地区经济合作机制的发展，不仅给有关国家带来了现实经济利益，也增进了各参与方的相互交流、信任与合作，进而促进了本地区的安全与稳定”。③ 实践中，中国也把加强经济交流与合作作为营造周边持久安全的重要途径，积极参与并推动形成了“10+3”合作、大湄公河次区域合作、中国—东盟自由贸易区等多渠道、多层次、多形式的地区经济合作。

第四，强调安全合作必须关注地区多样性。中国的新安全观是基于世界和亚太地区的现实而提出的。中国认为，世界是丰富多彩的，亚太地区更是如此。兼容并蓄，增进合作，才有利于共同进步和发展。因此，中国十分强调国际安全合作必须尊重国家间的差别，必须加强包容性，让不同意识形态、不同发展模式、不同观点的国家都参与到安全合作的进程中来。这种尊重和关注地区多样性的特点尤其体

① http://www.fmprc.gov.cn/chn/wjb/zzjg/gis/gizzyhy/1136/1138/t4549.htm.

② “在第四届东盟地区论坛会议上钱其琛就亚太形势阐述我观点和立场”，载《人民日报》，1997年7月28日。

③ http://www.fmprc.gov.cn/chn/wjb/zzjg/gis/gizzyhy/1136/1138/t4549.htm.

现在中国对地区安全合作模式的看法上。中国认为亚太地区的安全合作模式应该是灵活多样的，首先“必须是基于主权平等的真正意义上的合作，其目的是实现所有参加者的共同安全”。其次，“考虑到冷战后安全威胁源和安全利益的多元化，对共同安全利益的认识只能是一个逐渐发展的过程，而且这往往是在大框架下的共同利益。因此，新型安全合作也只能是一个循序渐进的过程。”第三，“这种合作以不减损任何成员的安全感为基本前提，因此它不可能触及各国基本防务体系，而重在增进各国之间的相互了解与信任。”[①] 应该说，中国在亚太安全合作的实践就充分地体现了这种对地区多样性的尊重和关注。

① “安全的合作与合作的安全”，载《人民日报》，1997 年 7 月 16 日。

第三章

亚太地区多边安全合作的发展特性

亚太地区的多边安全合作是在亚太地区独特的环境中发展起来的，体现出鲜明的“亚太特性”，与欧洲、非洲和南美洲的地区多边安全合作形成鲜明对比。这种特性主要来源于亚太地区特殊的经济、文化和安全背景，在多边安全合作的结构和进程中均有体现。

第一节 亚太地区多边安全合作的背景特征

与欧洲、非洲和南美相比，亚太地区的多边安全合作走了一条不同的道路，其结构相对松散、机制化程度较低。形成这种特点的主要原因是地区经济、文化和安全背景的差异。在欧洲，发达国家占了绝大多数，是世界上经济发展程度最高的地区之一，而且经济一体化程度高，各种制度、法规和组织比较健全；以基督教文化和自由主义的结合则构成了欧洲多数国家的主体文化，具有相对统一的文化背景；安全上存在部分隐患，但基本上都得到控制，欧洲国家几百年来通过战争、谈判等方式已经基本解决了领土边界问题。因此，欧洲的多边安全合作发展较早，机制化程度较高，形成了一种中心圆的结构，即以欧盟作为中心圆的中心吸引与整合周边国家，将其纳入到结构之中。[①] 在非洲，地区多数国家的经济发展水平不高，差异并不大，在种族、民族文化方面也有较多的共同之处，以非盟为中心的地区多边安全合作近年来也发展迅速，机制化程度较高。在南美，国家间经济发展水平的差异也不存在太大的差别，其民族文化主要是天主教—拉丁文化和部分印第安土著文化的混合，在民族、语言和宗教文化方面具有高度共性，从而为多边安全合作的深入提供了相当有利的背景条件。

相对而言，亚太地区就不存在这样有利的背景条件。从地理上看，亚太地区的界限就不是非常清晰，关于亚太的概念至少有5种以上不同的观点。[②] 目前，如果从国际安全角度来看，亚太地区主要涵盖了东盟地区论坛的26个成员国（欧盟除外）和这一区域内的其他国家和地区，其地理范围包括东北亚、东南亚、南亚、大洋洲和北美在内的广大地区。亚太地区的地形地貌十分复杂，既包括内陆腹地，又包括濒海地区、半岛和一系列岛屿，其中在太平洋西部就存在着由千岛群岛、日本列岛、琉球群岛、台湾岛、菲律宾群岛、加里曼丹岛等组成的西太平洋第一岛链。在这一地区还存在着许多著名的海峡，如白令海峡、鞑靼海峡、宗谷海峡、津轻海峡、对马海峡、台湾海峡、巴士海峡、马六甲海峡等等，构成海上的天然要冲。从地缘角度

① 朱立群：《欧洲安全组织与安全结构》，北京：世界知识出版社，2002年版，第254页。

② 朱阳明主编：《亚太安全战略论》，北京：军事科学出版社，2000年版，第1—2页。

来看，整体上看，亚太地区的地理体现出很强的多样性、复杂性的特点。这种地理条件加之历史发展进程的不同，亚太各国在经济、文化和安全背景方面也有自身的明显特点。

一、经济背景

亚太是全球经济最有活力的地区之一。从经济总量上看，即使不包括美国和加拿大这两个北美发达经济体，亚太各国和地区的 GDP 仍占世界的四分之一，而且是世界制造业的中心：约 47%的电视、90%的 DVD、70%的移动电话和 92%的个人电脑产自这一地区。① 2003 年高盛公司提出的"金砖四国"（俄罗斯、中国、印度、巴西）中有就三个在亚太地区。进入 21 世纪后，亚太地区经济总体上仍保持了强劲的发展势头。2007 年，在世界石油价格高企和美国发生次贷危机的情况下，亚太经济依然增长较快。在发达经济体中，美国的经济发展有所减缓，2007 年的 GDP 增长率为 2.2%，低于 2006 年的 3.1%和 2005 年的 3.6%。日本处于经济缓慢复苏阶段，增长率为 2%，澳大利亚经济则发展强劲，增长达 3.9%。在新兴工业化经济体中，韩国和新加坡保持了 5%的增长率，而中国台湾地区和香港地区的增速有所放缓，分别为 3.8%和 6%。在发展中经济体中，中国和印度两个大国经济增长迅速，分别达到 11.5%和 8%，而像印尼、菲律宾等国也取得了较快的增长。据世界银行预计，2007 年亚洲发展中经济体的增长率达到 8.4%，处于一个增长高峰。②

然而，总体经济的增长并不能掩盖各个国家和地区之间发展的不

---

① 张汉林："新的亚洲世纪面临知识差距挑战"，载《社会科学报》2005 年 5 月 26 日。

② 数据转引自张蕴岭、孙士海：《亚太蓝皮书：亚太地区发展报告 No.8（2008）》，北京：社会科学文献出版社，2008 年版，第 2 页。

平衡，而且这种经济发展水平的差异十分巨大，别的地区难以比拟。在亚太地区，既有美国、日本这样在世界经济中排名第一、第二的发达国家，也有被世界银行列入低收入甚至是最不发达国家行列的国家和地区。以 2006 年的经济数据为例，在东盟地区论坛成员（欧盟、朝鲜、缅甸除外）、尼泊尔和中国台湾、香港、澳门地区中，人均 GDP 低于 1000 美元的有 9 个国家，其中有 3 个国家人均 GDP 低于 500 美元，而人均 GDP 高于 1 万美元的有 10 个国家和地区，除发达经济体外还包括韩国、新加坡、文莱、中国台湾、香港和澳门地区。其中，美国是亚太地区人均 GDP 最高的国家，2006 年为 43967 美元，而人均 GDP 最低的国家为孟加拉国，为 396 美元，两者之间差距为 111 倍，[①] 远远高于欧盟内部的 16 倍和北美自由贸易区内部的 30 倍。[②]

从产业结构角度分析，亚太地区各经济体之间的差异也十分明显，大致可划分为四个层次。第一层次的主要代表是美国和日本，其特点是第一产业（农、林、渔、牧）在国民经济中比重十分低，一般都在 5%以下，第三产业（通讯、商业、金融和服务等行业）比重最高，一般在 60%左右，第二产业比重呈下降趋势，其中制造、建筑、电力、采掘等行业下降幅度更大，而知识密集型工业比重则迅速上升。加拿大、澳大利亚和新西兰等国的产业结构虽不及美日先进，但也可以划入这一层次。第二层次的经济体主要有韩国和台湾。它们的第一产业比重迅速下降，第二产业结构内部不如美日先进，但以出口加工为龙头的制造业具有相当大的国际竞争能力，第三产业的比重比上一层次经济体低 10 多个百分点。新加坡和香港的情况较为特殊，

---

① 根据世界银行数据计算。http：//web. worldbank. org/WBSITE/EXTERNAL/DATASATATISTICS/ .

② 秦华孙、王顺柱、谷源洋主编：《亚洲区域合作路线图》，北京：时事出版社，2006 年版，第 17 页。

属于城市经济型，但也基本上属于这一层次。第三层次是马来西亚、泰国、菲律宾、中国等，它们的第一产业呈下降趋势，但仍占国内生产总值的20%左右，第二产业比重有较大幅度上升，其劳动密集型加工业在国际上有一定竞争能力，但技术含量不及前两个层次的经济体，第三产业近年来有了迅速发展，但在国民经济中的地位尚低于第二产业。第四层次是亚太地区其它发展中的经济体，它们的经济从本质上仍以第一产业为主，工业化进程刚刚开始。①

在这种情况下，亚太经济合作也走了一条与其他地区不同的道路，其特点就是缺乏一个能够真正覆盖整个地区的、发挥主导作用的经济合作框架，地区经济合作以多层次相结合的方式展开。在亚太地区层面，亚太经合组织（APEC）是一个主要的经济联系与合作机制，旨在推动地区贸易和投资自由化与加强经济技术合作，但多年来在推动区域经济一体化上收效不多。此外也有一些关于推动亚太地区经济一体化的建议，如美国在2006年APEC会议上提出的成立“亚太自由贸易区”（FTAAP），然而在亚太各国、各地区发展水平差异巨大的情况下，这些设想的可行性很值得怀疑。在区域合作层面，东亚经济合作取得的成就比较突出。在“10＋3”框架下，中、日、韩与东盟国家在贸易和金融领域的合作不断深化，建立东亚自由贸易区的方案也在研究之中。在次区域合作层面，东盟内部的经济一体化进展显著，是亚太地区次区域经济合作的主要成就之一。另外，包括缅甸、泰国、老挝、越南、柬埔寨和中国的“大湄公河次区域合作”（GMS）、包括南亚7国的“南亚区域合作联盟”（SAARC）和由《曼谷协定》（正式名称为《亚太经济社会发展中成员国之间贸易谈判第一协定》）的参与国组成的关税互惠组织也发挥了重要作用，取得

① 武桂馥、郭新宁：《新世纪初亚太战略纵横》，北京：国防大学出版社，2004年版，第8—9页。

了不同程度的成果。在双边层面，亚太地区的国际经济合作开展得十分活跃，已经成为该地区经济合作的一种主要模式。比如，在“10+3”框架之外，中、日、韩还分别与东盟签订了建立自由贸易区（FTA）协定，而且进展比较顺利。另外，韩国与美国、日本与泰国之间的FTA也已经签署，而中国与澳大利亚、中国和新西兰、日本与印度、韩国与印度、韩国与加拿大、印度与东盟之间的FTA谈判也在积极进行之中。可以说，这种多层次相结合、相补充的经济合作模式适应了亚太地区的经济发展现状，是其经济多样性、差异性的直接反映。

二、文化背景

亚太地区人口流动频繁，地理条件比较复杂，各种文明、各个民族之间在交流和汇集的基础上，又形成了各自鲜明的特点，从而使亚太地区成为一个多种文化汇聚的地区。

从历史的角度来看，亚太地区就是古代中国文明和印度文明的发源地，伊斯兰教兴起后，伊斯兰文明通过贸易等渠道传播到这一地区。到公元16世纪，西方基督教文明又开始向这一地区扩张。经过这种多个“波次”的冲击，亚太地区体现出多种文明共存的局面。根据西方历史学家的考察，人类历史上至少有12个主要文明，其中至今仍然存在的有5个，包括中国文明、日本文明、印度文明、伊斯兰文明和西方文明，一些学者还加上了东正教文明、拉丁美洲文明和非洲文明。[①] 在这8种主要文明中，至少有6大文明都存在于亚太地区。其中中国大陆和一些周边地区属于中华文明，北美主要是西方基

① ［美］塞缪尔·亨廷顿：《文明的冲突与世界秩序的重建》（周琪等译），北京：新华出版社，2002年版，第29页。

督教文明，日本文明集中于日本列岛，印度文明主要在南亚次大陆，东正教文明主要在俄罗斯，伊斯兰文明则主要分布于东南亚地区。在亚太地区，各种文明之间的交流和交汇同时体现在横与纵两个方向，即不仅在不同的区域体现出不同的主体文明，而且在同一“文明板块”中也呈现出不同文明的沉积与混和。

从语言文化上看，亚太地区也体现出巨大的差异性。在世界上存在的11种语系中，这一地区就占了8种，即汉藏语系（主要分布地中国大陆和部分东南亚地区）、印欧语系（主要分布于印度次大陆、北美、俄罗斯）、阿尔泰语系（主要以阿尔泰山脉为中心向周围辐射，包括蒙古）、达罗毗荼语系（主要分布于南亚部分地区）、马来—波利尼西亚语系（又称南岛语系，主要分布于东南亚的马来西亚、印度尼西亚等国和太平洋的一些岛屿）和南亚语系（主要分布于南亚部分地区）。在这八大语系的基础上，亚太地区又分为数目十分庞大的语言种类，相当多的国家都存在一种以上的语言，而朝鲜语和日语的所属语系还未确定。

在人口构成方面，亚太地区包括了蒙古人种（主要分布于东亚和东南亚）、印欧人种（主要分布在南亚、北美、俄罗斯）、尼格罗人种、原始澳大利亚人种（主要分布在南亚部分地区），可以说几乎世界上主要人种在这一地区都有分布。另外，亚太地区的民族数量也非常大。除日本、朝鲜、韩国等少数基本属于单一民族的国家外，亚太地区绝大多数国家都属于多民族国家，像中国有56个民族，而印度境内的民族数量更是达到100多个。而且，不少民族混杂而居、跨界而居，使亚太地区的民族分布更加复杂多样。

在宗教上，亚太地区也是多种宗教聚集之地，佛教、伊斯兰教、基督教新教、罗马天主教、东正教、印度教等都在本地区拥有大量的教徒。同时各种宗教内部又分为很多小的派别，如伊斯兰教的逊尼派和什叶派、基督教的新教和罗马天主教等等，使亚太地区的宗教分布情况更显复杂。其中，斯里兰卡、缅甸、泰国、老挝、柬埔寨等国佛教占主要地位，如泰国就以佛教为国教，佛教徒占总人口的95%之多。以伊斯兰教为主的国家则包括巴基斯坦、孟加拉国、马来西亚、印度尼西亚、文莱等国家，其中巴基斯坦人口中有97.2%都是穆斯林，孟加拉国的穆斯林人口也占总人口的88.3%，印度尼西亚的穆斯林则占88%，是世界上穆斯林人口最多的国家。基督教占多数的国家包括美国、加拿大、澳大利亚、俄罗斯和菲律宾，但各教派在其中的比例则各不相同，比如在美国新教是宗教信仰的主流，新教徒占51.3%，罗马天主教占23.9%；菲律宾则以天主教为主，占84%；俄罗斯以东正教为主，占信教人口的91%。印度教主要分布在南亚次大陆，像印度的印度教人口就占82%，是其最主要的宗教，同时印度教也是尼泊尔的主要宗教。此外，亚太地区还存在众多其他宗教，如日本的神道教、中国的道教、南亚次大陆的耆那教等等。

另外，在政治文化和意识形态上，亚太的多样性和差异性也十分明显。在欧洲，冷战的结束不仅消除了东西方的军事对峙，也使意识形态和社会政治制度的差别消失，欧洲出现了资本主义“一统天下”的局面。但是，冷战后的亚太地区仍然存在着资本主义和社会主义两种制度、两种意识形态的差别，社会主义正通过改革和吸收其他政治制度的先进东西焕发出新的活力。目前，亚太地区坚持社会主义制度的国家主要有中国、越南和老挝等国，泰国、文莱为君主制国家，其余则主要为实行资本主义民主制的国家。在具体的政体分类上，这些国家也存在区别，像在实行资本主义民主制的国家中，美国、俄罗斯、韩国等国家属于总统制，印度、巴基斯坦、澳大利亚、新西兰、新加坡等国家则属于议会制。在实行君主制的国家中，像泰国就属于比较典型的君主立宪制，而文莱的君主则掌握实际权力。另外，一些亚太国家的政治制度也在发生转变，目前较难确定其政治形态。如尼泊尔就处于一个由君主制向议会制转变的重要阶段，而主导这一进程的却是信奉共产主义的“毛主义者”，另外印度尼西亚等部分国家的政治体制也在转型。这种情况使亚太地区的政治文化版图更加错综复杂。

三、安全背景

亚太地区的安全状况首先可以从地区战略格局来分析。这种由地区主要大国之间关系所形成的总体态势是决定地区安全基本形态、影响安全形势变化的深层次因素。亚太地区是现代国际关系的主要舞台之一，也是大国较为集中的地区。除美国这一全球性的超级大国外，亚太地区还包括了俄罗斯、日本等地区性大国，以及中国、印度等正在迅速上升的发展中大国。这些大国在力量结构上呈现明显的“一超多强”局面，而且与世界其他地区相比，亚太地区的“多极”色彩更重。在亚太地区，其他力量中心在不同领域如地理、经济、文化、宗教、次地区事务等方面，拥有能够与地处西半球的美国相抗衡的能力，在某些领域甚至存在着比较优势。以各次地区事务为例，其他力量中心的作用是显而易见的。比如在南亚地区，“9·11”事件以后美国的影响虽在该地区有较大幅度增长，但印度在该地区仍居主导地位。在东北亚地区，在影响该地区和平与稳定的重大事务中，中国和俄罗斯的影响也不逊于美国，在某些方面还拥有美国所不具备的优势，例如，中、俄与朝鲜半岛南北双方都保持着良好的关系，因而能够在半岛事务中发挥独特的影响和作用。在东南亚地区，美国的政治影响相对弱于内部团结日益加强的东盟组织。美国学者艾伦·弗雷德伯格就认为：“国际体系作为一个整体是单极的，而且这一局面会持续一段时期。但是在亚洲，我们却可以看到一个多极的地区体系正在形成。”① 而且，随着中国和印度的快速发展，亚太地区的这种“多极状态”还在进一步加深。

在一些观点看来，这种结构并不稳定，会对地区安全产生危险的影响。美国前国务卿布热津斯基就将亚太地区，或者说是亚洲的安全状态与第一次世界大战前的欧洲相提并论，认为“几个亚洲大国日益上升的实力威胁着该地区的稳定”，而且“今天的亚洲大国在一种不稳定的和基本上仍无组织的地区环境中运行，在那里缺乏人们目前在欧洲、甚至在拉美都能看到的多边政治、经济和安全合作框架”。基于这些原因，他认为“该地区处于亚稳定状态，即一种一旦突然遭受冲击，便会引发毁灭性的连锁反应从而影响现在的稳定状态”。② 同为美国前政要的基辛格则不同意将亚太与 19 世纪的欧洲相提并论，但也指出了亚太地区战略格局的复杂性：“亚洲与 19 世纪的欧洲截然不同，不存在一种单一的均势。亚洲辽阔的地域和不同的历史文化产生了两种战略均势：在东北亚，中国、日本、俄罗斯和美国利益交错，局势动荡的朝鲜半岛随时有可能爆发冲突；在东南亚唱主角的是中国、印度、日本、美国和印度尼西亚，它们必须与越南、泰国、澳大利亚和菲律宾等国协调各自的利益。”③ 总体上看，这些观点虽有差异，然而对亚太地区安全的基本看法是比较一致的，那就是亚太地区安全以一个复杂的、变动的战略格局为基础，具有潜在的不稳定性。

除战略格局这一深层因素外，亚太地区还存在着其他一些不确定

---

① 转引自武桂馥、郭新宁：《新世纪初亚太战略纵横》，北京：国防大学出版社，2004 年版，第 34 页。

② ［美］兹比格涅夫·布热津斯基：《大抉择——美国站在十字路口》（王振西主译），北京：新华出版社，2005 年版，第 116 页。

③ ［美］亨利·基辛格：《美国需要外交政策吗？——21 世纪的外交》（胡利平、凌建平译），北京：中国友谊出版公司，2003 年版，第 125 -126 页。

因素，构成地区安全与稳定的隐患，与世界其他地区、特别是欧洲形成明显对比。欧洲是近现代主权国家体系的发源地，经过几百年的战争与争夺，欧洲国家的边界都以条约等形式确定下来，领土和边界争端已经基本“绝迹”。相形之下，亚太地区进入近代主权国家体系的时间则要短得多，再加上殖民主义的统治，使得亚太地区在领土划界上存在很多历史遗留问题。冷战结束以后，经过地区多数国家的努力，不少领土划界问题得到了和平解决，像中国和俄罗斯、中国和哈萨克斯坦等中亚国家的划界工作就是其中的典型。尽管如此，亚太地区还有很多悬而未决的领土和海洋权益争端，可以说是世界上存在领土和权益争端最多的地区。其中，比较突出的如中国与印度的陆上边界划分问题、巴基斯坦与印度的克什米尔问题、中国与日本的钓鱼岛争端和东海大陆架划界问题、日本与韩国的独（竹）岛争端、泰国与越南的暹罗湾划界问题、南海问题等等。这些争端的存在阻碍了国家间关系的健康发展，在一定情况下还可能激化，比如泰国和柬埔寨在2008年就因柏威夏古寺的归属问题而关系紧张，这对地区稳定和地区安全合作进程都产生了负面的影响。

另外，亚太地区的不少“热点”一直没有得到根本改善，对地区稳定构成了潜在威胁。朝鲜半岛南北对峙的战略态势是冷战的产物，也是威胁亚太地区安全与稳定的一个主要不稳定源。冷战结束以后，半岛的战略态势一直没有发生根本变化，双方继续沿“三八线”重兵对峙，在仅有22万平方公里的区域内集中了180万部队，是当前世界上兵力部署最为集中的地区。[①] 而且，由于冷战结束后南北力量对比进一步失衡，加之美国在国际事务中采取的强硬政策和单边主义做法，朝鲜的不安全感也与日俱增，不时采取激烈行动。2002

① 朱阳明主编：《亚太安全战略论》，北京：军事科学出版社，2000年版，第73页。

年10月，朝鲜公开承认其高浓缩铀计划并宣布研发核武器的决心，引发了朝鲜核危机，使半岛陷入了冷战以后罕见的紧张局势。由于各方在“六方会谈”的框架下进行了艰苦的外交努力，朝核危机已经得到了控制和一定程度的化解。然而可以肯定，只要朝鲜半岛的战略格局没有真正走出“冷战”的状态，那么造成紧张态势的根源就没有改变，再度爆发危机可能只是一个时间问题。在克什米尔和台湾海峡等地区，也存在着不同程度的军事对峙，其发展前景仍有较大不确定性，爆发危机甚至武装冲突的可能性不能排除。此外，一些国家还存在由国内民族、宗教矛盾引发的动荡与冲突，比如菲律宾部分地区的反政府武装，印尼部分地区的民族分离主义活动，斯里兰卡的泰米尔人问题等等。在全球化不断加深的情况下，这些国内动荡具有越来越强的扩散能力和辐射能力，是亚太地区安全中的一种不稳定因素。

值得一提的是，亚太地区安全的多元化趋势在进入21世纪以后明显加快，非传统安全威胁日益突出。其中，国际恐怖主义的威胁增加，美国发生的“9·11”恐怖袭击、印尼发生的巴厘岛爆炸事件等重大恐怖主义事件凸显这一问题的严重性。此外，亚太地区的恐怖主义威胁还具有分布广泛、成因复杂的特点。亚太地区复杂的民族宗教关系、经济发展的巨大差距，为恐怖主义的滋生和发展提供了客观条件，其他地区宗教极端主义和恐怖主义的渗透和扩散则提供了外部推动力。像斯里兰卡的泰米尔猛虎组织、菲律宾的阿布沙耶夫武装、中国新疆地区的“东突独”及活动于巴基斯坦和中亚地区的其他恐怖主义组织都有很深的国际背景。这些恐怖组织的频繁活动，使得亚太地区成为世界上恐怖主义威胁较为严重的地区，而斯里兰卡、巴基斯坦、印度、菲律宾等国家更是长期受到恐怖主义的危害。而且，亚太地区的恐怖主义等非传统安全威胁往往与其复杂的国际关系和传统安全问题交织在一起，造成更加难以预料的后果，比如印度与巴基斯坦就常常因越境恐怖袭击而相互指责，甚至酿成冲突。这种情况无疑使亚太地区安全背景的复杂性进一步增加。

总之，亚太地区在经济背景、文化背景和安全背景方面的特点比较突出，与欧洲、拉美和非洲等其他地区都存在较大差异。这些背景特点必然对地区安全合作的开展产生重要的、深层次的影响，使亚太地区多边安全合作在结构和进程两个方面也带有了鲜明的“亚太特征”。

第二节 亚太地区多边安全合作的结构特征

经过冷战后十多年的发展，亚太地区的多边安全合作有了很大发展，形成了自己特有的安全结构。与欧洲等地区相比，亚太地区的多边安全合作的结构更加复杂松散，其主要特点包括多个中心、边缘模糊和多层次复合三个方面。①

一、多个中心

与欧洲等其他地区不同，亚太地区的多边安全合作不存在一个“核心国家”或是“核心机制”。如果说欧洲的安全结构属于一种以欧盟和北约为核心的“复合中心圆”的话，那么亚太地区的多边安

① 关于亚太安全结构的特点，国内一些学者已经进行了卓有成效的研究，比如苏浩就提出亚太安全合作结构正由类似于两极的“哑铃”形状向更加调和的“橄榄”形发展的观点。参见苏浩：《从哑铃到橄榄——亚太合作安全研究》，北京：世界知识出版社，2003年版，第151—162页。

全合作则至少可以分为三个不同中心的圆：以美国为中心的亚太军事同盟体系、以东盟为核心的东盟地区论坛、以上海合作组织为中心的安全合作。这三个圆在地理范围和成员方面存在一定的交叉，但在其性质、职能和机制化程度等方面则差别很大。而且，三个圆之间，特别是美国的亚太军事同盟体系与其他两个圆之间的“相合性”很低，彼此建立协调机制或者整合为一个大的合作框架的可能性几乎不存在。

其中，以美国为中心的军事同盟体系是机制化程度最高、约束力最强的一个“安全圆”，几乎所有的同盟关系和安全义务都有正式的条约进行规定。然而即使是这样的安全体系也与欧洲的情况有很大差异。在亚太地区，美国从来没能建立起一个类似北约那样一个统一的、覆盖整个地区的军事同盟，其结盟体系只是一系列双边或多边军事同盟的叠加，各个同盟之间缺乏有机的联系。基辛格在评论美国在亚太的结盟体系与其欧洲结盟体系的差异时写道：“在北约组织，美国强大的军事存在、一体化的军事指挥系统和常设的大使级理事会昭示了美国的承诺。而美国与日本的安全条约却没有一个正式的机制做后盾，更像一种单方面的保证，而不是反映了一项总的亚洲战略。1992 年，美国正式结束了它在菲律宾的军事存在。此前，菲律宾照旧参加不结盟运动。只有在韩国，敌我界线才像欧洲那样分明，但与冷战时期铁幕两边的对峙相比，美国更多地依赖韩国的军队。美国与地处亚洲边缘的澳大利亚密切合作，把它作为美日条约的后盾。”①由于美国在亚太的盟国之间存在很多差异和矛盾，缺乏一种共同的利益纽带或价值观纽带将其联结在一起，这种同盟之间相互分割的情况并不容易消除。因此，美国这种条块分割的亚太同盟体系不可能像其

① ［美］亨利·基辛格：《美国需要外交政策吗？——21 世纪的外交》（胡利平、凌建平译），北京：中国友谊出版公司，2003 年版，第 126 页。

欧洲同盟体系那样发展出一种地区安全共同体，像20世纪90年代初老布什政府提出的将双边军事同盟作为“扇骨”加以连结的“扇形”安全结构只能是美国的一厢情愿。

另外，美国的亚太军事同盟体系也并不都由严格的同盟条约组成。除美日、美韩、美澳等正式的军事同盟以外，美国还与部分国家保持着一种类似“准同盟”的关系，从而进一步加强了美国亚太军事同盟体系的复杂性和分散性特点。比如，美国与菲律宾在冷战期间订有《共同防御条约》，然而美国在1992年关闭其在菲的最后一个军事基地后，两国的“肩并肩”年度军事演习一直延续到1995年，2000年又重新恢复。“9·11”事件后，美国以反恐战争的名义对菲律宾国内的恐怖主义组织直接进行军事打击，双方签订了《菲美联合军事演习参考条款》和《后勤互助协议》等重要文件，军事关系进一步密切。美国与新加坡、泰国的军事关系也十分密切，美国对新加坡的樟宜海军基地拥有使用权，并与新、泰两国举行“金色眼镜蛇”联合军事演习。2001年，美国还将“金色眼镜蛇”演习与美澳军事演习和美菲军事演习一并纳入代号为“集体挑战”的军事演习框架，凸显了美国与新、泰军事关系的紧密程度。

以上海合作组织为中心的“安全圆”的机制化程度弱于美国的军事同盟体系，两者在地理范围上也不存在交叉。上海合作组织是在双边和多边建立信任措施基础上发展起来的多边安全机制，具有作为法律基础的《上海合作组织宪章》、作为常设行政机构的秘书处、以及国家元首会议、政府首脑（总理）会议、外交部长会议、各部门领导人会议、国家协调员理事会和地区反恐怖机构等一系列制度和组织机构，是一个完整意义上的国际组织。但是，从规则和程序的角度来看，上海合作组织并没有以条约的形式明确规定每一个成员国的义务，在约束力上比军事同盟体系更弱，也更加松散。从结构上看，上海合作组织也不同于美国的军事同盟体系，其核心不是某一个大国，而是由中国、俄罗斯、哈萨克斯坦、吉尔吉斯斯坦、塔吉克斯坦和乌兹别克斯坦这 6 个正式成员国共同构成。上海合作组织成立后，积极推动与其他国家和国际安全机制的合作关系，蒙古、印度、巴基斯坦和伊朗先后成为其观察员国，从而在亚欧大陆的腹地形成了一种以上合组织为中心的、有梯次的多边安全合作网络。

东盟地区论坛是亚太地区覆盖范围最广的多边安全合作机制，在成员组成上与美国的亚太同盟体系和上海合作组织都有较大的交叉。与前两个“安全圆”相比，东盟地区论坛的机制化程度最低，组织最为松散，其本身不设秘书处，由东盟秘书处作为其常设行政机构。从国际法的角度来看，东盟地区论坛并不能算国际组织，而只是一种多边合作机制。在结构上，该机制以东盟为中心，然而东盟作为一个由中小国家组成的区域性国际组织，一体化程度并不高，在国际安全和地区安全事务中的立场也不尽一致。在这种情况下，东盟地区论坛的中心就不是一个紧密的整体，从而进一步强化了亚太地区安全合作结构的“多中心”色彩。

二、边缘模糊

应该说，安全合作的边缘模糊并不是亚太地区特有的现象，以欧盟和北约为核心的欧洲安全合作也由于这两个组织的不断东扩而表现得边界不清。然而在亚太地区，这种特点表现得更加突出。前面提到，亚太地区本身的地理范围就不是很明确，亚太地区的多边安全合作实践又有很强的开放性，安全合作关系的不断扩大使地区安全合作结构的范围频繁变动，边界十分模糊。另外，与欧盟不同，亚太地区的主要安全机制目前都没有发展为“安全共同体”的打算，因此不需要以某种共同的文化或价值观作为基础，而是根据安全形势的发展变化来随时调整自身的发展方向，从而进一步加强了这种边缘的伸缩性和模糊性。

东盟地区论坛是一个明显的例子。1994年成立时，论坛只有18个成员，到2001年时成员已经扩大到21个，目前更是扩大到27个。从地理上看，东盟地区论坛的边缘就十分模糊。在其最初的18个成员中，欧盟就是一个区域外的成员，其他成员在地理范围上则基本符合传统的亚太概念。然而到1996年印度成为论坛成员国后，东盟地区论坛的覆盖面就延伸到南亚地区。2001年以后，巴基斯坦、孟加拉国和斯里兰卡先后成为论坛的成员，从而使论坛在地理范围上扩展到整个南亚次大陆。实际上，东盟地区论坛虽然一般意义上被定位为亚太地区多边安全合作的平台，然而其从来没有在任何文件中对自身作任何地理范围上的限定。相反，东盟地区论坛在关于接纳新成员的问题上是通过“相关”而不是“位于”来体现论坛的地理含义。比如1996年第三届东盟地区论坛外长会议就规定，新成员需要能够表明其对论坛开展主要活动的“地理立足区”（东北亚、东南亚和大洋洲）的和平与安全产生影响，[①] 而不要求在地理上属于这一地区。这种接纳成员的标准就决定了东盟地区论坛必然是一个高度开放的、边缘高度模糊的多边安全机制。而且从长远来看，整个南亚地区，甚至部分中东国家都具备成为论坛成员的条件。

上海合作组织也是一个高度开放的多边安全合作机制。其《成立宣言》就明确规定，上海合作组织奉行“对外开放的原则”，“愿与其他国家及有关国际和地区组织开展各种形式的对话、交流与合作”。[②] 从各成员国的初衷来说，成立上合组织主要是加强成员国之间的安全交流与合作，共同应对中亚地区恐怖主义、极端主义和分裂主义“三

① 苏浩：《从哑铃到橄榄——亚太合作安全研究》，北京：世界知识出版社，2003年版，第242页。

② “上海合作组织成立宣言”，载《人民日报》，2001年6月16日。

股势力”，维护地区安全与稳定。然而随着安全形势的发展，上海合作组织的合作范围不能再局限于原有的6个成员国，其合作关系必须进一步扩展。为此，上合组织于2004年启动了观察员机制，并于同年6月接纳蒙古为观察员，2005年又接纳印度、巴基斯坦和伊朗为观察员，使上合组织的安全合作网络扩展到南亚次大陆和中东地区。而且，从当前上合组织的各种规则和组织程序来看，其接纳观察员国不存在明确的地理限制，上海合作组织完全可以根据安全形势的发展需要来扩展合作关系。因此，未来上海合作组织进一步增加观察员国、甚至成员国都是可能的，其安全协作关系也可能向外高加索和更多的中东国家延伸。2002年在哈萨克斯坦召开的“亚洲相互协作与信任措施会议”也是主要着眼于中亚的安全协作会议，其成员国包括了上合组织的6个成员国和4个观察员国，此外还包括中亚地区的阿富汗、外高加索地区的阿塞拜疆及中东地区的埃及、以色列、巴勒斯坦和土耳其。应该说，这一会议机制与上海合作组织并无多少联系，但其成员的选择范围也许能对判断上海合作组织的未来合作范围提供某种启发。

三、多层次复合

多层次复合是亚太地区安全合作的主要结构性特征之一。在欧洲，欧盟、北约和欧安组织都属于官方层面的多边安全机制，多边安全合作主要通过官方渠道展开。但亚太地区由于其特殊的背景和历史进程，发展出了由官方层面的安全机制（“一轨”）和非官方层面安全机制（“二轨”或“一轨半”）相结合的多层次、多维度的“复合型”安全合作结构。按加拿大学者保罗·伊文斯的观点，所谓“第二轨道”是指“一般指非政府或半政府间的对安全问题的分析和对政策反应所做的准备。参与者一般是各种类型的政策专家，包括学术研究人员、退休官员、偶尔也有记者和政治家，特别重要的还有以私人身份出席的政府官员”。而澳大利亚学者则认为，“第二轨道”指的是“非政府活动或制度联系，其形式可能是多边的，其参与者包括学术界、代表个人身份的官员和工商界人士”。① 在运行过程中，非官方层面往往先就一些敏感程度高的、不确定性较大的问题进行研讨，试探彼此的反应，摸清彼此的基本立场，以便向政府提供相关的政策咨询。此外，“第二轨道”的对话交流也起到创造宽松氛围和探讨多种可能的作用，以便为进一步的对话与谈判做好铺垫。在很多情况下，亚太地区的安全事务都是先由非官方层面提出并加以探讨，等待成熟以后然后再转入官方层面，成为政府的行动。

在亚太地区，有些非官方层面的安全对话机制是直接为“一轨”服务的，1993年成立的“亚太安全合作理事会”（CSCAP）就是其中的典型。1994年东盟地区论坛成立后，亚太安全合作理事会很快就明确了为论坛服务的宗旨，其工作与活动对论坛的发展起到了重要的支持作用。其中，理事会下设的“建立信任与安全措施工作组”向东盟地区论坛提交了建立信任和安全措施的备忘录，为论坛提出了一个通用的国防白皮书模式。1999年该工作组还提供了关于预防性外交的定义和原则，被论坛采纳。随着时间的推移，亚太安全合作理事会与东盟地区论坛之间的关系进一步加强。2000年举行的东盟地区论坛第七届外长会议决定将理事会的第二轨道与论坛的第一轨道活动紧密结合，而论坛的“二轨”会间会自2001年以后就基本停止。因此亚太安全合作理事会实际上就已经演变为东盟地区论坛的第二轨道外交，对“一轨”的支持也更加直接。除亚太安全合作理事会外，1990年开始的“管理南中国海问题潜在

① 转引自喻常森：“‘第二轨道’外交与亚太地区安全合作”，载《东南亚研究》2003年第5期。

冲突研讨会"（一般简称"南中国海问题研讨会"）也在一定程度上纳入了东盟地区论坛的第二轨道。该研讨会由印度尼西亚主办，加拿大一度为出资方（2001 年后停止），参加者包括所有涉及南海主权争端的各方（包括中国台湾）。这一对话机制避开了敏感的主权问题，为有关各方提供了一个讨论问题的平台，创造了一个有助于缓和矛盾、搁置争议的氛围。

此外，亚太地区还存在一些重要的"二轨"安全对话机制，如"东北亚合作对话会"（NEACD）和"亚洲安全会议"。这些机制并不直接为"一轨"机制服务，但是其本身的官方色彩十分浓厚，实际上是为官方安全对话提供一个非官方、非正式的平台，使一些问题可以在比较宽松的氛围中得到讨论。东北亚合作对话会于 1993 年在美国加州大学全球冲突与合作研究所倡导下建立，由中国、日本、俄罗斯、美国、韩国和朝鲜派出学者和官员参加。该对话会主要围绕东北亚地区安全事务中的一些特定议题进行讨论，比如 1994 年在日本举行的第二次会议就提出了"相互保障措施"概念（mutual reassurance measures），以区别于欧洲特性过于明显的"建立信任措施"概念（CBMs）。这些活动为东北亚地区的国家，特别是大国之间增进了解和信任创造了有利的条件。"亚洲安全会议"自 2002 年开始由英国伦敦国际战略研究所（IISS）主办，由于其每年都在新加坡的香格里拉大酒店举行，因而又被称为"香格里拉对话会"。这一对话会的议题涉及亚太安全的多个方面，由来自 26 个国家和地区的高级防务官员及安全专家出席，是亚太地区参加规格最高的多边安全对话机制。在 2007 年第六届对话会上，中国首次派出副总参谋长级高级官员与会，表现了对这一安全对话机制的重视。

总体而言，在亚太地区多边安全合作中，非官方和半官方层面扮演了十分重要的角色。官方层面和非官方、半官方层面的交叉与结合既存在于某一地区安全机制的内部，也存在于不同的安全机制之间，使亚太地区多边安全合作结构呈现出“多层次复合”的特点。这种独特的结构符合亚太地区的客观情况，保证了多边安全合作能够在亚太地区的复杂、敏感的环境中不断向前发展。

第三节　亚太地区多边安全合作的进程特征

冷战以后，亚太地区的多边安全合作取得了长足发展。然而在具体的发展途径上，亚太地区独特的背景条件也使其多边安全合作走出了一条与其他地区差异较大的道路，发展进程特征与背景特征、结构特征一样，成为亚太地区多边安全合作中“亚太特性”的主要体现。

一、中小国家发挥重要推动作用

地区性合作，无论是在政治、经济还是安全领域，实际上都是一种克服主权国家界限、谋求在更大范围内实现国家利益的过程。这种合作必然是在分散化、缺乏有效制度和规范的背景下进行的，必然是在文化上相异、地理上相分离的实体之间进行的。国家间合作机制作为一种“公共物品”，往往是由该地区最强大的国家或是几个大国共同提供，因为一般来说大国比中小国家更有意愿、更有能力来推动国际合作。① 比如在国际层面上，联合国是由美、苏、

① ［美］詹姆斯·多尔蒂、小罗伯特·普法尔茨格拉夫：《争论中的国际关系理论（第五版）》（阎学通、陈寒溪等译），北京：世界知识出版社，2003年版，第568页。

中、英、法五大国发起的，从地区层面上看，北大西洋公约组织由美国牵头组织，而欧盟的发展则以法德这两个欧洲大陆最强大的国家为轴心。

然而亚太地区的情况则有很大不同。美国在亚太地区的军事同盟体系是由美国这一超级大国组织起来的，然而这一体系是冷战的产物，冷战以后则始终无法与其他大国建立起有机的联系，更不能发展出类似北约—俄罗斯那样的机制，因而这一同盟体系在地区安全合作中的作用十分有限。除此之外，美、俄、中、日等大国很少能够在亚太地区的多边安全合作中发挥“领导者”、“组织者”的作用，相反中小国家在地区多边安全合作中则发挥了重要的推动作用，有时甚至扮演了“领头羊”角色，产生了“小国领导大国”的独特现象。其主要原因在于，亚太地区各大国之间的力量结构相对均衡，彼此之间的信任度不高，任何一个大国试图扮演地区安全合作的领导者都有可能引起其他大国的疑虑甚至抵制，反而不利于多边安全合作的发展。相反，由中小国家充当推动地区多边安全的主要角色在“力度”上可能略显不足，但有助于避免大国间的不信任，使多边安全合作在亚太地区复杂的环境下不断发展。

在东盟地区论坛的建立和发展过程中，东盟这一由中小国家组成的国际组织就发挥了牵头作用。冷战结束以后，东盟国家担心在东南亚地区形成某种“权力真空”并导致大国竞争升级，因而迫切希望推动形成一些多边安全框架以稳定地区安全形势。另外，东盟自 1967 年成立后，在推动区域国家间经济、安全合作方面取得了不少成果，形成了比较有效的运行模式，从而也使东盟国家有信心将类似的合作模式向整个亚太地区推广，在更广泛的范围内建立多边安全对话与合作机制。1993 年 5 月新加坡总理吴作栋的讲话就充分体现了东盟国家的考虑：“必须找到处理亚太地区这些关系发展的某种途径。像东盟这样的区域性组织，可协助创建一个稳定的机构，以处理那些要不然就会成为易变的和不可预料的局势。”“东盟不想以自己首创多边安全讨论的主张自居，但是可能更易被普遍接受的是，在这一新领域采取主导的是东盟，而不是大国。”① 在东盟地区论坛建立以后，东盟国家在《概念文件》的形成、由建立信任措施向预防性外交转化等重要问题上均发挥了关键的作用，推动了论坛的顺利发展。与此同时，东盟国家也积极协调大国间的关系，在亚太地区多边安全合作框架中发挥了“润滑剂”的作用，保持了安全合作的平稳开展。

在中亚地区，中小国家同样发挥了重要的作用。从上海合作组织的发展来看，哈萨克斯坦、吉尔吉斯斯坦和塔吉克斯坦从一开始就是整个合作进程的主要参与者。在20世纪90年代，这3个中亚国家与俄罗斯和中国一起建设地区边境军事互信，先后签订了《关于在边境地区加强军事领域信任的协定》和《关于在边境地区相互裁减军事力量的协定》，共同推动形成了作为上海合作组织前身的“上海五国机制”。2001年，哈萨克斯坦、吉尔吉斯斯坦、塔吉克斯坦与乌兹别克斯坦这4个国家与俄罗斯、中国两个大国密切合作，成为上海合作组织的创建国，并为此后上海合作组织进一步向着多层次、全方位发展作出了重要贡献。在中亚地区另一个安全机制“亚洲相互协作与信任措施会议”（CICA）中，哈萨克斯坦更是起了“倡导者”和“主要推动者”的作用。早在1992年哈萨克斯坦共和国刚刚成立时，其总统纳扎尔巴耶夫便倡议召开亚洲相互协作与信任措施会议，得到很多亚洲国家的关注。此后，哈萨克斯坦一直积极推动该对话机制。1996年，“亚信会议”副外长级会议在哈萨克斯坦的阿拉木图召开，会议授权专门工作组制定亚信会议基础文件草案。此后，在阿拉木图又组

① 转引自苏浩：《从哑铃到橄榄——亚太合作安全研究》，北京：世界知识出版社，2003年版，第196—197页。

织召开了一系列副外长级和外长级会议，为亚信会议作了充分的准备。2002 年 6 月，包括 16 个成员国和 11 个观察员国的亚信会议在阿拉木图召开，通过了《阿拉木图文件》和《关于消除恐怖主义和促进文明对话的宣言》。亚信会议显示了各成员国维护地区和平与稳定的信念，是中亚地区多边安全合作的一次重要实践，同时也是中小国家推动地区合作的又一突出事例。

从世界范围来看，像亚太地区这样“小国推动大国”、“大小国共同倡导建立安全机制”的现象也是比较罕见的，成为亚太地区多边安全合作进程中的一个突出特点。

二、大国之间相互平衡

在亚太地区多边安全合作的发展过程中，美、俄、中、日和印度等大国基本处于相互制约、整体平衡的状态，没有哪个大国能够处于明显的主导地位。在亚太地区战略力量结构接近“多极状态”、大国间信任度相对较低的情况下，大国在安全结构中的平衡不仅成为亚太地区多边安全合作进程中的一种独特现象，而且也成为多边安全合作得以顺利进行的一个前提和保障。

美国在其军事同盟体系中自然占有主导地位。然而，前面已经提到，美国在亚太的同盟体系与其他多边安全合作组织的“相合性”很低，彼此之间缺乏有机的联系。因此，美国在其军事同盟体系中的这种主导地位实际上只是局限于某一特定的、孤立的框架中，缺乏广泛性和辐射力。比如，美国可以在美韩联盟的框架内发挥主导作用，但这种主导地位并不能跨出美韩联盟的框架，美国对韩国在东盟地区论坛等其他多边安全合作机制中的政策并没有太大的影响力。因此也可以说，美国在同盟体系中的影响力和主导作用大多属于“不可兑换”的政治资本。这种情况无疑限制了美国的地位，使其难以在亚太地区发挥世界唯一“超级大国”的影响。

中国与俄罗斯在亚太地区多边安全合作中也不占有主导地位。中俄两国在上海合作组织中扮演了重要角色，但是这种角色并非是主导性的。上合组织是由中、俄两个大国和中亚地区4个中小国家共同创建、共同推动的。在机制的发展过程中，各成员国遵循以“互信、互利、平等、协商，尊重多样文明，谋求共同发展”为基本内容的“上海精神”，强调国家不分大小一律平等，强调通过对话磋商化解矛盾冲突，在发展多边安全合作的同时，不断加强成员国之间在经济、政治、文化等多个领域的合作关系。另外，从整个亚太安全合作的全局来看，俄罗斯虽然是一个重要成员，但其战略重心并不在亚太，而且国力与苏联时期也不可同日而语，因此俄对于亚太地区多边安全合作不是特别积极。比如，俄作为东盟地区论坛的成员，对于论坛的不少活动都不是全程参加，有些活动甚至经常缺席。对于中国来说，参与并推动亚太多边安全合作是维护周边安全的重要途径，具有重大战略意义。然而受国际和国内因素制约，中国在推动亚太多边安全合作的过程中一直采取了比较慎重的态度，尽可能照顾多方利益需求。在这种情况下，中国也不可能在其中发挥太大的影响。而且，中俄之间是一种战略上的协调和协作关系，而不是同盟关系，因此两者的影响力不能简单相加，而应区别考察。这就使中俄在亚太多边安全合作中占有某种主导地位的可能性进一步减小。

日本与印度在亚太安全合作中的地位同样受到很大限制。除大国之间的制衡因素外，这两个国家还存在一些自身特有的局限。日本出于自身的战略需要，一方面坚持加强与美国的军事同盟关系，另一方面也积极推动亚太地区多边安全合作，力图借此扩大在亚太地区、特别是东亚和东南亚国家的影响。客观地说，日本对于亚太地区多边合作的开展，特别是东盟地区论坛机制的建立是发挥了不少积极作用的。早在20世纪90年代初，日本就提出要大力推动地区政治安全保障对话，并将其作为亚太政策（“宫泽主义”）的首要一项。同时日本也提出，欧安会的模式不适用于亚太地区，应在现有多边机制，比如东盟外长会议等基础上发展多边安全对话。应该说，东盟地区论坛后来的建立和发展与日本原先的设想有很多接近之处。然而，日本作为第二次世界大战的主要策源地，曾对东亚和东南亚大多数国家犯有严重的战争罪行，战后又不像德国那样对其在二战中的暴行有一个比较彻底的反省，相反还不断试图在历史问题上搞一点“小动作”，引起中、韩和多数东南亚国家的警觉和反感。正是由于这种“历史包袱”，日本在亚太地区多边安全合作中的地位和作用始终受到很大的制约。印度受到的制约则主要来自地理方面。印度位于南亚次大陆，不属于传统的亚太地区，与中亚则有高原相隔。冷战结束以后，印度对于亚太的兴趣迅速上升。在1991年提出“东向政策”后，印度与亚太国家、特别是东盟国家的经济合作关系显著加强，对亚太地区的安全事务和安全合作也开始表现出强烈兴趣，参与的力度不断加大。但是这种地理上的分隔使印度在亚太安全合作中始终难以摆脱“边缘”的感觉，对于以中亚为中心的地区安全合作，印度同样只能以相对次要的地位参与其中，均谈不上发挥重要作用。

大国的这种相互牵制、整体平衡的状态由于中小国家的政策而进一步强化。对于亚太地区的很多中小国家来说，任何一个大国在本地区拥有压倒性优势都意味着冲击和损害。为应对这种可能，这些中小国家一方面加强彼此的团结，比如东盟国家推进合作和一体化的努力，另一方面则采取有效的对外政策，确保大国之间处于相互制约、相对平衡的状态。从东盟地区论坛的情况看，东盟国家最初担心美国撤离后留下战略“真空”并导致中日两国的影响快速上升，形成一个大国相互制约的安全对话框架就成为其推动东盟地区论坛建立的一个重要因素。在论坛的发展过程中，东盟国家利用美、日来制约中国的意图十分明显，同时也希望借助中国来顶住美国在人权等问题上的压力。在接纳印度为东盟地区论坛成员的问题上，东盟国家始终扮演了十分积极的角色，尽管遭到美日等国家的反对，仍于1996年使印度成为论坛正式成员。其中的一个重要意图就是通过引入区域外大国来增加框架内的大国数量，加强对中国的牵制力度。另外，在中亚地区也有部分国家希望通过在美、俄、中等大国间搞平衡，争取更多的实惠和更大的战略空间，从而也在客观上进一步强化了亚太地区安全合作中大国相互制约、整体平衡的格局。

三、安全与其他领域的合作互动明显

安全合作是亚太地区多边合作的一个重要组成部分，安全领域的合作进程与其他领域频繁互动，相互渗透、相互促进的情况十分明显，成为亚太地区多边安全合作进程中的一个突出特点。一方面，除美国的亚太军事同盟体系外，像上海合作组织、东盟地区论坛等地区安全机制实际上都在向其他领域扩展，具有全方位、多领域的特点。另一方面，随着地区形势的发展，一些原本旨在推动区域内经济合作和区域经济一体化的多边机制也涉及越来越多的安全问题，使亚太地区多边安全合作的平台得到进一步扩大。

在安全机制向其他领域合作扩展方面，上海合作组织是一个很好的例子。从成立以来，上合组织在内部机制、组织机构等方面取得了很大发展，成员国之间的互信程度也进一步加强，形成了一个有效的多边合作平台。在这种情况下，多边合作也不再局限于单纯的安全事务，而是“外溢”到经济、政治等其他领域，使得地区各国之间的合作与交流进一步向多层次、多领域方向发展。自成立以来，上海合作组织制定了区域经济合作长期计划的方向，明确了经济合作的目标、优先方向和首要任务，建立了实业家委员会和银行联合体，并签署了由 127 个项目组成的多边经贸合作纲要措施计划，启动了一批具有重要影响的双边和多边合作项目，有效地促进了地区经济合作进程。经过多年努力，上合组织在贸易投资便利化、经济技术合作等方面均取得了较快发展。其中，中国与其他 5 个成员国的贸易额由 2001 年组织成立时的 121 亿美元增至 2007 年的 675 亿美元，年均增长 30%。另外，像塔吉克斯坦境内输变电线、塔乌公路、中吉乌公路等一批具有重要区域意义的合作项目也已经启动实施。[①] 需要指出的是，这种“外溢效应”是双向的。经济、政治和科技的多边合作也创造了更多的共同利益，为各国之间的安全合作打下了更加牢固的基础，多领域之间的互动呈现一种良性发展的态势。

另外，非安全合作机制向安全领域扩展的趋势也十分明显。这些多边机制建立的最初目的往往是为了促进亚太地区经济合作和区域经济一体化，在发展的过程中开始逐渐在现有的多边框架内加入越来越多的地区安全内容，发挥了推动地区多边安全合作，特别是非传统领域安全合作的作用。比如 1989 年成立“亚太经济合作组织”（APEC）的初衷是推动地区市场开放和加强经济技术合作。然而在运行过程中，其平台作用不仅体现在地区经济和技术合作方面，也体现在加强成员国间的交流协商、降低冲突风险、促进地区稳定方面。“9·11”事件后，APEC 作为亚太地区一个现成的多边平台，其功能很快向安全领域延伸。2001 年上海 APEC 领导人会议发表了各成员国领导人的反恐声明，显示出该机制在推动反恐国际合作领域的重要作用。此后，APEC 针对安全领域，特别是非传统安全领域的工作力度进一步加大，除金融反恐、贸易安全等领域

---

① 商务部长陈德铭在上海合作组织第七次会议上讲话：“上合组织区域经济合作取得的阶段性成果”，2008 年 9 月 24 日，http：//news. 163. com/08/0924/21/4MKTVRA2000120GU. html。

外，还积极推动防范大规模传染性疾病的合作。2005年11月，第十三次APEC领导人非正式会议就发表了《流感大流行防控倡议》，表示成员国将采取各种行动来防止流感的大规模传染，从而体现出APEC发展的一个新动向。

1997年启动的中国、日本、韩国与东盟之间的“10＋3”机制原先也主要致力于经济领域的合作。随着经济合作的顺利开展，这一机制开始逐步加入推动安全合作的内容。特别是“9·11”事件以后，“10＋3”成为成员国开展反恐等非传统安全合作的现成平台，而且发展迅速。2004年，“10＋3”开始建立打击跨国犯罪的合作机制，2005年12月又提出在应对高致病性禽流感等突发公共卫生事件和重大自然灾害、环境保护、打击恐怖主义和跨国犯罪等方面加强合作。近年来，这种合作的深度和广度进一步发展，合作项目更加务实、具体。“东亚峰会”（“10＋6”）则是以东盟为主导的开放、包容、透明和外向型的论坛，主要着眼于推动地区各国就共同感兴趣和关切的战略、政治和经济问题进行对话，属于综合性、多领域的对话机制。2005年首届东亚峰会发表了《吉隆坡宣言》和《关于预防、控制和应对禽流感的东亚峰会宣言》，体现出峰会在推动地区多边安全合作方面的作用，同时也使亚太地区安全领域的多边合作与其他领域之间的互动得到进一步体现。

从宏观上看，这种安全合作进程中多领域互动的特点，是国际环境和地区环境在冷战以后发展变化的产物，其具体原因至少包括三个方面。首先是亚太地区形势发展的内在要求。冷战结束后，在全球化的驱动下，安全与政治、经济、文化之间的相互作用、相互渗透越来越明显，从而要求地区安全合作的发展进程与其他领域的合作进程相适应、相融合。其次，安全领域的合作相对滞后，而其他领域的合作机制发展则更加成熟，这在客观上就为安全合作提供了一个现成的多边合作平台，实现从其他领域来推动安全合作、促进地区稳定的目标。第三，亚太地区安全合作的机制化程度较低，整体性较差，因而也降低了进入安全合作进程的“门槛”，从而进一步强化了其他机制涉入、参与安全合作进程的趋势。总体而言，这种多领域互动的特点既是亚太地区安全合作复杂性的产物，同时也反过来强化了多边安全合作的复杂性。

第 四 章

地区主义的兴起与亚太地区多边安全合作

冷战后亚太地区多边安全合作受到多种因素的影响，其中比较具有代表性的是地区主义的兴起及其发展演变。正是伴随着这一理论在冷战后的发展，亚太地区多边安全合作在实践和理论两个层面不断得到充实，并日益表现出强劲的发展活力。因此，在探讨亚太地区多边安全合作问题时，必须对地区主义的发展进程给予足够的关注。

第一节 历史演进中的地区主义：概念、理念、脉络

作为一种以地理区域为研究对象的理论范式，地区主义具有明显的区域指向性，它所关注的焦点与理论思考的维度限定于特定的地理范畴，并伴随一定区域内行为体间共性的增长而形成。在这一形成过程中，本区域行为体越来越倾向于从区域整体角度思考问题，而不仅

仅局限于个体国家本身。这一理论范式的出现及其发展在极大程度上改变了人们对于传统国家利益特别是国家安全利益的思考，推动了国际行为体间合作的增长。

一、地区主义的概念界定

地区主义的产生是以“地区”和“地区化”为理论前提的。在国际关系的理论视域中，“地区”是指人类生活在其中并相互影响的特定区域，从构成特征来看，它有着地缘限定、历史传承和观念建构三重意涵。而“地区主义”正是基于对“地区”的认识和由之而来的“地区化”的演进而产生的。

关于地区有着不同的理解。依据学者斯塔布斯和昂德希尔对于“地区”、“地区化”和“地区主义”三个概念的分析，所谓地区是指，在地理意义上，当一群国家或社会之间有了共同的历史经验和感知时，它们彼此间的存在状态。① 这个概念界定虽然简捷，但比较抽象。事实上许多理论家同意约瑟夫·奈提出的关于地区的最起码的概念，即地区是“由地理关系和一定程度的相互依赖而连在一起的一些国家”。② 这是现实主义关于地区的最经典解读。然而，为了尽量超越国家中心主义，卡赞斯坦提出了一个新的界定，他指出：“地区不只是世界上存在的物质实体，不只是我们认为在地图上能被直接和准确描绘的有形的空间，地区也是根植于政治实践的社会和认知建构。”③ 在

---

① R. Stubbs and G. Underhill, eds. *Political Economy and the Changing Global Order*, London: Macmillan, 1994, pp. 70—71.

② Joseph S. Nye, Jr., *International Regionalism*: *Readings*, Boston: Little Brown and Company, 1968, p. 78.

③ Peter J. Katzenstein, *Regionalism and Asia*, New Political Economy, Vol. 5, No. 3, 2000, p. 354.

这里卡赞斯坦特别强调了地区的社会建构特征，即它是地区内行为体具有的独特的认同，这种认同使其区别于其他空间。

与地区相比较，地区化是对单纯地理意义上的"地区"概念的一种深化。"地区化"依托"地区"概念而来。一般认为，在一个地区的边界内有着明显的紧密联系，内部间互动超过了与外部的互动时，这种互动的强化就是"地区化"。而当"地区化"发展到一定程度时，孕育出了各种组织，通过这些组织的行为，把地区化推向一个更高的高度，形成具有明确游戏规则的国际机制时，就诞生了今天我们所强调的地区主义的核心内容。因此，地区化是地区主义的重要前提。恰如汉斯·莫尔所说的，地区化是由社会经济发展所导致的一种客观变化，而地区主义则是在全球化背景下地区对这种客观变化的一种政治把握。[①] 地区化代表着一种战略性的积极追求（active pursuit），它的目标是在一个特定的区域之内创造一个地区系统，这个区域可能是由特定的或一般的问题构造的，在地理意义上可能接壤也可能不接壤。而地区主义是对地区化发展的一种社会、政治和学术的反应。[②]

虽然从概念的演进来看，上述论述已经比较直观地揭示出了地区主义形成与发展的总体脉络，但关于地区主义相对明确的概念界定，在不同学者间仍存在着不尽相同的看法，这主要涉及到如何看待地区主义的意涵指向问题。一般而言，地区主义有两重含义：首先，有学者偏重地区主义中的"主义"一词，认为"地区"只是用来限定"主义"的，因此认为地区主义应该是一种思想或信念；其次，有学者从地区一体化的发展实践入手，认为地区主义应该是围绕某一特定地理区域而开展的一系列实践活动。事实上，这两种观点都只是阐释了地

① 汉斯·莫尔（Harms W. Maull）："地区主义和全球主义：相互矛盾还是相互推动的进程"，载《世界经济与政治》2000年第9期。

② 卢光盛："国际关系理论中的地区主义"，载《东南亚研究》2005年第4期。

区主义的一种内涵，而就地区主义的全部要义来讲，它应当是实践与理念的共同体。正如麦克尔·舒尔兹所指出的："地区主义代表了一种观念、价值和明确目标的结合，目的是创造、维持和修正地区内安全、财富和发展规范，是志向接近的行为体对于特定的地区空间重新组织其活动与关系的渴望。"[①] 从这个认识入手，则地区主义的概念至少要具有四个要素：首先，它应该具有地理上的限定性，其行为主体是一群地理位置邻近的国家；其次，它的目的是为了发展共同的政治、经济和安全利益；第三，它的方式是构建一定的制度安排，从而借助这些共有机制实现本地区各国家对地区事务的共同管理；第四，就其本质而言，它应当是一种地区多边合作[②]。由之，可以将地区主义界定为：地理位置相邻、有着较高程度的政治经济相互依存关系和许多共同特性的三个以上的民族国家，基于增强各自的利益、管理复杂的相互作用关系和应对地区内外的各种共同挑战的需要，以正式或非正式的机构或制度为机制，从地区整体性的角度出发寻求地区事务上的共识和共同安排的一种合作意愿与政策，并在此架构与秩序下处理相互关系的一种多边主义制度形式。[③] 其驱动力既可以来自于国家，也可以来自于市场，即地区主义形成的原动力既可能是国家的主动作为，也可能是国家受到经济的驱动而采取的应激性反应。

在国际关系中，地区主义涉及的范围很广，囊括了从较为宽泛的地区合作安排到地区制度的建立以及更深层次的一体化，如果说有一个划分标准的话，那就是以国家为基础建立的正式的组织、制度。对

---

① Michael Schulz et al eds., *Regionalization in a Globalizing World: A Comparative Perspective on Forms, Actors and Processes*, New York: Zed Books, 2001, p. 5.

② 小约瑟夫·奈就认为，所谓国际地区主义"就是地区基础上国家间的联合或集团的形成"。参见 Joseph S. Nye, Jr., *International Regionalism: Readings*, Boston: Little Brown and Company, 1968, pp. vi—vii。

③ 王学玉："论地区主义及其对国际关系的影响"，载《现代国际关系》2002 年第 8 期。

于地区主义来说，地区性组织的构建是现代地区主义的基本层面，而相应制度的建设则是地区主义的核心，缺少它将被看做缺少地区主义。①

地区主义是一个多元的范畴，具有丰富的内涵。从其包含内容的广泛性来看，地区主义可以分为经济地区主义、安全地区主义、社会地区主义、文化地区主义等不同层面；而从其发展的程度来看，地区主义又可以分为跨国地区主义（非国家推动的地区化）、国家推动的一般性地区主义合作和地区一体化三个层次，分析地区主义各个层次的一个重要标准，在于看其是否存在国家或国家集团有意识的推动行为。

二、地区主义的主要理论观点

一般意义而言，地区主义主要是一种意识形态、价值观和信仰，它认为地区合作制度化是实现国家利益的最佳选择。因此，地区主义直接导致了国际合作的地区化现象，即地理上相邻的国家在自愿基础上主动加强经济、政治和安全领域的制度化合作，甚至出现了地区组织。②

地区主义的兴起是对传统的民族主义、国家主义的某种超越，是国际关系从国家形态向全球主义转换过程中的一个过渡。它既有着推动国家摆脱传统民族主义、主权观念束缚，引导人类向合作共治方向转变的功效，同时又有以本地区为中心，要与全球化相抗争的对抗性存在。从现实的思考来看，它是介于国家主义与全球主义之间的理论形态，这一点直接决定了其理论构成上的特殊性。

---

① 肖欢容："地区主义及其当代发展"，载《世界经济与政治》2000 年第 2 期。

② 参阅肖欢容：《地区主义：理论的历史演进》，北京广播学院出版社，2003 年版，第 8—11 页。

从理论构成的角度审视，地区主义虽然直至今天仍不是一个体系完备的理论形态，且有着不同的研究方法和研究方向，但总体而言，其在宏观意义上具有以下几点基本理论共识：

第一，地理区域是地区主义形成的基本前提。在地区主义者看来，地理区域是其利益的源头和利益关系发生碰撞的焦点，可以说，没有地理区域就没有地区主义。他们在思考与研究国际行为体利益的时候总是以特定的地理区域为范畴。但这里要明确说明的是，此处所述及的地理区域不完全是一个自然地理概念，即它不是指以自然形态存在的地理空间，也不是固定不变的有限区域。它虽然以某种地理形态为表现形式，但在很大程度上，地区主义中的地理形态（特别是其范畴）是由人类基于自己的意愿所建构的，更多的情况下是一种思想上的规定性及由这种规定而生成的地理空间。因此，随着交通与通讯技术的发展，特别是就某一问题或利益关切而参与合作的行为体数量的变化，地理区域的空间处于动态变化之中。

第二，利益诉求是地区主义产生与发展的直接动力。无论参与地区主义的行为体如何建构自己，如何诠释它们各自的地区主义理念，一个共同的事实是：它们所倡导的地区主义的原动力是某种利益诉求。当然这种利益诉求可以是个体性的也可以是群体性的，二者间可能是融合的，但也可能是对抗的，这要取决于其构成的方式。而无论是哪一种形式的存在，地区主义的形成与发展都取决于它对行为体利益诉求的满足程度。

第三，共同意识是推动地区主义形成与发展的内在因素。地区主义是由一系列的国家所构建的。这些国家在思考其战略决策和选择其行为取向时，常常以某一特定的地理区域为逻辑起点。基于这一特定地理区域而形成的相同或相近的历史文化、意识形态、威胁判定、政治理念和价值观念等思想要素，在这些国家间促成了一种共同感，使其具有强烈的趋同性，这是地区主义形成的内在动力和地区主义的内在本质。

第四，制度化建设是地区主义生成与发展的外在保障。地区主义的核心是对合作有意识地进行设计并提出政策，形成共同的制度化框架，使所有的参与国均能平等地获益。一般而言，此类设计是以一系列的目标、原则、规则和谈判程序为基础，继而通过建立某种组织形式从法律与制度的意义上塑造地区的一体性，为地区内各种相互作用关系提供游戏规则，规范本区域内各行为体行为，以集体姿态应对共同问题。共同的制度化框架是地区主义多样化共同特性的外在体现，它既可以提供成员国增进理解的机会，同时也可以减少成员国制定对外政策的交易成本。从这个意义来讲，地区主义无疑有助于地区行为的规范化、机制化，防止无序状态，避免无序竞争。

第五，地区主义的形成是行为体自愿而非强制的结果。国家与非国家行为体对于地区主义的参与及其对地区一体化的推动，总体而言是一种自愿行为，是上述行为体基于自身利益诉求而理性选择的结果。这与那些通过侵略行为、帝国主义和暴力强制而形成的“一体化”有着本质上的区别。带有“强制”性质的整合不应该被计算在地区主义之列。同时需要引起我们注意的是，地区主义作为一种思想上的共识并没有成文法律约定，也没有明确的起止期限，它的存在与否取决于国际社会总体的发展状态与参与者的利益诉求。但要认识到的是，基于这种区域共识而形成的一系列的正式或非正式的具体协议是有其时效性的，因此在探讨地区主义问题时，要对于其思想与现实这两个层面加以区别探讨。

第六，地区主义是一种社会历史现象，是一种超越民族国家范畴的治理模式。地区主义从本质上而言应该是一种治理模式。它的生成是与社会历史的发展相一致的，是人类社会发展到一定的历史阶段、越来越多的共同利益与共同问题催生的结果。虽然早在人类社会的早期，人类彼此间就有因地域而形成的共治现象，但这时的共治还只是朦胧的，只是到了民族国家产生之后才出现了以民族国家为基本思考点的区域共治。而随着20世纪70年代后国际行为体间相互依赖性的持续增长，越来越多的公共问题的存在，使行为体间的共同性在上升，从而使得地区主义成为了继民族国家后另一种人类社会的治理方式。从这个意义上来说，地区主义应当与其他诸如君权、神权一样，是一种新的治理模式，是对于个体国家无法实现、对于共同问题完全应对的补充。

三、地区主义的发展脉络

地区主义是官方和非官方的各种力量，从地区角度思考和处置政治、经济、安全等国际事务的过程中产生和体现出来的一种政策倾向。它反映了跨民族的地区利益与合作进程的存在及对这种存在的认知，但地区主义主要是在国家（政府）的推动下所产生的一种选择与方案。"在许多情形下，地区主义起因于国家对全球和地区挑战的积极适应政策以及政府间的一致与协议"①，因此它是补充、加强或保护国家的地位与政府权力的一种工具。

从历史的角度来看，关于地区主义的源起有着不同的认识，这主要因为地区主义研究涉及国际经济学和国际关系学两大学科，二者关于地区主义关注的焦点不同，因此在思考与梳理地区主义的发展脉络时就形成了不同的判断和阶段划分。

首先来看国际经济学对于地区主义发展历程的梳理及阶段划

① M. Smith, "Regions and Regionalism," in B. White, R. Little and M. Smith (eds.), *Issues in World Politics*, Basingstoke, Hampshire: Macamillan Press Ltd. 1997, p. 77.

分。国际经济学中的地区主义研究大多是从成员国的福利来解释地区主义的形成，探讨最惠贸易区如何增加成员国的福利，很少关注这些问题背后的政治因素和它们的政治后果，其传统的研究主题是自由贸易区和关税同盟。[①] 因此，其对于地区主义历史源头的界定相对较早。

一般认为，经济学意义上地区主义的源头最早可以追溯到1850年创立的奥地利关税同盟和1860年创立的英法贸易协定。以此为源头，按照经济学意义的划分，迄今为止，地区主义的发展共可分为四个大的历史阶段：第一阶段从1850年到1914年，这一历史时期的地区主义集中于欧洲地区，很大程度上是一种欧洲现象。第二阶段存在于两次世界大战之间，这一时期虽然由于一战的爆发一度中断了地区主义进程，但战争结束后很快又开始了地区互惠安排，而其对外的歧视性比先前的地区主义更甚。第三阶段从20世纪50年代至70年代，也就是国际关系学者所强调的“旧地区主义阶段”，主要表现为欧洲的一体化进程。第四阶段从20世纪80年代至今，对应着国际关系学者们所界定的“新地区主义阶段”，是地区主义在各个地区广泛发展，多样化地区主义显现的时期，各种不同层次的地区机制纷纷涌现出来。[②]

国际关系学者同样关注地区主义的发展并对其发展史进行了梳理。与国际经济学对地区主义发展历程划分不同，国际关系学者认为：地区主义应该是一个现代社会的产物，是第二次世界大战后出现的社会历史现象。如有学者就曾明确指出：“迄至第二次世界大战，

---

① 肖欢容：《地区主义理论的历史演进》，中国社会科学院博士论文，2002年，第14页。

② Edward b. Mansfield and Helen V. Milner，“The new wave of regionalism,” *International Organization*，53（1999）：589－627.

地区主义尚未进入国际关系的语境。"① 简单来讲，如果以欧洲的视角审视，国际关系学中地区主义的历史进程可以简明地分为两个阶段，即20世纪80年代中期以前的旧地区主义阶段和此后的新地区主义阶段。当然这种划分的主要依据是欧洲地区主义的形成与发展演变，较少顾及发展中国家的作用与影响，而如果从全局的角度来审视，那么加上发展中国家的地区主义理念及其实践，则可以再将之进一步细划为四个阶段，分别为地区主义初始期、发展期、衰落期与复兴期，具体划分及各阶段的主要特征如下：

第一阶段从二战结束到20世纪50年代末，是地区主义的萌芽期与初始阶段。第二次世界大战的巨大破坏性让人们深刻感受到了战争的惨烈性与破坏性，促使人类不得不正视合作求安全的理念，并将之付诸于实践。从20世纪40年代末开始，地区一体化的观念开始在欧洲获取和平、稳定、安全的努力中不断深入人心，并最终催生出了以法德为核心的欧洲煤钢联营及后来的欧共体。这一历史时期的地区主义事实上应该称为理念中的地区主义，许多后来深具影响力的地区组织的形成在这一时期还只是停留在思想层面。与欧洲地区主义兴起相呼应，在广大的亚非地区，刚刚获得解放的民族国家为了捍卫国家主权和民族利益，也开始关注地区合作。

第二阶段大致从20世纪50年代末期到70年代，是地区主义的丰富期与蓬勃发展阶段。从50年代开始，地区主义开始在欧洲和广大发展中国家得到不同程度的发展，这主要表现为欧洲一体化的不断发展完善和以各种形式存在的发展中国家的地区性合作，这一时期地区主义的核心要素是欧洲一体化。由于非殖民化运动和第三世界作为一支独立的政治力量的兴起与不断发展壮大，新兴的民族国家以欧共

① Louise Fawcett, "Regionalism in Historical Perspective," in Louise Fawcett and Andrew Hurrell ed., *Regionalsim in World Politics*, p. 10. 转引自耿协峰：《新地区主义与亚太地区结构变动》，北京大学出版社，2003年版，第59页。

体为榜样，开始寻求适合自己的地区主义道路，通过合作维护独立地位、发展民族经济成为各国的主要利益诉求。这其中也包括超级大国所领导的地区性军事同盟的快速发展，这些军事同盟是战后地区主义发展的重要组成部分，并在相当长的历史时期内曾影响并左右着战后地区主义的发展方向。

第三个阶段从20世纪70年代延续到80年代初。这一历史时期是地区主义的相对衰落期与停滞阶段。尽管第二阶段曾成功引导地区主义发展的“新功能主义”理论力求使自己的理论更加实用，更加强调渐进合作的重要意义，但在实践中它还是遭到了致命的打击，1965年欧共体第一次重大危机的发生，引起了国际社会对于地区主义的广泛置疑。1975年，新功能主义领军人物哈斯出版了《地区一体化理论退出历史舞台》一书，标志着地区主义理论发展上低潮期的到来。理论上的低潮与现实的低潮相呼应，这一历史时段，不仅欧洲的地区一体化发展遭到一定挫折，由于美苏关系缓和，两大军事联盟作用也在弱化。而从发展中国家角度来看，同样面临着地区主义发展上的失落。这一时期的第三世界由于受进口替代失败、债务危机等影响，地区主义发展同样面临难题。总体而言，整个70年代，除个别地区外，整个世界的地区主义呈现出低谷现象，许多人对于地区主义是否代表了未来的趋向表示怀疑，地区主义发展进入相对衰落期。

第四个阶段从20世纪80年代中期至今，是地区主义的复兴期与创新阶段。自80年代中期以来，美苏关系进一步缓和、以欧洲单一法案出台为标志的欧洲一体化的深化，以及美国地区主义政策的转向等，使70年代以来一度衰落的地区主义开始重获新生。进入90年代后，随着两极体系的解体和以信息、市场为首要特征的全球化时代的到来，地区主义受到时代的影响，相对于前三个阶段的旧地区主义有了重大的突破性进展，从跨国地区主义到一般性地区主义合作和地区一体化，各个不同层次的地区主义得到充分展现，出现了一系列新的思想与理论探索，包括建构主义在内的新兴理论的不断介入为这一时期的地区主义发展及其对旧地区主义的超越提供了理论上的支撑。相对于前三个阶段而言，这一时期的地区主义更具有开创性，总体上被称作“新地区主义”。时至今日，新地区主义仍处于发展之中，它所带来的一系列新鲜理念与开创性做法给包括中国在内的广大发展中国家提供了转变观念、重新审视并积极投身地区主义实践的历史机遇。

第二节　地区主义的新发展及其对国际安全合作的影响

地区主义从旧到新的变化，与时代发展有着密切的关系，其历史作用也在这一历史转换过程中，从防范并遏制霸权国对中小国家主权的侵蚀逐渐转向呼吁参与国让渡部分国家主权，以共同管理本地区事务的方式达到维护成员利益的目标，即开始带有明显的“介入性”。作为一种新的理论思潮，冷战后兴起的新地区主义试图解释后冷战时代全球范围内地区化的新动向、所面临的新问题、可能的新趋势。与传统的地区主义相对比，在形成背景、主要内容、视角选择方面有着巨大的差异。而这种差异对于国际关系特别是国际安全合作带来了巨大的影响。

一、新地区主义与旧地区主义的差异

虽然从宏观的角度来讲，无论是20世纪50—70年代盛极一时的旧地区主义还是80年代中期以后复苏并在冷战后全面勃兴起来的新

地区主义，都属于地区主义的理论范畴，但二者间还是存在着不少差异，从中折射出时代的转换与国际关系理论的新发展。具体而言，这种差异主要体现在四个方面：

第一，二者产生的时代背景不同。旧地区主义以两极格局为背景，美苏两个超级大国及其双方所属的阵营对世界所有地区的严密覆盖，尤其是它们对各地理区域内的国家间相互作用进程的严重压制，使得各地区被全球总体性政治军事竞争因素所分裂，由之而来的地区主义的构成不是当地国家本能的自然选择，而有着美苏两国的霸权性影响，地区的自主性与整体性并不存在，地区事务的管理与安排受到大国的控制或从属于全球政治力量均衡的深刻影响。而新地区主义形成于后冷战时代，是在多极政治经济形势下出现和发展起来的，地区事务的管理与安排不再受大国的控制或者从属于全球政治力量均衡的要求，而主要以地区内国家的利益以及它们对地区稳定、秩序和更好地应对全球竞争挑战的需要所牵引。

第二，二者间在主动性、平等性上存在着差异。如前所述，旧地区主义受到超级大国战略意愿与战略意图的深刻影响，霸权因素在地区主义的形成与发展过程中起着主导性作用，外界霸权的压力是地区主义生长的动力，地区主义具有相当程度的从属性。而新地区主义产生于苏联解体之后，全球化时代的高度融合性和不断增长的共同性问题是其形成的主要催生因素，与旧地区主义不同，新地区主义是由本地区内部的行为体自愿选择的结果，参与地区主义的诸行为体间有着平等的地位和自主权。

第三，涉及内容的丰富性上存在着差异。旧地区主义是有限的地区主义，它常以某一特定的具体问题为取向，主要围绕经济领域展开，常常用“一体化”的概念来形容其进程与目标形态。而新地区主义与之相比，则是一个更为广泛、涉及多方面的过程。新地区主义更倾向于使用“国际制度”的概念来形容自己的目标，而这里所提及的

“多方面”是指包括经济、政治、文化、安全和环境在内的各个领域，这就决定了新地区主义理论研究的视角与旧地区主义有很大的区别。比较而言，新地区主义具有极大的开拓性。在新地区主义者看来，旧地区主义所倡导的一体化理论非但没有导致真正的发展，反而在地区范围内复制了原本全球范围内的中心—边缘结构，从而导致了第三世界广大发展中国家的失败。

第四，二者对于民族国家主权维护的认识不同。旧地区主义表现出一种民族聚合性。两次世界大战的教训使各国充分认识到，必须在民族国家的基础上实现各平等主权国家的联合和合作，但这种联合有一个最高限度，即无论合作的深度达到多高的水平，都要保证联合体仍然是一个政府间的实体，而不是一个超越各主权国家之上的超国家主权。旧地区主义认为主权是完全不可让渡的，而新地区主义在某种程度上是一种超越民族主义的范式，它认为跨国力量的持续增长，特别是一系列跨国问题的不断上升，使得单个国家不可能完全凭一己之力实现维护国家利益的目标，这就要求行为体必须要联合其他力量，共同应对新的挑战。由之可见，新地区主义所倡导的不是一个完全封闭的区域社会，而是一个开放的、极具地区特色的国际体系结构。

关于两类地区主义的具体比较可以参考图 1 所列内容。

二、地区主义的新发展对国际安全合作的影响

如前所述，冷战后地区主义的复兴并不仅仅只是对传统地区主义的简单重复，相反，它是基于全球化时代的新特征而来的新范式，是个体国家单独应对经济全球化而在实力不足的情况下出现的以地区为核心、通过集体力量应对全球化的新模式。

图 1　新旧地区主义的比较

	旧地区主义	新地区主义
理论范式	一体化理论：联邦主义、功能主义、交往理论	大量的、不同的分析框架
“地区”的概念	狭隘的和静态的：地理毗连、文化同质性、共同观念	宽泛的和动态的：以传统意义的“地理区间”为基础，但更主要是一种“社会建构”的结果
主要研究问题	1. 为什么和什么条件下国家间会形成新的政治共同体？ 2. 为什么和什么条件下各国的精英们寻求形成共同决定，并向这个新的决策中心转移忠诚？	1. 地区合作和一体化与其他国家间交往的形式和战略相比有什么优越之处？ 2. 什么时候和为什么各行为体决定参与地区合作进程？
中心假说	1. 日益增加的治理体系的复杂性；日益增加的 20 世纪技术问题的重要性；日益增加的国家及其人民之间的互动，这将必然导致超越民族国家的政治组织安排。 2. 地区化将最终导致一个准自治的一体化。	1. 地区合作是决策者为争取增加绝对或相对收益的一种选择，是不同国际力量角力的结果。 2. 地区化将有可能（但不必然）导致一体化，地区合作有可能在到达政治和经济一体化之前就已经终结。
经验基础	以欧洲一体化为模型	不同区域的多种合作形式

图 1 内容源自 Fu-Kuo Liu and Philippe Regnier，*Regionalism in East Asia*：*Paradigm Shift*？London：Routledge Curzon，2003，p. 32，转引自卢光盛：“质疑‘新地区主义’”，《上海行政学院学报》，2005 年 9 月版。在引用过程中，作者对于部分内容做了修改。

自 20 世纪 90 年代以来，全球化巨大的整合力开始削弱民族国家的管理与控制能力，但同时这一过程也暴露出了经济发展进程中的各种差异性与不确定性，从而呼唤某种集体机制的构建，促使国际社会中的行为体试图通过集体的力量达到管控局部世界的目的。

虽然从理论上而言，全球治理应当是一个绝佳的方案，也是极值得国际社会行为体选择的方式，然而事实是，这些全球层面的共治由于参与国家数目过于庞大而难以成行，与之相比，地区是一个最佳的替代方案，也是就目前来看最切实可行的治理范畴。

在这一演化过程中，就性质判定而言，地区主义既是一种放大的国家主义，同时又是一个微观化的全球主义，它事实上是在充分考量了民族国家的现实情感、主权观念和国家让渡部分主权可能性的基础上形成的一种继承性发展。地区主义的产生与政治和安全考量有着密切关系，在很大程度上，基于安全的考虑促成了地区主义在二战后的形成及在当代的进一步发展。而现实的运用过程中，新地区主义与旧地区主义的部分成分融合存在，共同对于国际关系特别是国际安全合作构成了重大的影响。

地区主义的新发展使地区成为安全合作的新向量。

从历史的角度审视，地区一直是国际事务、国际关系发生与发展的一个重要场所，但在传统的国际关系结构中，地区只是作为一个背景对国家、国家间关系和全球范围内的互动产生影响，并不是一个完整的独立的体系单位，也不作为一个自变量存在并发挥国际作用，因此人们对国际关系的解释和理解一般也是着眼于它的两个端点（即国家与全球）的关联和互动。在新现实主义、世界体系论等强调国际体系与结构作用的理论思想中，地区因素并不是构成国际关系结构组成的一个显要部分，因而往往受到忽视。而现在，尽管国际关系的全球属性日渐凸显，全球化对国际关系的塑造能力不断增强，但众多的事例表明，在地区主义的作用下，国际事务也越来越具有了地区的属性，受到地区结构与特征的严重制约。事实上，除具有真正全球性影响力的美国外，其他大国的利益与影响主要集中于各自所在的地区，因此它们的外交与安全战略基本上是以地区为舞台，把处理地区内的政治经济关系，在此范围内作出单边或多边的安排，视作加强各自权力、影响以及在全球与地区事务中地位的重要手段。这些国家与本地区安全事务联系程度的不断提高，增加了它们左右地区安全环境与走向的可能性，因此大国安全政策与影响的地区意义日益显现。同时，如何应对这些大国的挑战与冲击，也是地区内中小国家安全政策的优先考虑。为了更有力地控制它们的战略环境，尽量改变它们在国际政治中的不利地位，中小国家目前非常热衷于在地区内采取协调与集体行动，希望通过地区合作安全以及地区的特殊方式来获取安全保障，因此它们越来越认同地区合作的安全价值。鉴于这样一些变化，人们开始对地区（或次地区）内的事务投入更多的注意力，频繁地从地区层面上谈论外交与国际政治问题。地区战略、地区角色、地区相互作用与地区方式已成为国际关系的重要内容，也构成了国际关系分析的基本话语与范式的一部分。[①] 新时期的地区性合作完全是一种地区视角，并不具有意识形态因素。

（一）地区主义的新发展使安全防范对象的范围更广阔

与旧地区主义相比，新地区主义不仅数量增加、范围增大，而且内涵大大扩展，不再局限于传统的旧安全观和经济目标，它所关注的内容和要求实现的目标不断增加，涉及建立在地区基础上包括人权、民主、环境和社会正义以及跨国社会和文化网络等众多领域。[②] 这种广泛性恰恰与冷战后出现的安全思维新变化相吻合。所谓的安全思维新变化，主要是指受到冷战终结和全球化迅速增长的影响，安全正在从以军事、政治为代表的传统安全向以环境、能源、生态、文化等为

---

① 王学玉："论地区主义及其对国际关系的影响"，载《现代国际关系》2002年第8期。

② 肖欢容："新地区主义的特点与成因"，载《东南亚研究》2003年第1期。

代表的非传统安全拓展，安全的外延与内涵的迅速扩大，使得单个国家已经不可能完全应对，必须要寻找到新的途径。新地区主义的出现无疑为这一寻找过程指明了方向。它所关注的内容与设定的努力目标极大程度上与联合应对非传统安全威胁相吻合。通过地区间的广泛合作不仅有可能应对已经出现的各种安全威胁，而且随着区域安全合作向复合安全共同体的转化，也具有对于未来可能出现的新型安全威胁的预防功效。

（二）地区主义的新发展使安全合作的主体有所拓展

旧地区主义影响下的地区合作有着比较明显的主体划分，即发达国家间彼此进行合作，发展中国家间进行合作，二者间的交叉合作几乎没有。而新地区主义兴起后，在很大程度上超越了这种局限性，打破了传统国际关系中的南北界限，形成了发达国家和发展中国家共同建构地区主义的新形态。与旧地区主义重视内向性不同，冷战后兴起的新地区主义及其影响下建立的国际组织具有明显的开放性特征，正是这种开放性使新形势下的地区安全合作具有空前的广泛性，易于整合尽可能多的力量共同应对各种安全威胁，特别是来自于非传统安全层面具有全局性冲击力的新兴安全威胁。除开传统的国家单元外，在新地区主义发展中，市场力量和各种非政府组织也积极加入，这给地区安全合作提供了新的力量源泉和施行方式，如由东盟成员国智库组成的非政府组织——战略与国际关系研究网络发起的各类“第二轨道”会议，即是推动东亚合作进程的重要力量之一。①

（三）地区主义的新发展使安全合作方式多样化

相对于旧地区主义的模式简单、僵硬，新地区主义具有多样性特

---

① 马婴：“‘新地区的发展’的原因及特点”，载《社科论坛》2009年3月版。

点，这主要体现在其表现形式的多样性、组织化程度的多样性、与其他意识形态关系的多样性。这些多样性的存在使地区主义的发展更具灵活性，可以适应不同对象的各种目标需要。事实上，地区主义绝非对某个单一的存在物的抽象，而是一种对众多花样不断翻新的客观事物的方便的规范。其内在多样性是历史形成的。对于不同的地区而言，其进行安全合作的前提条件并不完全一样，这一点从根本上决定了其在进行多边安全合作时必然要寻求与自己的客观情况相适应的模式，而新地区主义内在的多样性特征从根本上体现了这种广泛的包容性，使地区安全合作呈现出各种不同的形态，从而更贴近社会现实，更能体现国际行为体的客观需要。事实上，当前的地区合作既有发展中国家之间的南南合作，也有发展中国家和发达国家间的南北合作；既有区域合作，也有次区域合作、流域合作和“增长三（四）角”等。各种层次的合作交叉重叠，把整个世界的地区合作推向高潮。尤其是亚洲的地区合作开创了以发展中国家为主，推动发达国家以及具有不同社会制度的其他大国一起参与的先例，丰富了地区合作的理论和模式，成为新形势下进行平等互利的南南合作及南北合作的典范。这对世界地区合作的发展具有启示意义。而且从目前合作的效果来看，南北共处的地区组织比南南共处的地区组织对发展的促进更大。①

（四）地区主义的新发展使跨地区安全合作成为可能

新地区主义强调开放，反对封闭，倡导开放型的地区主义。“开放型”的地区主义是指有着广泛的地区整体性并对地区外力量开放的地区合作，是一种包容性和国际主义很强的多边主义理念。这种类型的地区主义既可起到有效管理地区的共同利益与互动关系的作用，同

① 马婴：“‘新地区的发展’的原因及特点”，载《社科论坛》2009年3月版。

时也能够接受外界地区和国家的参与，通过对世界的开放创造出一个反映相互依存关系的现实、推动国际协调、培养稳定和自由的新秩序的国际环境，从而为管理全球化和增进地区利益注入更多的积极因素。因此，“开放型”的地区主义有助于地区政治经济社会的整合，有助于全球秩序的形成与稳定。[①] 正是基于这一理念，新地区主义影响下的地区多边安全合作将更突出开放性、对外性，在扩大安全合作对象的同时，也使得跨区域安全合作成为可能。地理因素在新地区主义中不再是约束性参数。按照地区合作的传统理论，地区组织在地理上基本连成一片，或者邻近。但随着科学技术的进步及交通、运输、通讯等成本的下降，各国及各地区之间的联系日益增强，当前的地区合作已突破了地域的限制，出现了跨洋和跨洲合作，或者说地区间合作，这主要表现为三种形式：(1) 跨地区合作，如亚太经合组织、亚欧会议、亚洲—中东论坛等；(2) 地区集团间合作，如东亚—拉美论坛、欧洲—拉美首脑会议、欧洲—地中海国家间的“伙伴关系倡议”(巴塞罗那进程)、欧盟—非加太国家集团间的“伙伴关系协定”(《科托努协定》) 等；(3) 地区组织与单个国家的合作，如中非合作论坛、中国—阿拉伯国家合作论坛、东盟“10＋1”、欧盟与墨西哥、智利、南非等国签署的自由贸易协定等。新地区主义的“跨地区层面看来是其最突出的特点之一”。[②] 与地区合作相比，地区间合作有三大特点：一是合作内容更加广泛；二是合作主体更加多元；三是合作形式多为南北型。地区间合作其实是全球化与地区合作彼此间良性结合的一种

① 王学玉：“论地区主义及其对国际关系的影响”，载《现代国际关系》2002 年第 8 期。

② Norman D. Palmer, *The New Regionalism in Asia and the Pacific*, Lexington: Lexington Books, 1992, p. 2, 转引自马婴：“‘新地区的发展’的原因及特点”，载《社科论坛》2009 年 3 月版。

表现形式。[①]

（五）地区主义的新发展有助于推动安全合作的制度化

机制化是新地区主义的一个重要特征，当然它并不强调所有的地区合作都必须以完备的机制为依托。从一般性国际会议和非正式的磋商机制过渡到各种正式的国际组织，是地区主义发展的趋势，也是各种形态的地区主义合作所着重建设的一个主要内容。正式制度的建立将会使合作更具规范性，使行为体的行为更具可预期性，能够有力地保障合作进程的顺利展开。因而自冷战结束以来，越来越多的地区主义合作开始从非制度化向正式的国际制度转化。从现实的发展来看，欧盟取代欧共体，使欧洲一体化开始进入一个高度制度化的框架，极大地提高了其一体化进程的可控性与可预期性。与之相类似的，欧洲安全与合作会议过渡到欧安组织、上海五国会议转变为上海合作组织、非洲统一组织更新为非洲联盟，都充分地说明了新地区主义的追随者们对于国际制度在地区整合中重要作用的重视。而这种高度重视无疑也为地区层面的安全合作提供了更多的保障性因素，使之实现的可能性更大，规范性更强。

（六）新地区主义的介入性使安全合作面临着新难题

新地区主义的发展在给区域安全合作提供了进一步发展的动力的同时，也在一定程度上给安全合作提出了新难题，这突出地表现在其所具有的介入性特征上。旧地区主义基于对和平与安全的诉求，关注主权的维护和地区秩序的构建，其推动地区合作的目标是要维护自身的主权安全，而在全球化背景下，随着利益共同性的增长，地区主义要求各参与其中的行为体让渡更多的国家主权，事实上这种合作已经

① 马婴：“‘新地区的发展’的原因及特点”，载《社科论坛》2009年3月版。

在某种程度上介入了国家内部，对于国家主权已经构成了某种程度的侵犯。自20世纪末期，欧洲安全与合作会议开始扩展内容，进行有关信任和安全措施的创建，就开始打破了旧地区主义长期坚持的不干涉国家内部事务的禁忌。欧洲安全与合作会议所表现出来的作用，使人们希望在新的世界秩序中能够用共同合作的地区安全框架来代替地区联盟的均势方法。[①] 时下，地区主义的各种实践中都包含着大量的扩张性因素和介入性趋势，无论是发展中国家为了应对全球化催生的全球性问题而在一定程度上偏离主权观念，还是以美国为首的西方大国借在经济、政治、安全上的优势地位向全球扩展其利益空间，在某种程度上都体现了一种介入性，特别是对某些国家内部事务的介入，如以人道主义干预为借口干涉个别国家内部事务。新地区主义的这种介入性带有复杂的背景，一方面它表明了全球化时代安全已经越来越多地成为一种超越国界的共同问题，国际安全与国内安全的界限相对弱化，适当介入是一种必要的选择，但另一方面它也给部分国家扩张实力影响提供了可能，从而事实上给被介入国主权构成了某种程度的冲击伤害。

第三节　新地区主义与亚太地区多边安全合作：动力与不足

总体而言，地区主义有助于解决地区安全问题并对冲突进行控制和管理。在美苏对抗终结、全球安全态势总体上缓和与稳定之后，国家所面临的安全威胁未来将主要来自于行为体所在的地区，而能对国

① 蔡养泉：“论东亚地区主义的历史发展及其介入性趋势”，载《贵州师范大学学报》（社会科学版）2004年第6期。

家构成总体性影响的全球性安全威胁也主要是通过地区层面作用于国家。因此，地区安全环境对于民族国家安全具有极为重要的意义，也是其未来推动安全合作的主要考量方向。由之，从地区主义发展的角度对亚太地区安全合作问题进行思考是一个极富现实价值和实践意义的命题。从理论和实践的双重角度来审视，我们都能看到地区主义发展对亚太多边安全合作的重要影响，特别是它对构建亚太多边安全框架的建设性意义。

一、构建地区多边安全合作的基本条件

从推进多边安全合作的基本构成条件来看，主要有四个地区性因素在其中发挥主导性作用，即共同利益、集体认同、合作机制与主导力量。

第一，共同利益的存在是地区安全合作的现实基础。从现实主义角度来分析，利益是人类一切社会活动的动因。国家外在行为的根本驱动力是国家利益。亚太地区国家间开展多边安全合作同样是利益作用的结果，正是因为要应对共同的安全威胁、保护共同的经济利益存在，本地区的行为体才最终选择了合作。但要注意到的是，共同地区利益并不排斥行为体对个体私利的追求，事实上正是行为体对自己私利的追求才最终促成了地区安全合作，即个体国家利益是地区安全合作的原始动力。这主要是因为在全球化时代，安全威胁正在不断超越传统的国家边界而在整个地区范围内构成危害，威胁的传递性与延展性使得单凭某一国家的力量并不能消除其危害，对于这种共同威胁的应对在表象上体现为保护本地区的整体利益，但事实上它在实践中也是保护每一个个体国家的利益，即个体国家利益与地区利益具有高度的一致性，这是地区安全合作的重要基础，正是因为这种共同危险性的存在才促使本地区行为体采取合作共赢的模式。为此，各国在制定

其安全战略时，不仅要考虑本国的安全需要，也要充分考虑地区或全球的安全利益，因为只有这样才能在推进地区安全中促进本国安全。从这个意义上来讲，地区主义是放大的民族主义，地区利益是国家利益的综合展现。但要注意的是，地区利益是地区内各国利益的集中体现，不是各国利益的简单相加，它产生于地区内各国在某些方面的国家利益趋同，这一点深刻地表明了国家安全利益的多维性，从而为不同层次的地区安全合作提供了可能性。这也正是亚太地区多边安全合作具有多种模式的根本原因。

第二，集体认同的形成是地区安全合作的内在保障。地区多边安全合作的开展不仅仅要有现实的利益驱动，更为重要的是要从思想上将合作意识固化，将地区内其他行为体看作是合作的对象而不是威胁。这就是说，对于某一地区的行为体而言，开展并延续地区安全合作的一个重要的保障是对于地区、地区内行为体角色和地区安全合作模式的认同。建构主义认为，观念建构利益，国家利益本源上根植于认同、规范及其结构之中。只有地区内国家普遍认同某一地理空间的存在并在此基础上形成相同或相似的观念、文化，形成共同的安全威胁判定和相似的安全观，地区安全合作才有可能得到延续。地区集体认同的培养是一个长期的过程，需要经过各个行为体间频繁的交往，寻找、培养、积累共同性，才有可能形成。从类型上划分，这类认同有“归属性”认同、“回应性”认同和“功能性”认同之分。所谓有“归属性”认同是指本地区内各国之间长期的交往，这种具有延续性的交往活动造成了本地区的历史、文化和各种亲缘关系，这种认同可称之为“归属性”认同；所谓“回应性”认同源于本地区与外部国家、地区及整个国际环境的互动，在互动中，地区各国更加清晰自我（本地区）和他者（其他国家和地区）间的相对性和差异性，这种认同被称为“回应性”认同；所谓“功能性”认同源于地区各国与突发事件和社会等功能领域的发展态势的相互关系，以及在此背景下各国间的互动关系。上述三类认同不断丰富完善才能促使行为体以地区为思考问题的根本，将本国安全与地区安全连成一个有机的整体。地区集体认同的形成将会在本地区行为体间建立起一种强烈的共同体感，从而凝聚起本地区绝大部分力量。因此，在地区多边安全合作过程中，集体认同具有重要影响力，是不可或缺的重要因素。

第三，地区制度的建立是地区多边安全合作的外在保障。任何形式的安全合作都需要从一般的理念演进到具体的规范、组织才具有现实的意义，地区安全合作同样如此。制度本身所具有的特点有利于成员国间加强沟通、增进彼此了解、奖励守约行为、惩罚违约举动，减少成员国制定政策的交易成本，促进共同决策的形成。地区制度的建立是亚太地区多边安全合作的重要一环，是地区共同性的具体体现，地区多边安全合作的形成与开展正是通过这些制度形态来展现的。也只有拥有了这些制度形态，才最终能够保障地区多边安全合作从理念、思想上升为具体的实践，从而使安全问题得到切实的解决。而安全制度发展完善的程度将成为地区安全合作进程的标志。

第四，主导力量的相互认同与合作是地区多边安全合作的重要变量。任何一种合作模式的建立与展开都需要有某种主导力量的存在，冷战时期的北约和华约的形成即是围绕着美苏两个超级大国展开的，在这两个地区性军事同盟中，美苏分别扮演了其中的主导力量。同样的，对于后冷战时代的地区多边安全合作而言，本地区大国或主要力量的作用与影响是巨大的。正如欧盟是以法德为核心、北美自由贸易区是以美国为核心一样，亚太地区的多边安全合作同样要有主导力量发挥作用。一般认为，大国间的合作对于地区合作起着至关重要的作用，大国间的集体认同对于该地区各国间的认同起着良好的促进作用，如二战结束后，法国与德国对于彼此间身份做出了新的诠释，将二者间关系界定为朋友、伙伴而非对手，这种认同理念的建立极大程度上改变了西部欧洲的总体地区认同，将昔日的战场转变成了今天的一体化空间。这一事件表明了主导力量在地区安全合作中的重要性，特别是二者间的认同与合作对于整个地区合作的重要影响。

在考察地区多边安全合作时，主要就是要基于上述这四个主要条件，通过对于上述四个方面成果的考察，判断开展地区多边安全合作的可能性，判断其发展的状态，并对于后续的发展做出战略性预测。

二、新地区主义发展对亚太地区多边安全合作的积极性影响

如前所述，地区多边安全合作需要具有四个主要的基本条件，而冷战后兴起的新地区主义以其开放、灵活、多元的总体特点，用富于开创性的理论，回应了上述条件要求，从地区利益的构建、地区认同的强化、地区制度的完善三个大的方面为亚太地区多边安全合作的发展做出了绝佳的理论铺垫。

（一）地区利益的凸显为亚太地区多边安全合作的推进提供了物质动力

新地区主义强调以地区为战略思考的基点，这一点在极大程度上超越了传统的国家维度的战略思考，在起点上将多边安全合作限定在一个比较高的标准线上，促使地区内行为体从地区角度思考问题。正如未来学家奈斯比特（John Naisbitt）在其名著《亚洲大趋势》（Megatrends Asia）中所指出的："亚洲开始掌握自己的命运，亚洲人开始重新发现亚洲，集体的亚洲意识正在兴起。"① 自 20 世纪 90 年代以来，一批亚洲国家实现了经济起飞，并推动了亚洲的整体发

① 王毅："思考二十一世纪的新亚洲主义"，载《外交评论》2006 年第 3 期。

展。1990—2004 年，亚洲占世界 GDP 总量的比重从 15％上升至 23.8％，占世界出口的比重从 26％上升至 31.8％。1995—2005 年，亚洲 GDP 和外贸年均增幅是世界均值的一倍左右，对全球 GDP 和贸易增长的贡献率仅次于北美。[①] 随着经济的增长，亚太地区的经济一体化程度持续增长，统计资料显示，在 1998—2002 年这 15 年当中，东亚地区对外贸易总额中区域内贸易比重从 34％增加到 52％。[②] 经济上这种高度的相互依赖性，使本区域内国家间共同利益和相互依存不断深化，合作意识与日俱增。经济上越来越深化的相互依赖关系促使地区内国家在思考安全问题时开始将目光超越单纯一国局限性，而开始从本地区整体角度去思考问题。同时，冷战后不断升温的非传统安全问题也在客观上促成了本地区国家安全思维的变化。

（二）地区安全认同意识的不断深化为亚太地区多边安全合作的发展提供了思想动力

新地区主义强调地区内聚力和地区认同等政治理念的建构。尽管亚太地区存在着众多文化模式与不同的思想传统，但总体而言，本地区的文化理念与西方相比有着总体上的一致性，即都具有倾向和平解决本地区国际冲突的战略文化要素，包括在处理冲突问题上比西方更长远的时间性观念、崇尚平等和共识方法、追求综合性和合作性安全的理念等。历史传统的相同或相似性使本地区国家在思考安全问题时容易形成比较相近的威胁判断与模式选择。地理上的接近使一国的安全威胁极其易于波及临国，而非传统安全威胁的兴起，特别是其跨国性特征及多样化形态，使亚太各国认识到了安全既是它们面临的共同

---

① 王毅："思考二十一世纪的新亚洲主义"，载《外交评论》2006 年第 3 期。

② 《亚洲区域经济合作：前景与展望》，http://biz.163.com/40917/4/10G5RD7P00020RQ0.html。

问题，也是它们追求的共同目标。而由非传统安全威胁带来的安全上的不可分割性和安全事务上的相互依赖，催生出了以合作安全、共同安全、综合安全为基本主张的新安全观，强调通过地区合作达到维护安全、消除威胁的地区安全意识。随着本地区行为体对于新安全观的逐渐接受并将之内化为行为准则，亚太地区多边安全合作获得了强大的思想动力。同时，地区安全认同的培养也在客观上促使本地区大国重新思考彼此间角色定位，督促它们放弃彼此间的恩怨，以共同安全利益为牵引，加强合作。

（三）地区合作机制的构建为亚太地区多边安全合作的深化奠定了坚实的制度基础

如前所述，机制化是地区多边安全合作的重要环节。正是因为有了地区合作的不同机制化的形成才在实践中将各种地区合作理念从思想转化为现实。从发展的角度来看，地区主义的发展路径是有一定层级的，即从经济地区主义、政治安全地区主义到社会地区主义，再到建构地区宪章、实现超国家的地区治理。事实上，虽然安全因素不一定是亚太地区国家间合作的前提，但目前已有的地区组织大都涉及到地区安全，这一事实体现出亚太安全地区化的客观事实。冷战后，在亚太各国相继发展和区内经济循环不断深化的基础上，区域合作应运而生，形成了良好的态势：一方面，从深度上看，“10＋3”、上海合作组织和东盟地区论坛作为主要的支柱性机制深入发展，其中“10＋3”已开辟了18个合作领域，建立了50多个对话机制，各类合作项目超过100个，成为推进亚洲合作的重要渠道；[①] 另一方面，从广度上看，目前，亚太地区已经形成了包括东盟、东盟地区论坛、南盟、上海合作组织、“10＋3”、东亚峰会、六方会谈、亚洲合作对话等在

① 王毅：“思考二十一世纪的新亚洲主义”，载《外交评论》2006年第3期。

内的多层次、宽领域、广支点、官民并举的区域、次区域、泛区域多边机制群。这些机制大多根植于地理上的紧密联系或利益上的相互依存，各有其生长规律和重点方向。虽然还没有形成一个统一的亚洲一体化平台，但众多国际组织、机制事实上为亚太地区的总体安全合作奠定了坚实的基础。

除上述三个方面外，新地区主义的多样性、灵活性、开放性特征及其跨区域合作等新特点也在不同程度上为亚太地区多边安全合作提供了思想上的启迪和实践中的支持，使亚太地区多边安全合作走出了不同于其他地区安全合作的新路，极具开拓性。

三、新地区主义发展的不足及其对于亚太地区多边安全合作的影响

作为一种不同于欧洲地区主义和北美地区主义的新形态，亚太新地区主义对亚太多边安全合作提供了巨大的助力，但同时也应该看到，这一新兴地区主义形态本身也存在着一些不完善因素，这些因素的存在对于亚太多边安全合作的发展有着一些阻碍作用，而部分大国对于新地区主义引导与运用中的利己成分和争霸思维也对亚太多边安全合作构成了一些不利影响。

（一）新地区主义的多样性使亚太地区进一步“碎片化”

亚太地区历史情况复杂，各国发展状态存在着巨大的差异，区域文化呈现出多维特点，这些客观特征的存在使得建立统一的亚太多边安全机制的可能性很小，至少在短期内很难看到突破的可能性。而新地区主义的多样性特点及其主体与应对对象的多元化特征，在极大程度上满足了这种复杂的局面，用区别对待、分而治之的总方式将本地区“划分”为东北亚、东南亚、南亚、中亚四个次区域空间，并在各

个空间内形成本空间的国际组织，从目前来看，这些次区域内的合作都或多或少取得了一些进展，但也正是因为取得了这些进展，客观上进一步巩固了次区域的地区认同，而与整个亚太地区认同的距离相对拉大。新地区主义的这种目标泛化与多样性不利于未来亚太地区一体化的构建，也使得建立一个涵盖整个亚太地区的多边安全机制的可能性进一步减小。

（二）新地区主义的弱机制化特征使得地区制度的规制作用有限

新地区主义又被称为“软地区主义”，总体而言，是一种弱机制化的地区主义，它缺乏深层次的制度推动，除上海合作组织有一定的约束力外，最具有普遍性影响的东盟地区论坛也不过是每年度举行会议，达成一些倡议，而即使是首脑会议形成的宣言、声明和共识也不具有严格的约束力和法律效力，且没有具体的对应机构，这使得开展地区多边安全合作无法可依，不能落到实处，从而减弱了安全合作的实际效用。

（三）新地区主义的国家主权色彩使其一体化发展面临难题

亚太地区的新地区主义与欧洲相比，具有极强的主权色彩，地区合作的前提是平等性和不干涉内政。虽然本地区国家都主张推动一体化发展，但在实践中，国家意识与地区意识的协调存在很大困难。各国在不同层次地区主义中的主张与努力，很大程度上源于对国家主权的思考，很难形成共享主权的议程，更难达到制约主权利益的协议。在这种议程设计与合作方式中，地区多边安全合作的深化只能停留在领导人的口头上而无法使之成为现实。兼之，本地区既有的中日历史问题、日俄北方领土争端和新兴的朝核危机等安全问题，更加深了地区合作中国家的自我色彩。

（四）新地区主义的开放性、介入性使得地区安全合作面临挑战

受到本地区国家发展的客观需要影响，亚太地区的地区主义与欧洲、北美的地区主义有着重大的差异，其中一个重要方面在于其开放性，它的经济外向型发展模式决定了这种形式的必要性，亚太经合组织的成立与发展，对于亚太地区来说是一个推动一体化发展的重要因素。但同时这种开放性，也使得本地区的发展不可避免地要受到各种外来因素的影响，其中美国因素的影响至关重要。美国希望借亚太新地区主义的开放性、介入性特征，将其政治理念、安全思维、经济模式引入亚洲，而更为关键的是，这一进程中有着推进霸权的因素，对于亚太多边安全合作有着极大的负面影响。众所周知，地区主义对地区多边安全合作构建的积极意义是以地区的整体观念为基础的，而如果在地区内建立起由部分国家主导的具有排他性或针对某个（某些）地区内国家的多边合作或次地区合作，则会使地区陷于分裂，导致地区内关系的不和与紧张，从而破坏本地区的总体性和平。

第五章

大国博弈与亚太地区多边安全合作

大国是影响地区多边安全合作的关键性因素。在亚太这一大国较为集中的地区，大国之间力量对比、利益关系的状态和变化趋势，对地区多边安全合作的发展进程更是有着举足轻重的影响。考察亚太地区的大国格局和各大国的亚太政策、深入研究其中存在的问题，对于把握地区多边安全合作的发展方向、寻求维护地区和平与稳定的道路都具有重大意义。

第一节　亚太地区安全合作中的大国因素

一、大国对地区安全合作的影响与作用

在任何国际问题中，大国都是一个不可忽视的因素。正如肯尼

思·沃尔兹所说："只要大国是主要的行为主体，国际政治的结构就根据它们来定义。"[①] 所谓大国，就是在占有的资源和能力方面具有明显优势，并拥有相应较大权力的国家。比如英国学派的代表人物赫德利·布尔就认为，从国际政治角度看，大国具有三层含义：即大国在国际秩序中拥有重要的资源与能量，使它们组成一个排他性的团体；拥有强大的军事力量；被其他国家认可，并且大国的领导人认为本国有某种特殊的权利和职责。[②] 在国际关系领域，大国的界定与权力的定义直接相关。权力是国际行为体支配他人意志和行为的能力。它是影响国家地位的决定性要素，并具有特殊的时代性。在国际关系早期，军事实力是评估国家权力的决定性标准。20 世纪 80 年代，随着和平与发展这一时代主题的日益突出，国家实力的对比越来越体现为综合国力的较量，而权力被看作是一系列资源相互作用的产物。在此情况下，大国主要指那些拥有强大综合国力、在国际事务中能发挥重要影响力的国家。而按照国家实力和影响范围的不同，又可以将大国区分为全球性大国和地区性大国。全球性大国是在政治、经济、军事、文化等几乎所有领域都拥有远远超出全球其他国家的实力和影响力的国家。按照布热津斯基的看法，美国是当今世界上唯一的超级大国，也是第一个真正的全球性大国。[③] 而在一定区域内拥有优势性的实力和影响力的国家，如法国、德国、中国、印度、巴西等，则属于地区性大国。

由于其独特的权力地位，大国对于地区安全合作也具有很大的影响。在一定程度上，可以说是大国的力量结构和关系格局"塑造"了

① ［美］肯尼思·沃尔兹：《国际政治理论》（胡少华、王红缨译），北京：中国人民公安大学出版社，1992 年版，第 112 页。

② 转引自谭再文："大国作用的侵蚀——对国际关系中大国逻辑的一种思考"，载《国际观察》，2004 年第 4 期。

③ ［美］兹比格纽·布热津斯基：《大棋局》（中国国际问题研究所译），上海人民出版社，1998 年版，第 13 页。

地区多边安全合作的总体形态，而这些因素的发展变化也影响到安全合作开展的方式和进程。从运行机理上看，大国对于地区多边安全合作的影响主要体现在两个方面：

第一，决定地区安全合作的基本态势。地区安全合作的基本态势可以分为对抗性和非对抗性两大类，这主要是由地区内各大国之间的力量对比和关系状态所决定的。冷战期间，美国与苏联这两个超级大国在欧洲处于一种对抗状态，从而导致该地区的所有安全合作都是服从并服务于"两极"之间对抗的目的，使地区的安全合作呈现鲜明的对抗性特点。而冷战以后，随着美苏对抗的消失，欧洲的地区安全合作也摆脱了对抗的基调，开始向非对抗性方向发展，为后来多边安全合作机制打下了基础。在亚太地区，冷战结束以后地区多边安全合作向多层次、全方位加速发展也是以大国之间对抗的明显弱化为前提的，使地区安全中合作安全、综合安全的一面不断增强。

第二，决定地区安全合作的结构与进程。大国之间的力量对比和关系状态也决定了地区安全合作的整体结构和发展模式。仍以欧洲地区为例，由于地区力量对比包括了美国这一超级大国，又包括俄罗斯这一独特的大国和德、法等地区大国，这种结构使得欧洲的安全合作在结构上呈现以北约、欧盟和欧安组织为三个多边机制的"圆心"的"复合中心圆"（Comprehensive Centric Circles）的特点，而俄罗斯力量在整个 20 世纪 90 年代的衰落则导致北约和欧盟这两个"圆"的扩展和欧安组织的边缘化。[①] 将范围再缩小一些，从欧盟的发展来看，由于欧盟内部德国和法国两个地区大国形成了紧密的政治和经济关系，因而整个欧盟在安全合作方面的进程也是以"法德轴心"为核心发展起来的。相对而言，亚太地区的安全合作也与该地区的大国力量对比和关系状态相适应，呈现一种多极的、松散的结构，而安全合作的进程

① 朱立群：《欧洲安全组织与安全结构》，北京：世界知识出版社，2002 年版，第 234 页。

则是由东盟这一中小国家组成的集团、而不是某一两个大国来推动的。

二、亚太地区的大国力量结构与多边安全合作

冷战结束以后，亚太地区发展迅速，在国际事务中的地位不断上升。随着全球化的深入，亚太已经成为世界上经济发展速度最快和发展潜力最大的地区。近年来迅速崛起的“金砖四国”（俄罗斯、中国、印度、巴西）中有三个国家位于亚太地区，其中亚洲国家特别是东亚国家经济增长对世界经济增长的贡献越来越大。现在亚洲国家的经济总量和外贸总额都占世界的1/3，外汇储备总量更是达到3万多亿美元，约占世界的80%。① 而从“世界500强”企业的分布来看，亚太地区同样十分突出。在2007年美国《财富》杂志公布的“世界500强”企业中，美国公司有162家企业上榜，日本有67家，中国30家（其中内地企业22家，香港企业2家，台湾企业6家），加拿大17家，韩国14家，澳大利亚8家半（有1家是英澳共有），印度6家，俄罗斯4家。② 早在2001年，美国著名学者弗雷德伯格就指出：“在过去一个世纪的大部分时间里，美国对外政策和军事战略所关注的对象主要（当然不是全部）是欧洲。在刚刚开始的世纪里，美国的对外政策和军事战略将越来越以亚洲为中心。这一重点变化既不是因暂时的趋势所驱使，也不是因转瞬即逝的热情所致，而是全球财富和力量分配的深层次和长远变化所带来的结果。简言之，在未来岁月中，美国战略家们不得不更多地关注亚洲，反映了亚洲崛起的现实。”③ 而美国前国务卿布热津斯基也认为，全球政治

① 尹承德：“美国亚太战略新态势”，载《国际问题研究》2008年第1期。

② 楚树龙、陈松川：“‘太平洋主义’与21世纪亚太地区体系和秩序”，载《当代亚太》2008年第4期。

③ Richard J. Ellings and Aaron L. Friedberg (ed.), *Strategic Asia: Power and Purpose* 2001—2002, published by National Bureau of Asian Research, 2001, p. 1.

格局的新特点之一，就是全球力量分配逐步向东转移，从欧洲移向亚洲，从大西洋移向太平洋。① 从数量上看，亚太地区是大国数量最为集中的地区：作为世界唯一超级大国的美国虽然位于西半球，但也属于亚太地区；日本是世界上第二大经济体，也是亚太地区的重要国家；俄罗斯、中国是联合国安理会常任理事国和核武国家，印度也是事实上的核武国家；中国和印度还是世界上人口最多的两个国家，也是经济发展最快的发展中大国。从利益关系来看，亚太地区也是大国利益交汇的地区。特别是冷战结束以后，各大国都在不同程度上加大了对亚太地区的关注，在某些层面或领域，一些大国形成了同盟或战略伙伴关系，而在另一些层面，它们又互为对手，各种利益关系相互交错，十分复杂，从而使该地区成为各大国之间进行竞争、开展协调与合作的重要场所，也成为国际政治中的一个关键舞台。

随着亚太地区整体地位的提高，地区内的大国在力量对比方面也发生了令人瞩目的变化。下面的表一和表二分别从经济总量和军费开支方面显示了亚太地区主要大国之间的基本力量对比。

表一：亚太地区主要大国的国内生产总值　单位：亿美元

	2000年		2005年		2006年		2007年	
	GDP总量	占世界百分比	GDP总量	占世界百分比	GDP总量	占世界百分比	GDP总量	占世界百分比
美国	97648	30.56%	123979	27.52%	131639	27.07%	138112	25.41%
日本	46675	14.61%	45491	10.1%	43684	8.98%	43767	8.05%
中国	11985	3.75%	22438	4.98%	26578	5.47%	32800	6.04%
俄罗斯	2597	0.8%	7645	1.7%	9906	2.04%	12910	2.38%
印度	4602	1.4%	8087	1.8%	9163	1.88%	11710	2.15%

资料来源：世界银行。

① “建设性中美关系符合世界利益——访美国前总统国家安全事务助理布热津斯基”，载《人民日报》2007年11月6日。

表二：亚太地区主要大国的军费开支　　　单位：亿美元

	2000 年	2003 年	2005 年	2006 年
美国	3422	4408	5046	5287
日本	438	448	441	437
中国	1207（亿人民币）	1907（亿人民币）	2475（亿人民币）	2979（亿人民币）
俄罗斯	191	251	311	347
印度	177	187	223	239

资料来源：斯德哥尔摩国际和平研究所：《SIPRI 年鉴 2007：军备、裁军和国际安全》（中国军控与裁军协会译），时事出版社，2008 年版；中国军费数据来自《2008 年中国的国防》。①

由上述数据可以看出冷战结束以来亚太地区大国力量对比结构的一些基本变化：首先，冷战时期的两极结构已经彻底瓦解，美国唯一超级大国的地位基本上是稳固的，虽然占世界经济的份额有所下降，但无论在经济上还是在军事上都没有哪一个国家可以动摇美国的霸权地位。第二，中国的发展是地区大国力量对比中最重要的变量。特别是中国经济的稳步发展使中国在经济总量上与本地区第二大经济体——日本的差距持续缩小，使地区力量结构发生重大的变化。但在军事领域，中国的发展却并不显著。第三，印度的发展潜力和空间也在不断加大。从 2000—2007 年期间，印度的经济增长迅速，从不足日本的 1/10 发展到占日本经济的 1/4 强，而且在发展模式上体现出自身鲜明的特点。此外，印度在军事上、外交上也采取了一系列措施，其在地区事务中的影响力也持续扩大。第四，俄罗斯的复兴趋势越来越明显。进入 21 世纪后，俄开始摆脱 20 世纪 90 年代的那种持续低迷的状态，经济逐步恢复，在能源价格回升的拉动下，俄罗斯

① http：//www.gov.cn/zwgk/2009—01/20/content_1210224.htm.

2007年的GDP比2000年几乎增长了400%。虽然其实力与冷战时期的苏联不可同日而语，但俄罗斯作为一个大国的复兴却是不争的事实，这必然对亚太地区的大国力量结构发生重大而深远的影响。

这里需要补充的是，上述五国中“真正”属于亚太国家的可能只有中国和日本，其他国家或多或少都要打点“折扣”。其中，美国是世界唯一的超级大国，其力量和影响遍布全球，同时这种立足于维护全球霸权的力量配置也必定在一定程度上分散了它的力量。因此，如果就亚太地区本身而言，美国的优势就不像在全球范围内那么明显，从而使亚太地区的力量结构体现出“多极”的特点。此外，俄罗斯是地跨欧亚大陆的国家，其政策属于同时面向东西方的“双头鹰”政策，因此它的力量布局也有侧重。印度地处南亚次大陆，传统上不属于亚太地区，而近年来随着其“东向”政策的实施，其亚太色彩越来越重，并成为亚太地区大国结构中的一支不可忽视的力量。考虑到这些因素，亚太地区大国力量结构就显得更加复杂，也更难把握。总体上说，亚太地区各大国之间并不存在一种清晰的两极或多极结构，更不是单极结构，而且各种力量仍处于消长变化的活跃期，结构的稳定性也比较差，类似于国际政治学中的“权力转移”阶段。[①]

按照现实主义的观点，这种力量结构对于亚太地区多边安全合作的开展并不十分有利，大国之间的协调比较困难，以地区为身份认同单位的地区主义更加难以实现。从现实的情况看，这种观点应该说也得到了部分验证。尽管亚太地区的多边合作在冷战以后取得了迅速发展，但是这一地区的地区主义从本质上来讲仍然是一种竞争性的地区主义，或称为“放大的民族主义”。[②] 多数国家推动地区合作的主要

① 杨鲁慧，郭延军：“东亚合作进程中的中国软实力战略”，载《国际论坛》2008年第2期。

② 庞中英：“地区化、地区性与地区主义——论东亚地区主义”，载《世界经济与政治》2003年第11期。

动机还是维护与增进本国的权力与安全，“地区至上”或者说“地区认同”的地区主义核心价值远远没有在亚太地区显现出来。目前，亚太地区多边安全合作的发展既不可能出现以一两个强国为核心的发展模式，更难以出现建立在所有地区大国协调基础上的“安全共同体”模式，而地区大国的力量结构则是造成这种现象的深层次原因。

三、亚太地区大国关系格局与地区安全合作

除大国之间的力量对比结构外，大国之间互动关系的格局也对地区安全合作有着深层次的影响。前面提到，大国对于地区多边安全合作的影响首先就体现在它对地区安全合作基本态势的决定性影响上，而这种影响又主要取决于大国关系格局：如果大国关系总体上处于一种非对抗状态，那么地区多边安全合作主体上也将遵循非对抗的道路；如果大国关系处于对抗状态，那么地区多边安全合作则会围绕着对抗而展开。

在亚太地区，冷战结束以后的大国关系总体上还是呈现出比较明显的非对抗性特点。从20世纪90年代开始，亚太地区各大国之间加强了战略互动，积极建立或加强各种类型的战略关系，“敌我”界限趋向模糊，利益关系更加错综复杂，呈现出“你中有我、我中有你”的特点。全球化进程的深入，则使得亚太地区大国之间在经济、安全等各领域的相互依存不断加深，为大国之间减少对立和对抗、开展协调合作提供了基础。与此同时，大国间的竞争也逐步从以安全领域，特别是军事安全领域的竞争为主，转向以经济技术发展为核心的综合国力较量，这一方面使大国的竞争更加激烈和复杂，另一方面也为打破“你得即我失”的“零和”局面创造了条件，使大国间建立某种有效的合作平台成为可能，从而进一步推动亚太地区的大国关系向非对抗性方向发展。当然，亚太地区的大国互动中仍然存在一些不和谐因

素。特别是，一些大国在处理地区事务和大国关系过程中，冷战思维时有表现，加强军事同盟、加强军事存在等加剧对抗性的做法不断出现，给大国关系的健康发展和地区的稳定带来了十分负面的影响。然而总体上看，冷战以后亚太地区大国关系互动的非对抗性发展仍然占了主流，这也是地区多边安全合作得以健康开展的一个重要前提。

需要指出的是，非对抗性互动只是一种总体特征，如果具体地看，冷战后亚太大国关系格局则要复杂得多。在美、日、中、俄、印5个国家中，美日关系是一种稳定的、正式的同盟关系，两国在政治、安全等领域的合作十分密切；俄罗斯与印度在安全上也有着长期合作的传统。在冷战期间，印度虽然选择了不结盟政策，但在1971年与苏联建立了具有军事同盟色彩的战略合作关系，印度的国防工业基础在很大程度上是在苏联的极力扶持下建设完成的。冷战结束以后，俄罗斯与印度这种特殊的安全关系在很大程度上得到了保留。中国与俄罗斯则在冷战以后成功地实现了双边关系的改善，两国间的相互信任得到很大提高，在安全领域的合作与协调不断加强，对于亚太地区的和平与稳定发挥了积极作用。近年来，中、俄、印三国之间的协调也有所增强。值得注意的是，冷战以后亚太地区大国关系格局的调整与中国的发展之间存在很大的联动效应。中国在冷战以后继续奉行独立自主的外交政策，在安全上强调不与任何大国结盟，不发展针对任何第三国的安全协作关系。但是随着中国实力的不断增长，一些大国，特别是美国和日本对中国的戒心日益增加，联手防范中国的趋势有所发展，使大国关系中对抗性的一面始终难以消除。其中，美日同盟关系的不断加强就是以防范中国为主要目的，2005年3月的美日联合声明就明确指出中国的台湾、南海处于两国的“合作范围”之内，而中国的军事动向也是两国重点关注的对象。此外，近年来美印、日印安全关系也发展很快，美国亚太战略的基本设想之一就是“扶植日印，以便针对地区政治大国——中国”，印度和日本也认为，

“不可能通过单打独斗来平衡亚洲的力量格局”，而是要通过“合力作用”，来纠正所谓“亚洲力量的失衡”。[①] 在这种情况下，美、日、印之间的战略协调也有所加强，而建立美、日、印、澳的“四国联盟”也一度十分引人注目，甚至被称为“亚洲版北约”。当然，这种潜在的对抗并没有沿着一条直线发展下去，这些国家也发现，与中国过多的对抗非但解决不了问题，反而容易激化矛盾并损害自身的利益。因此，美国、印度和日本等国家在防范中国的同时，也谋求与中国发展不同程度的安全合作关系。事实上，近年来中美、中印和中日之间的这种合作关系确实得到了加强，从而在一定程度上抑制了大国间安全竞争向对抗性方向发展。

这种合作中有对抗、总体以非对抗性为主的大国关系格局也在很大程度上决定了亚太地区多边安全合作的总体态势，那就是多边合作能够得到基本的发展，安全合作在整体上也呈现非对抗性，但其中仍存在以对抗为目的的安全关系，阻止了地区多边安全合作的进一步深化。

第二节　主要大国的亚太安全政策

除了大国之间的力量对比和总体关系格局外，这些大国的亚太政策对于地区多边安全合作的发展同样有着十分直接的影响，是考察地区安全合作的一个重要变量。

一、美国的亚太政策

美国是当前世界上唯一的超级大国。在亚太地区，由于美国与其

① 傅梦孜主编：《亚太战略场》，北京：时事出版社，2002年版，第343页。

亚太盟国的双边安全同盟和前沿驻军，它对亚太地区的安全事务的影响是不可忽视的。而对于亚太地区的安全合作来说，美国也是一个举足轻重的因素，一些人甚至认为，亚太地区任何制度化的安全合作没有美国的赞同几乎不可能达成①，而如果美国感到被抛在地区之外，它可能成为一个有力的破坏者②。所以，在各大国中，美国的亚太政策对于亚太地区多边安全合作的发展发挥着主导性影响，必须加以深入分析。

美国亚太政策的核心目标是维护美国在亚太地区的霸权地位。为此，美国认为应对崛起中的地区强国有着非同寻常的意义。对于亚太地区的中、俄、印三个大国，美国采取了区别对待的政策，其中对于中国的关注和防范则越来越成为其亚太政策的重点所在。2006 年美国国防部《四年防务评估报告》称中国是最有潜力与美国展开军事竞争的国家。③ 2008 年 3 月出台的《2008 年中国军力报告》断言，中国军力的增长正在改变东亚军事平衡，中国战略能力提升的意义已经超越了亚太地区。④ 在 2008 年 7 月发表的美国《国防战略报告》中，虽然提出美国应防范中俄两个大国，但对中国的关注明显增加，中国先后被提到 17 次之多（在 2005 年的报告中中国只被明确提到一次），而且在各部分有关中国的内容均被置于俄罗斯之前。该报告中特别强调，由于中国国际影响力和军事力量的增强，美国须保持高度警惕，

---

① 喻常森："中国—日本—东盟三角关系结构变化与东亚一体化前景"，载《东南亚研究》2008 年第 5 期。

② ［菲］鲁道夫·赛维里诺："中国—东盟关系：过去、现在与未来"，载《亚太研究》2008 年第 3 期。

③ DOD, "Quadrennial Defense Review Report", http: //www. defenselink. mil/qdr/report/report20060203. pdf.

④ Office of the Secretary of Defense, "Annual Report to Congress: Military Power of the People's Republic of China 2008", http: //www. defenselink. mil/pubs/pdfs/china _ military _ report _ 08. pdf.

“以防止中国赶超美国在核力量和常规力量方面的地位”，“防范中国不断推进的军事现代化及其战略选择可能对国际安全造成的影响”。在2008年的《国防战略报告》中，美国对中国“两面下注”的政策也进一步明确化、具体化：“美国国防部将通过‘引导’和‘防范’，来应对中国不断增强的军事力量及其使用方式的不确定性。”所谓“引导”，就是要加强接触，使中国按美国设定的路线发展并逐步融入美国的霸权体系，而所谓“防范”，就是由于“中国不断推进现代化并发展军事能力的主要着眼点是台海冲突，但这也能在其他意外事件中派上用场”，因此美国要“继续改进并完善必要时对中国做出反应的能力”，“继续向中国施压，要求其增加国防开支、战略、计划和意图方面的透明度”，“防止中国强大后采取非理性、非和平、扩张性的政策”。①

为此美国采取了一系列措施，进一步强化自己在亚太地区的政治和安全影响，主要包括：

第一，调整全球军事部署，加强亚太地区的军事存在。美新一轮全球军事调整重点是加强在亚太地区的军力，完善作战指挥体制，加强军事基地建设，提高对该地区安全事务的反应能力和干预能力。在亚太地区，美国的军事部署调整主要围绕两条主线：（1）改变冷战时期基于确定威胁的前沿部署态势，转而形成快速、灵活、小型化的战备反应模式；（2）加强在亚太地区的军事存在，加强对西太平洋地区的战略威慑。② 具体做法包括：一是改组、整合和完善太平洋美军作战指挥体制，裁撤驻日、驻韩美军指挥部，建立“东北亚司令部”，统一指挥协调美军在东北亚的行动，辖区包括朝鲜半岛、日本及台湾

① DOD, “National Defense Strategy”, June 2008, http://www.defenselink.mil/news/newsarticle.aspx/id=50657.

② 张继业：“美国对华军事政策的变化趋势”，载《现代国际关系》2008年第3期。

海峡，以提升协同和跨区作战能力。二是加强以关岛为核心的战略基地建设，强化在西太平洋的海空军力量。准备将关岛建成美在西太平洋地区最大的海空军保障基地、最大的弹药储存基地，并先后与新加坡、马来西亚、印尼、文莱、泰国、菲律宾等国签署了有关军事基地的使用协定。三是借反恐名义谋求在阿富汗和中亚建立永久性军事基地，强化与中亚各国在军事、政治和经济上的联系。四是制定在亚太地区部署导弹防御系统的中长期规划，构建美日澳导弹防御系统网，并企图将印度、台湾地区纳入其中。2008 年 2 月，美国国防部长盖茨在访问澳大利亚和印度期间，就大力推销美导弹防御体系，可以认为美国新的政府也会继续这种做法。

第二，强化与传统盟国的军事安全合作。美国在亚太的军事同盟体系中，美日同盟是最为重要、最为关键的一个环节。冷战结束以后，美国一直致力于加强美日安保关系，将美日同盟作为美在亚太战略的基石，强调美日同盟的核心作用，极力推动日成为其全球伙伴，强化军事同盟，建立深层次、全方位、宽领域的合作机制。2005 年 3 月，美日外长和防长在华盛顿召开安全磋商委员会例会并发表联合声明，拓展和充实美日同盟的领域、内涵和层次，第一次把安全合作范围扩大到台湾、南海直至印度洋，明确列出两国在地区乃至全球的共同战略目标，强调将在同盟框架内加强在国际事务、地区安全等领域的协调与合作，将朝鲜半岛、大规模武器扩散、中国军事动向、海上战略通道等作为共同战略目标，大力拓展和提升美日同盟关系。美国还大力加强美日在亚太地区的军事一体化，除与日本联合研制、开发、部署导弹防御系统外，还与日本组建联合指挥部，以实现日本自卫队与驻日美军指挥控制系统的互联、互通和互操作，将日本更紧密地纳入美国的亚太战略轨道。与此同时，美国与韩国、澳大利亚的同盟也在不断深化。美国近年来与澳大利亚也建立了由防长和外长参加的战略安全对话机制（“2＋2”机制），定期就地区和国际安全形势进行磋商，并在澳建立两国联合军事训练中心，强化美澳军事同盟关系。

第三，极力扩大盟友队伍。除加强与冷战时期传统盟国的军事关系外，美国也在大力发展与一些准盟国、伙伴国的军事关系，扩大盟友队伍。冷战结束以后，美国与菲律宾、泰国、新加坡的军事关系不断加强，以美国为主的双边或多边联合军等演习的频率逐步增多，科目与程序进一步完善。其中比较著名的有与泰国进行的“金色眼镜蛇”联合军事演习，与菲律宾举行的“肩并肩”联合军事演习，等等。美国还于2003年10月和2004年3月先后宣布菲律宾、巴基斯坦为其“非北约盟国”，同时不断加强与蒙古的军事合作，建立准军事同盟关系。美国在亚太地区扩大盟友队伍的最突出举动是美印军事关系的加强。

“9·11”事件以后，印度表示支持美国打击恐怖主义，美国便迅速解除了因印度核试验而对其实施的经济和军事制裁。2004年1月，美国还与印度签署了“战略伙伴关系后续步骤”，将在这一框架内加强两国在民用核能、空间技术和其他高科技领域的合作。2005年6月，美国与印度签署了《美印防务关系新框架》，对未来10年的两国军事合作进行了规划，内容涉及联合军事演习、合作研发和生产武器装备、人员培训与交流等方面。美印之间联合军演的规模也在持续扩大。从20世纪90年代开始，两国进行了多次联合军演，参演兵力不断加大，科目逐步增多。其中，始于1994年的美印“马拉巴尔”系列海军演习已经从双边发展到多边。2007年9月举行的“马拉巴尔—2007”演习包括美国、印度、澳大利亚、日本、新加坡5个参演国，兵力达2万余人，美国甚至允许印度海军进入其中心卫星系统，以便双方舰船可以有效交换数据。①

① 赵青海：“美印军事合作及其制约因素”，载《国际问题研究》2008年第5期。

美国还加大了对印军售的力度，同意售印大量先进武器装备。2008年初，印还向美国购买了6架新型C-130J运输机，金额为10亿美元，是美印军售中前所未有的。

二、日本的亚太政策

日本是亚太地区的重要战略力量。除强大的经济实力外，其与美国的同盟关系和历史的经历，都使得日本的亚太政策走向成为考察亚太地区多边安全合作的一个不可或缺的因素。

从冷战以后的情况来看，日本的亚太政策主要受到两大因素的驱动，第一是充当“政治大国”。成为“政治大国”是战后日本的一贯追求，在成为“经济大国”后，这种需求则表现得愈加明显，愈加迫切。早在1983年，时任日本首相的中曾根康弘就提出：“要在世界政治中加强日本的发言权，不仅需要增加日本作为经济大国的分量，而且需要增加其作为政治大国的分量。”① 日本对“政治大国”地位的追求还有一种特殊的表现形式，那就是所谓成为“普通国家”，即在政治、军事上享有和其他国家一样的“行动自由”，摆脱战后日本宪法对使用武力所进行的一系列限制。冷战结束后，日本这种成为政治大国的诉求进一步强烈，其最突出的表现就是，日本开始向“普通国家”的“中心”领域——军事大国前进，加速“普通国家化”成为日本各派政治力量的战略共识。第二个驱动因素则是对中国崛起的防范。对于日本来说，防范中国与日本成为政治大国有着较为密切的联系。冷战以后，日本国内社会思潮整体开始趋于保守化，政界的“右转”特征十分明显，在这种国内背景

① 姚文礼：“21世纪初期日本安全战略调整刍议”，载《日本学刊》2003年第6期。

下，日本对中国的发展就具有很强的戒心。可以说，冷战以后，特别是进入新世纪以来，日本包括加强日美安保关系在内的一系列战略调整都有针对中国的考虑。诚如有些舆论指出的那样："要切实了解美日战略伙伴关系，还必须将这个至关重要的因素放在更大的地缘战略区来考虑，并要看到中国崛起所造成的力量均势的变化。"① 冷战结束后，"随着中国变得更加强大、更加自信，日本有许多人感到越来越不安全"。②

日本的亚太政策主要可以分为三个部分：

第一，巩固日美军事同盟。日本一直将日美军事同盟关系视为战略基石，是其安全政策的核心部分。冷战后，日本积极推动日美同盟关系的调整和巩固。1997 年 9 月颁布的《日美防卫合作新指针》实际上是面向 21 世纪的日美联合作战纲要。此后，随着"周边事态法"等一系列重要法案的出台，日美同盟关系形成了以《新指针》为核心的配套的法律体系，美军与日本自卫队之间指挥体系的一体化也有了相当大的进展。另外，日本也积极参与美国的战区导弹防御系统，试图以此进一步深化两国的军事合作，进一步充实同盟关系。

第二，推动军事力量走向海外，向军事大国迈进。冷战后日美同盟的加强与日本军事力量走向海外是并行发生的。1995 年出台的《防卫计划大纲》对以往的防务战略作出了根本性修改，舍弃了"专守防卫"原则。此后，随着 1997 年《日美防卫合作新指针》的出台，遏止和干预"周边事态"成为日美军事同盟的一项新使命，

① [美] 费德里科·博尔多纳罗："金钱遭遇导弹"，载香港《亚洲时报在线》2006 年 3 月 28 日。

② [美] 托马斯·J·克里斯滕森："台湾积极加入 TMD 高层系统的政治影响大于军事影响"，载于陈舟：《美国的安全战略与东亚——美国著名国际战略专家访谈录》，北京：世界知识出版社，2002 年版，第 137 页。

参与国际军事事务被确定为冷战结束后自卫队的主要任务之一，日本实现了防卫战略由内向型“本土防卫”向外向型“联合干预”的转变。“9·11”事件发生之后，美国把国家战略重心转向了反恐战争，日本则趁机把与美国合作的重点直接与其防卫政策调整联系起来，试图直接突破战后和平宪法的制约，向能够真正发挥作用的军事大国过渡。

第三，加强地区外交，积极参与多边安全机制。应该说，日本很早就开始关注亚太地区多边安全机制的发展，日本的一些建议和设想对于地区多边安全合作的建立还是发挥了积极的影响。近年来，日本对地区热点问题的解决、地区多边安全机制的建立一直表现出很高的积极性，参与并推动多边安全合作已经成为日本实现其地区战略目标的重要途径之一。然而，日本在亚太地区的多边安全合作问题上仍存在两个致命的弱点：一是缺乏平等互信、共同发展的理念，总是念念不忘推销以日本为领头羊的“雁阵模式”；二是冷战思维仍然存在，特别是加强合作以针对第三方的思维定式始终难以摆脱。其中，日本前首相安倍晋三鼓吹加强与所谓“相同价值观”国家的联盟关系就是一种典型表现。正是由于这些弱点，日本在亚太地区多边安全合作进程中始终难以达成真正的突破。

三、中国的亚太安全政策

中国是亚太地区重要的大国。无论是在政治、经济还是安全方面，亚太对中国的意义都是最为关键的。中国要实现发展，就必然要以所在区域为依托，积极运筹与亚太地区各国的关系。中国的亚太安全政策的目标在于，维护一个和平稳定的地区安全环境，为中国的发展创造良好的外部条件。具体地说，一方面包括处理好与亚太地区其他大国之间的关系，确立稳定和健康的合作；另一方面也包括参与并妥善处理地区安全事务，保持地区稳定。需要指出的是，中国的周边邻国基本都位于亚太地区，因此中国的亚太政策与周边政策在覆盖范围上也有很大重合，可以说周边政策就是亚太政策的一个重要组成部分。

中国在外交上、经济上和安全上都高度重视亚太地区。冷战结束后，中国共产党第三代领导集体总结建国以来周边外交的经验和教训，提出“稳定周边，立足亚太，放眼世界”的战略，并在周边外交中积极奉行睦邻友好政策，妥善解决和处理一些历史遗留问题，特别是划界问题。进入21世纪以来，中国新一届领导集体进一步将睦邻友好政策具体化，把“与邻为善，以邻为伴”作为周边外交的基本方针，以“睦邻、安邻、富邻”作为基本方针的具体化，这是中国外交政策史上的重大突破，意味着中国第一次拥有了明确而具体的周边外交政策。中国经略周边的外交战略已经取得明显成效，较之冷战时期和冷战后初期，中国的周边安全环境已经有了重大改善。保持与其他大国关系的健康发展是中国亚太政策的又一个重要部分。亚太地区集中了美国、日本、俄罗斯、印度等重要的国家，中国积极推动与这些国家双边和多边关系的发展对中国和亚太地区都有十分关键的意义。

在安全方面，中国虽然没有具体提出过亚太安全政策，但从近十多年的发展情况来看，中国在亚太地区安全和自身安全环境方面都已经形成了一套比较完整的政策主张。

第一，中国强调发展一种新的安全观。在1996年举行的第三届东盟地区论坛会议上，中国开始倡议建立“新安全观”。此后，中国在这方面又提出一系列具体主张，使新安全观具有了较为完整的体系。中国认为，“新安全观的实质是超越单方面安全范畴，以互利合作寻求共同安全。新安全观建立在共同利益基础之上，符合人类社会进步的要求。”而新安全观的核心应是互信、互利、平等、协作。①

第二，中国积极发展与本地区各大国的安全合作关系。中国高度重视建立与保持亚太地区各大国之间的安全合作关系，这种双边安全关系是中国亚太安全政策的重要组成部分。20 世纪 90 年代以来，中国与美、俄、日、印等大国在安全方面的协作与合作都有不同程度的发展，战略互信也进一步增强。特别是“9·11”恐怖袭击发生后，中国积极与美国等大国展开在反恐等非传统安全领域的合作与协调，使这种安全合作关系上升到一个新的水平。

第三，中国致力于地区的安全稳定，致力妥善解决地区安全问题。中国的地区安全政策也包括参与处理地区安全问题。中国是亚太地区的主要大国，地区热点问题直接关系到中国的外部安全环境。对于这些问题，中国主张在和平共处五项基本原则的基础上，通过各方协商、谈判的方式解决，反对单方面采取经济施压和以武力相威胁的方式。比如，朝鲜核危机爆发后，中国政府立场鲜明，并积极采取各种措施进行多方斡旋，为“六方会谈”框架的建立和正常运转付出了巨大努力，为防止危机升级和半岛局势恶化做出了贡献，使危机逐步向着积极的、有利于和平解决的方向发展。

第四，中国积极参与亚太地区的各种多边安全合作机制。20 世纪 90 年代以来，中国对亚太地区多边安全合作进程持越来越积极的态度，逐步深入参与到各种多边安全合作机制的建立和建设进程之中，为推动地区多边安全合作的健康发展做出努力。特别是在“东盟地区论坛”和“上海合作组织”的建立和发展过程中，中国的参与都起到了积极的推动作用。同时，中国以各种地区多边机制为平台，在促进亚太地区的和平稳定方面也发挥了更多作用。

---

① 《中方关于新安全观的立场文件》，见外交部网站：http://www.fmprc.gov.cn/chn/wjb/zzjg/gis/gizzyhy/1136/1138/t4549.htm。

四、俄罗斯的亚太安全政策

俄罗斯是传统上的欧洲国家，但其领土有2/3属于亚洲，在亚太地区有着重要的战略利益。对于俄罗斯来说，亚太政策的基本目标是确保其在这一地区作为一个大国的地位和利益。俄前外长伊·伊万诺夫曾在其著作《俄罗斯新外交》一书中指出："俄罗斯在亚洲的外交活动以国家利益为目标，首先是要完成保证俄罗斯国家安全、为国内乌拉尔以南和以东地区的经济和社会发展创造有利条件的任务。"①

普京出任俄总统后，俄罗斯的亚太政策进一步活跃。面对北约和欧盟的持续东扩，俄罗斯不得不进一步加大对亚太地区的关注，推动多元化、全方位外交。俄罗斯日益认识到，如果不加大对亚太地区的投入和参与，俄远东地区就可能长期处于"地缘经济真空"状态，并对地缘政治环境和国家安全形成严重威胁。从内容来看，俄罗斯的亚太政策主要分为地缘经济和地缘政治安全两个方面。普京特别强调俄亚太政策的经济含义："必须优先发展同亚太地区国家的关系。亚太地区已成为世界上最具活力的经济发展中心，俄罗斯同中国和印度的关系具有很大的发展潜力。"② 因此，俄积极开发西伯利亚和远东地区的资源，广泛引进外资，希望使该地区的经济发展搭上亚太地区的"经济快车"。而在地缘政治安全方面，俄鉴于自身实力和外部环境的要求，总体上在亚太地区处于守势，其政策基点在于保证东部地区的安全，保持俄在亚太地区事务中的基本影响，或者说至少要确保其中有俄罗斯的声音。在这方面，俄罗斯的主要做法包括：

---

① ［俄］伊·伊万诺夫：《俄罗斯新外交：对外政策十年》（陈凤翔等译），北京：当代世界出版社2002年版，第106—107页。

② 转引自：许志新："俄罗斯的亚太政策"，载《当代亚太》2005年第2期。

第一，稳定与亚太地区其他大国的关系。俄罗斯重视发展与亚太地区其他大国的关系，将稳定的大国关系视为俄亚太政策的主要支撑。其中，俄对与中国的关系高度关注，认为“对俄罗斯利益至关重要的是与自己最大的邻国中国的关系”，“发展同最大的邻国中国的关系，是俄罗斯对外政策的战略性方针之一”。[①] 在普京任俄总统期间，俄中之间的合作与协作有了进一步发展，梅德韦杰夫任俄总统以后，这种发展势头得到了保持。俄同时也高度重视与印度的关系，俄印关系有着十分坚实的历史传统和共同的现实需求，俄前外长伊万诺夫就对此作过评价：“两国关系发展的前景在所有方面都是令人乐观的——从政治、经济到军事技术和人文领域，其基础是两国根本利益的一致性。”[②] 近年来，俄印在亚太地区政治与安全方面的合作日益深入，对亚太地区的安全形势产生着重要的影响。俄对俄日关系也比较重视，但是受领土争端的影响，始终难有大的突破。

第二，积极参与亚太地区多边安全机制。俄罗斯对于亚太地区的多边安全机制总体上持比较积极的态度。比如对于上海合作组织，俄罗斯一直是上海合作组织发展的主要推动力量之一。对上海合作组织的作用，俄寄予了比较高的期望，认为这是在中亚乃至整个亚太地区维护稳定、发展多层次合作的重要平台。对于东盟地区论坛，俄罗斯是最早的成员国之一，并于 2004 年正式加入了《东南亚友好合作条约》，进一步加强了与东盟的联系，一定程度上也提高了自身在东盟地区论坛框架下的地位。另外，俄罗斯也比较重视参与亚太经合组织的活动，并力图在其中扮演更加重要的角色，比如希望在亚太经合组织范围内建立联合反恐机制，在亚太经合组织框架下建立地区新的能源供应结构，等等。当然，这些期望与亚太经济合作组织本身的特点

① 转引自：许志新：“俄罗斯的亚太政策”，载《当代亚太》2005 年第 2 期。

② ［俄］伊·伊万诺夫：《俄罗斯新外交：对外政策十年》（陈凤翔等译），北京：当代世界出版社，2002 年版，第 109—110 页。

有不小的距离，所以俄在这方面进展甚微。

第三，加强反恐合作。“9·11”事件以后，俄就将推动反恐合作作为对外政策和地区安全政策的一个重要组成部分。2002 年 4 月，俄总统普京提出的建立从巴尔干、中东、中亚到菲律宾的“稳定弧”，目的就是通过反恐来把周边安全、与西方大国的关系和地缘政治等诸多战略目标结合起来，确保俄罗斯的战略利益。在这种情况下，俄罗斯在参与亚太地区的安全合作进程中，不断强调加强反恐合作。一方面，在上海合作组织的框架中，与中国和其他成员国一起积极推动多边反恐合作，并取得了实质性的成果；另一方面，俄也试图推动建立更大范围的亚太联合反恐机制，比如在 2003 年呼吁在亚太经合组织范围内建立反恐机制，等等。

五、印度的亚太安全政策

印度的崛起是近年来亚太地区形势发展过程中的一个比较突出的现象。无论是从影响还是从动因来说，印度的崛起对亚太安全的影响都是复杂而深远的。一方面，印度作为一个发展中大国的崛起，对于世界的多极化发展是有积极意义的。另一方面，印度在崛起的过程中，对于现有的力量格局有着不同的认识，特别是对中国存在很深的成见和戒心。对印度来说，同中国进行战略竞争是其崛起的重要动力之一。印度政治家对此并不讳言，“我们必须记住，最大的现实是中印之间的不对称。对于印度来说，中国更大的经济实力和军事实力使印度警觉到，中印关系完全不是基于相互尊重。（对华关系的）目的应是营造一种稳定的氛围，以改变上述不平衡，以及减轻中国政策中的这部分内容，这就是印度政策和战略的关注点。”[①] 因此，印度的崛起和影响具有一定的不确定性。

但也要看到，印度的对外政策总体上还是务实的。印度一方面对中国保持戒心，同时也始终保持了一定的灵活性。在整个亚太地区，印度在外交、安全等方面日渐活跃，其目光正逐步超越南亚次大陆，谋求在亚太地区安全中发挥更重要的作用，为印度争取更高的国际地位。冷战结束伊始，印度就提出“东向”政策，其初始阶段的目标主要是恢复与东南亚国家的传统关系，将经济合作视为政策的重点，该政策取得了一定成果，但并没有停留在这一点上。有印度学者指出，“东向”政策使“印度得以摆脱了次大陆和东南亚之间人为设置的政治壁垒，现已进入了该政策的第二阶段，为印度自独立以来的外交战略开启了一扇大门，即跳出严重限制印度战略选择的次大陆政治局限。”。[②] 当前其亚太政策的发展可以说源起于此。

印度的亚太政策首先是谋求与亚太地区的各大国建立战略关系。与中国的关系自然是其中的一个重要方面。尽管中印两国仍有边界问题没有解决，但近年来在中印政府的共同努力下，双边关系不断朝着积极的方面发展。在经济上，中印贸易关系不断发展，据印度方面统计，中国已经是印度最大的贸易伙伴国。在安全上，中印军队进行了代号为“携手—2007”的首次联合反恐训练，标志着两国互信的加深。在政治上，中印关系也在快速发展，2008 年 1 月，两国还签署了《中华人民共和国和印度共和国关于二十一世纪的共同展望》，指出“中印双边关系在本世纪将具有重要的地区和全球影响。因此，双

① J. N. Dixit, *India's Foreign Policy and Its Neighbors*, New Delhi: Gyan Publishing House, 2001, p. 248.

② Raja Mohan, " Look East Policy: Phase Two," *The Hindu*, October 9, 2003.

方将继续积极发展两国战略合作伙伴关系”。[①] 印度总理曼莫汗·辛格也公开表示，“我已向中国领导人清楚表明，印度不参与所谓遏制中国的行动，而是巩固印中战略与合作伙伴关系并为之增添更大的动力。”[②]

此外，印度也积极发展与美、日等国的关系，其中就不乏对中国的考虑。2000 年，时任美国总统克林顿对印度进行了历史性的访问，与印度签署了《印美关系：21 世纪展望》这一框架性文件。此后，印美关系不断升温。2001 年“9·11”事件后，印度明确表示支持美国打击恐怖主义，美国则宣布解除因印度核试验而对其实施的经济和军事制裁，双边关系很快有了实质性进展，合作进一步加强。2004 年，美印达成“战略伙伴关系后续步骤”，旨在进一步加强两国在民用核能、空间技术和高科技领域的合作。2005 年 7 月，印度总理辛格与美国总统布什签署了联合声明，决定把两国的战略伙伴关系推向全球伙伴关系的新阶段。

其中，印美军事关系的发展更是令人瞩目，主要表现在四个方面：第一，军事磋商与合作逐步机制化，特别是 2005 年印美签署的《美印防务关系新框架》，对未来 10 年的两军合作事项都作了详细的规划；第二，联合军演的互动程度加深。比如，两国海军已经实现战术情报共享，而在 2007 年的演习中，印度更是采用了北约的作战程序。美国甚至允许印度海军进入其中心卫星系统，使双方舰艇能相互交换音频、视频数据；[③] 第三，美对印军售的质量和规模都有所升级；第四，美国在核领域向印度做出实质性让步。特别是 2006 年布什政府与印度政府签署的民用核能合作协议，使印度在不签署《不扩

① “中华人民共和国和印度共和国关于二十一世纪的共同展望”，载《人民日报》2008 年 1 月 15 日。

② “龙象合作令亚洲更具活力”，载《21 世纪经济报道》2008 年 1 月 15 日。

③ 赵青海：“美印军事合作及其制约因素”，载《国际问题研究》2008 年第 5 期。

散核武器条约》的情况下，可以享受签约国在民用核技术、核燃料方面的待遇。

此外，印度的亚太安全政策还包括参与亚太地区的多边安全对话与合作。自20世纪90年代以来，印度对于亚太地区的各种多边安全对话与合作表现出了越来越浓厚的兴趣，积极参加东盟地区论坛(ARF)、香格里拉对话等多边安全机制，逐步成为亚太多边安全对话与合作中的活跃力量。

第三节 存在的问题与未来发展

从地区多边安全合作的角度来看，亚太地区的大国关系互动总体上还是向着积极的方向发展，各大国的亚太安全政策之间的交汇点增多，冲突的方面减少，对于进一步构想符合地区特色的多边安全合作是有利的。

但同时也要看到，亚太地区的大国博弈还是有很多“现实主义政治”的成分，相互间的防范和制约并没有实质性减少，欧洲式的“大国协调”(concert of powers)要在亚太地区实现的难度很大。大国关系互动中体现出来的积极趋势及其有限性，构成了当前亚太地区大国博弈的一个重要特点。在这种情况下来判断大国关系对地区多边安全合作进程的影响，一方面要看到其有利面，另一方面也要重视其负面作用。总体上看，当前主要存在以下需要重点关注的问题：

第一，大国关系中的对抗性因素。由于历史和现实的原因，冷战结束后的亚太地区大国关系仍呈现一定程度的对抗性。这一方面表现为中、美、俄、日、印等大国之间互信程度不高，更重要的是，随着近年来中国国力的不断发展，又表现为美国等大国对中国的防范持续加强。美国对中国的戒备与防范在前一节已经提到，而日本、印度、甚至澳大利亚在防范中国崛起的问题上立场也渐趋相同，以中国为对象的联盟倾向时隐时现。2006年，时任日本首相安倍晋三提出的美日澳印“价值观同盟”就是这种趋势的一次突出表现。2008年，由美国次贷危机引发的国际金融危机爆发，危机加剧了日本、澳大利亚等地区大国对美国霸权削弱的担心，认为一旦美国不得不在亚太地区进行战略收缩，自己可能失去战略上的有力靠山。为此，这些国家进一步加强军事实力，抗衡中国影响的上升：日本压中国核裁军并借此发展军力的意图十分明显，首相麻生太郎宣称中国更新核力量是一种“威胁”，防卫相滨田靖一在“香格里拉对话会”上公开要求中国进行核裁军，外相中曾根弘文也点名批评中国增加核力量；澳大利亚2009年版的国防白皮书认为，“（亚太地区战略环境）最大的变化来自中国的崛起、印度的发展，和所谓‘单极时代’的结束。”并且明确提出要加大军费投入，以应对未来美国战略收缩带来的不确定因素，特别是中国的崛起。① 另外，印度也大幅增加国防投入，在其国民经济遭受危机严重冲击的情况下，2009—2010年的国防预算仍增加24%，是其1947年独立以来增幅最大的一次。②

第二，地区热点问题上的大国协调程度。应该说，冷战结束以后亚太地区各大国对一些地区热点问题上的政策有了较大调整，冷战时期那种各自支持一派势力进行争夺的做法已经较少出现，彼此间的协调有了很大程度的增加。在朝鲜核问题上，美、俄、中、日四个大国虽然在政策上有分歧，但在解决危机的意愿和基本方式等关键性问题上还是达成了比较一致的意见，从而为“六方会谈”框架的诞生创造了重要的前提条件。而“六方会谈”框架的持续运行、危机的有效缓解，都在一定程度上验证了大国的协调。虽然在2009年4月朝鲜宣

① http://www.defence.gov.au/WHITEPAPER/mr/index.htm.

② http://www.globalsecurity.org/military/world/india/budget.htm#.

布永久退出六方会谈对该框架形成巨大冲击，但大国之间的协调还是得到了较好的保持。但是，在地区其他热点问题上，比如缅甸，大国之间的协调就存在明显不足。特别是美日等国家坚持用西方价值观和政治理念来衡量是非曲直，坚持用外部施压、进行制裁作为解决问题的方式，导致大国之间的协调始终难以实现，政治僵局也一直无法打破。总体上看，在不同的地区热点问题上亚太大国的协调程度存在较大区别，而且并不稳定。长远来看，地区热点问题既是大国之间开展协调、形成并加强某些合作机制的一个推动力，也是对大国协调的一种考验，是地区多边安全合作中重要的不确定因素。

第三，利益争端中的大国博弈。亚太地区还存在很多权益和利益争端，其中不少涉及地区主要大国，比如中日两国之间就存在钓鱼岛争端、东海划界争端，日俄两国之间也存在北方四岛问题，等等。这些权益和利益争端给地区大国之间开展合作带来诸多不和谐因素，围绕这些问题的竞争和较量时常浮出水面，造成大国之间关系紧张。更重要的是，这种具体的权益和利益争端与大国之间既合作又竞争的战略态势相交织，涉及大国间的一些深层次矛盾，从而增加了地区安全环境的复杂性。比如，中日关于东海划界的争端就与中日两国的结构性矛盾相关，而日本国内对此问题的大量炒作则暴露了日本对中国不断发展的不安和戒心。这种复杂的利益矛盾严重影响了中日两国的安全合作关系，也在一定程度上影响了亚太地区，特别是东亚地区的多边安全合作。除这些具体利益外，大国之间的利益争夺还包括地缘战略利益的竞争和较量。比如在中亚地区，美国与俄罗斯之间的地缘战略竞争就在持续进行，对中亚—阿富汗地区安全事务的处理、对中亚地区的安全合作关系和地区安全框架建设都产生了深远的影响。

第四，地区多边安全对话与合作进程中的大国主导权问题。亚太地区特殊的大国格局对地区多边安全对话与合作的结构和运作方式都有着重大的影响。在亚太地区，多边安全合作，特别是多边机制中的大国主导权问题往往被淡化，或者像东盟地区论坛那样，干脆由东盟作主导，形成“小国领导大国”的特殊局面。但这只是问题的一面，实际上亚太多边安全合作中大国争夺主导权的活动一直没有停止，西方国家，特别是美国力图主导亚太多边安全合作的努力十分突出。对于美国来说，亚太多边安全合作要确保的一个最低目标是美国不能被排除在外，所以对很多有着类似“东亚”等明确地理范畴的多边安全机制和活动都十分敏感。此外，美国主要通过两种途径来争夺对多边安全合作的主导权：积极参与既有的安全机制，试图使其更多体现西方理念与价值，时常提出成体系的建议，从而逐步推动其为美国利益服务；同时，美国也建立以自己为中心的安全对话机制，达到“另起炉灶”的效果。比如美军太平洋总部 1995 年在夏威夷成立了“亚太安全研究中心”，其用意就是吸收亚太各国官方、非官方有影响的人士进行经常性的安全对话与磋商，以扩大美国在亚太多边安全合作问题上的影响。对于 2002 年伦敦国际战略研究所主办的“香格里拉对话会”，美国从一开始就高调响应，连续以高级别官员参会，从而在一定程度上体现了美国“架空”东盟地区论坛、谋求多边安全对话与合作主导权的意图。

就未来发展的前景来看，上述四个问题仍将是困扰地区多边安全合作的重要因素。此外，从大国博弈的角度来看，还有两个问题对于亚太地区多边安全合作的未来具有关键意义，需要密切关注：

第一，能否形成有效应对地区危机的工作平台。在可预见的未来，亚太地区各大国之间既竞争又合作的总体态势不会有大的变化，一些深层次的矛盾也不太可能从根本上得到解决。然而，在亚太地区复杂的安全环境之中，大国之间在地区安全事务上形成一些基本的共识是十分必要的，特别是对一些地区性安全危机，大国形成一种致力于多边协商谈判的立场，对于营造一种有利于和平解决危机的氛围，进而有效控制危机升级、处理危机都有着十分关键的作用。而且，这种建立在相互协调基础上的、应对地区危机的工作平台反过来也有助于抑制和消除大国互动过程中的对抗性因素，促进大国间战略关系逐步向着协调、协作方向发展。

第二，能否正确对待中、印等新兴大国。中国和印度的兴起是未来一段时间内亚太地区大国博弈的主要变量。从历史上看，新兴大国的发展改变力量结构，进而引发地区局势紧张甚至对立的例子比比皆是，应该说未来亚太地区要完全防止中印两国崛起带来的波动具有较大难度。但是，在亚太各种关系错综复杂、地区多边安全合作已经有所发展的情况下，妥善处理好新兴大国与其他大国的关系是可能的，也是必要的。如果做不到这一点，那么亚太多边安全合作中的对抗性将迅速增加，非对抗性的、多元的、相对松散的安全结构可能向着界限分明的、类似冷战时期的安全结构发展，而对地区安全带来严重影响。

第六章

非传统安全威胁与亚太地区多边安全合作

第一节　非传统安全威胁对亚太地区安全的冲击和影响

冷战结束以来，亚太地区一直是全球经济最具活力的地区，和平与发展是亚太地区的主要潮流。亚太地区安全形势总体保持稳定，区域经济发展呈现前所未有的良好态势，平等、多元、开放、互利的地区合作局面正在形成，多边安全对话与合作逐步深化。① 但我们必须看到，亚太地区内也存在着诸多不确定、不稳定和不安全因素：霸权主义、局部战争等传统安全威胁依然存在，而“9·11”恐怖事件的爆发和2003年SARS的蔓延等表明，非传统安全威胁正在日益凸显，并与传统安全威胁相互交织，威胁着亚太地区的安全与稳定。如何应

① 《2007年中国的国防》，中华人民共和国国务院新闻办公室，2006年12月。

对这些来自非传统安全领域的威胁和挑战，已成为亚太各国共同关注的重大课题。

当前世界面临的非传统安全威胁可大致分为三类：第一类是人类自身（疏忽或故意）对社会造成的威胁，包括对人身财产安全以及经济社会稳定的威胁，如恐怖主义、海盗、毒品走私、金融危机等威胁；第二类是人类社会对自然认识不足而难以抗拒或不可抗拒的自然灾害，包括高传染性疾病和地质灾害，如禽流感、SARS、艾滋病、地震、海啸、洪水等威胁；第三类是人类利用自然不当而造成的威胁，包括资源短缺、环境污染、生态破坏等威胁。[①] 在亚太地区，这上述三类非传统安全威胁都存在，就其影响和紧迫性而言，主要有以下几种：

一、恐怖主义

现代国际恐怖主义兴起于20世纪60年代末，盛行于70年代，猖獗于80年代。2001年“9·11”事件发生后，恐怖主义成为美国乃至全球安全的头号敌人。在亚太地区，恐怖威胁同样不容忽视，主要表现在以下几个方面：

一是存在多个极端恐怖组织，目标明确。目前，世界上有案可查的恐怖组织多达1000多个，其中，活跃在亚太地区的恐怖组织有“东伊运”、“伊斯兰祈祷团”、“奥姆真理教”等。

“东伊运”全称是“东突厥斯坦伊斯兰运动”，又称“东突厥斯坦伊斯兰党”、“真主党”、“东突厥斯坦民族革命阵线”、“东突伊斯兰运动”。该组织在伊斯兰极端思想的影响下建立，并接受“基地”组织指导，是亚太地区最具危害性的恐怖组织之一，其宗旨是通过恐怖手

① 刘卿：“论东亚非传统安全合作”，载《国际问题研究》2006年第1期。

段分裂中国，在中国新疆建立政教合一的“东突厥斯坦伊斯兰国”。①

“伊斯兰祈祷团”系活跃在东南亚地区的一个庞大的恐怖组织②，创始人为已故的阿卜杜拉·桑卡尔。他与现被印尼警方拘禁的阿布·巴卡·巴希尔均为印尼人。两人在1993—1994年间纠合了大批伊斯兰极端分子，建立了“伊斯兰祈祷团”，巴希尔又把它称为“古兰经研读会”。其目标就是通过武力等极端手段，建立包括印尼、马来西亚、新加坡、文莱以及泰国、菲律宾南部的跨地区的统一泛伊斯兰教神权国家。

“奥姆真理教”系日本的恐怖组织（亦被认为是邪教），总部设在东京都和静冈县。由麻原彰晃创立于1985年。麻原心态阴暗，仇视社会，憎恨人类。在成立后短短数年里，他便网罗了近万名信徒，建立了30多个支部和道场，并在海外发展了4个支部。目前“奥姆真理教”在日本国内的信徒人数达1700人。

此外比较有名的恐怖组织还包括“阿布萨耶夫”。该组织活跃在菲律宾境内，诞生于20世纪70年代，创始人是阿布杜拉加克·阿布巴卡尔·简加拉尼。“阿布萨耶夫”意为“持剑者”，该组织创立的目的是通过武力等极端手段企图在菲律宾南部诸岛建立一个独立的国家，从菲分离出去。③

二是组织严密，训练有素。活跃在亚太地区的恐怖组织运行机制严密，人员训练有素，资金来源充足，为各国反恐增加了难度。

“东伊运”作为以本·拉登为首的恐怖网络的重要组成部分，其武装人员在阿富汗的喀布尔、昆都士、坎大哈等地区的恐怖训练营接

① 厉声：“‘东突厥斯坦’迷梦”，载《世界知识》2001年，第22期。

② Angel M. Rabasa, *Political Islam in Southeast Asia: moderates, Radicals and Terrorists*, New York: Oxford University Press Inc., 2003, p. 28.

③ Angel M. Rabasa, *Political Islam in Southeast Asia: moderates, Radicals and Terrorists*, New York: Oxford University Press Inc. 2003, pp. 50—52.

受过训练。受训人员一般会接受实弹射击、游击战术、暗杀、爆炸和投毒训练。完成培训后，被派往我国新疆等地实施恐怖袭击。该组织不仅在人员训练上得到“基地”组织的支持，其活动资金也得到了“基地”组织的资助。此外，“东伊运”还通过走私毒品、武器弹药和绑架等犯罪方式筹集经费。

“伊斯兰祈祷团”是“基地”组织在东南亚的分支机构，在人员训练和资金上得到了“基地”组织的支持。该组织有一套严密的运行机制，其1800名核心成员，除部分是参加过阿富汗战争的老兵外，还有多种人员来源渠道，印尼各地的伊斯兰教寄宿学校学生是其中的重要来源。此外，错综复杂的家庭关系网是“伊斯兰祈祷团”成员的另一个重要来源，联姻在其中扮演了重要的角色。妇女在“伊斯兰祈祷团”这一组织中成为强大的黏合剂，很多“伊斯兰祈祷团”的高层领导人往往将自己的姐妹或亲戚安排给下属为妻子，这种层层缔结的婚姻关系使“伊斯兰祈祷团”更像一个巨大的家庭，更增加了其内部的稳定与安全，也成为东南亚各国铲除它的障碍。[①] 在资金来源上，除得到“基地”组织的资助外，该组织还得到各方面的捐赠。此外，该组织还通过敲诈勒索、抢劫、走私武器、绑架等手段获取资金。

“奥姆真理教”内部有严密的组织机构，其设置类同日本的政府机构。麻原本人称“神圣法皇”，下辖21个省厅等机构，每个机构都设有长官，麻原的亲属在重要位置任职。该组织等级森严，教规严厉，要求信徒绝对服从麻原，一旦加入了“奥姆真理教”，就如同陷入牢笼一样。许多加入这个邪教组织的人“下落不明”，其中不少人实际上被麻原为首的犯罪团伙杀人灭口。一些企图逃跑、退会的信徒，只要被发现，就会遭到严刑拷打，之后被折磨致死。该组织通过

① 茶文诗：“‘伊斯兰祈祷团’：不容轻视的东南亚极端恐怖组织”，载《当代世界》2005年第1期。

各种途径聚敛钱财，不过其经费的主要来源还是传教活动。鉴于教内等级森严，信徒每升一级都要交纳一笔不菲的费用，这导致许多信徒倾家荡产。

三是活动频繁、不断制造恐怖事件和恐怖氛围。为了达到不可告人的目的，恐怖分子不择手段，采取枪击、绑架、制造炸弹爆炸、武装袭扰等方式，频繁制造恐怖事件和恐怖氛围。

“东伊运”在我国新疆境内实施了多起暴力恐怖行动，制造恐怖氛围。1998年年初至1999年年底，“东伊运”指挥和田库来西团伙在我国新疆和田地区秘密建立多处制爆窝点，培训人员，制造手雷、爆炸装置5000余枚，发展组织成员1000余人，制造了1999年和田地区墨玉县“12·14”暴力恐怖杀人案和乌鲁木齐市“2·4”抢劫杀人案等一系列暴力恐怖案件，杀害无辜群众6人。[①] 2007年，“东伊运”派遣骨干分子秘密潜入境内，纠结一批暴力分子在帕米尔高原建立恐怖活动训练营地，欲实施恐怖活动。该训练营暴露后被我方捣毁，击毙18名并逮捕17名恐怖分子，还缴获自制手雷22枚，半成品手雷1500枚。[②] 2008年北京奥运会前夕，“东伊运”叫嚣在北京和上海等城市作乱，并用“人弹”袭击奥运会，[③] 意在制造恐怖氛围，影响奥运会的召开。

“伊斯兰祈祷团”在东南亚地区制造了多起恐怖袭击案件，影响恶劣。自2000年以来，该组织先后制造了马尼拉火车爆炸案、巴厘岛连环恐怖爆炸事件、印尼首都雅加达万豪酒店爆炸案等影响巨大的案件，造成240余人死亡。其中以2002年制造的巴厘岛连环恐怖爆炸事件影响最为恶劣，此次恐怖袭击导致202人丧生，300多人受

---

① http：//news. ifeng. com/mainland/200804/0410 _ 17 _ 485469. shtml.

② http：//www. lianghui. org. cn/2007lianghui/2007 — 03/09/content _ 7934001. htm.

③ http：//www. globalview. cn/ReadNews. asp? NewsID=15284.

伤，其中绝大部分是澳大利亚人和其他外国游客，是印尼有史以来遭受的最大的恐怖袭击事件。[①]

“奥姆真理教”在日本制造多起恐怖杀人事件，还制造了东京特大毒气恐怖事件。“奥姆真理教”的信徒在其教主麻原的策划、指挥下，制造多起暗杀事件。据日警方掌握，自 1994 年起，12 起暗杀事件均与该组织有关。[②] 1995 年 3 月，该组织在日本东京地铁投放“沙林”毒气，造成 5500 多人受伤，10 多人死亡，震惊了全世界。

二、海盗问题

从 2008 年开始，活跃在亚丁湾地区的索马里海盗引起了世界各国的广泛关注。为此，联合国安理会在 2008 年通过了 1861 号决议，授权外国军队在索马里政府同意的情况下，进入其领海追捕海盗，而包括中、美、英、法、俄在内的大国已派出军舰前往该地区护航。事实上，海盗也频繁出没东南亚海域作案，该问题成为困扰亚太地区的最为明显的非传统安全威胁之一。该地点海盗活动的主要特点如下：

一是活动空间大，装备精良。东南亚地区位于亚太地区西南部，西接印度洋，主要由中南半岛和马来群岛两部分构成，其海域是东西交通的必经之地，战略位置重要。半岛和群岛使东南亚拥有绵长的海岸线、众多的海峡和内海。这些海峡和内海造就了天然的航运通道和条件优良的港口，众多亚太地区的商船途经此地。因此，这为东南亚海盗活动提供了天然的隐匿场所和作案地点。东南亚海盗作案用的武器和装备日益精良，冷战后的武器扩散，使美国和苏联的一些先进武器和通讯工具落入海盗手中。新型机关枪、圆盘卫星天线、卫星电

---

① Angel M. Rabasa, *Political Islam in Southeast Asia: moderates, Radicals and Terrorists*, New York: Oxford University Press Inc., 2003, p. 34.

② http://baikc.baidu.com/vicw/250755.htm.

话、步话机、电脑卫星导航系统，就连在舰队中才使用的高速快艇都为东南亚海盗使用。

二是活动频繁，影响巨大。早在19世纪，东南亚海域就有海盗出没。1997年东南亚金融危机爆发后，海盗袭击事件频频发生，东南亚一跃成为世界海盗的重灾区。据统计资料表明，2002年各地区海盗事件共370件，其中东南亚就发生了153件，约占总数的41%。其实，上述数字只是船东报案的数字而已，很多船东即使遭遇海盗抢劫也不愿报案，因为一旦报案，船舶就要留置待查或者提高保险费，经济损失会更大，因此真正的数字至少应再增加50%，占总数的60%左右。另外国际海事局公布的一组数据也证实了上述推测，1991—2001年，世界共发生海盗袭击事件2375起，而这期间，在东南亚海域就发生了1567起，占总数的66%左右。海盗几乎攻击所有的船只，其中又以油轮、货船和渔船为主要目标。①

三是目标明确，手法多样。东南亚海盗作案目标十分明确，直指过往船只，其中以过往油轮、货船和商船为主要目标。在袭击手法上，东南亚海盗惯用手法是在晚上使用高速快艇尾随目标船只，接近目标后用多爪钩钩住行进中的船只，再用高度熟练的技术登上甲板，然后实施偷窃或抢劫。制造“幽灵船”是近年来一种新型作案方式，海盗有组织有计划地对目标船只进行袭击，抢劫完毕后，杀光船上的人，将船只带回基地，改头换面后再转卖出去，被抢的船只从此像幽灵般的消失，当再次发现该船时，已有新外观和新身份。此外，东南亚海盗还与分离势力有千丝万缕的联系。20世纪80年代，菲律宾的“摩洛伊斯兰解放阵线”就曾在东南亚海域进行过海盗活动，袭击菲

① 刘亚莉、毕玉蓉：“论马六甲海峡的安全现状——非传统威胁与传统威胁并存”，载《东南亚之窗》2007年第1期（总第4期）。

律宾船只。[①] 袭击者一般都是蒙面，携带先进的武器，显示出训练有素的行事方式。他们在杀人掠货后往往将船只炸沉，有时绑架人质要挟交换经济和政治条件。这类袭击的危害性远远超出了经济范围，在国际社会中造成恶劣的政治影响。

三、传染性疾病

进入21世纪以来，在亚太地区乃至世界范围内曾引起人们普遍关注的传染性疾病有三种：一是SARS（简称“非典”）；二是禽流感；三是艾滋病。

SARS即“严重急性呼吸道综合症”，2003年年初发源于我国南方，后蔓延至东亚、东南亚、澳洲、北美洲、欧洲的30多个国家和地区，其中大约90％以上的患者集中在亚太地区。SARS被世界卫生组织认定为21世纪人类遭遇的第一场全球性流行疾病，具有很强的传染性和扩散性，而人类尚未发现十分有效的治疗手段，所以它给各国民众造成了很大的心理恐慌，产生了巨大的破坏作用。[②]

一是非典较高的死亡率和预防、治疗费用造成了生命和国家财产的损失。

二是影响了经济增长。香港特区和多数东南亚国家属于外向型经济，作为主要的发病区，自SARS发生以来，它们的外来投资、服务业、旅游业、航空业等均受到了明显的影响。中国属于经济规模和市场容量均比较庞大的国家，经济也受到了不同程度的影响。

三是SARS恐慌影响到正常的国际交流、各国的社会稳定和国民的正常工作与生活。首先，一系列的国际会议、商务活动、文化体育

---

① Captain Roger Villar, *Piracy Today Robbery and Violence at Sea Since 1980*. first published in 1985 by Conway Maritime Perss Ltd. p. 58.

② 张洁：“从抗击非典看东亚非传统安全合作”，载《当代亚太》2003年第6期。

交流活动受到影响。其次，病发国居民的工作、娱乐等活动也受到影响。以中国为例，由于“非典”恐慌，一些城市出现了短暂的抢购风潮。少数人还散布谣言，扰乱市场秩序，利用人们的恐惧心理进行讹诈、勒索，甚至一些地区为了保护自身免受殃及，采取了挖地断路、捣砸“非典”救治场所等暴力手段，这些都对社会稳定构成了一定的威胁。

四是“非典”影响了一国的国家利益和国际关系。例如，中国“非典”病例的大量增加，引起了周边国家的担忧。中国与蒙古、巴基斯坦、朝鲜、哈萨克斯坦之间的边境口岸曾临时关闭或限制双方公民出入，俄罗斯暂时停止所有飞往中国的航班。在对疫情关注的同时，一些国外媒体借中国政府处理“非典”时的一些失误，抨击中国的政府政治，制造“中国非典威胁论”，甚至还有人指出，或许“非典”爆发会成为某些国家遏制中国的时机。此外，一些国家还出现了隔离和歧视华人的现象。在东南亚地区，国家间领土毗邻，人员交往、经贸活动频繁，为了保护各自的利益，各国采取了不同的措施遏制“非典”的“进口”，例如针对某国公民加强出入境的管理或是对邻国发出旅游警告，等等，从而引起了相互间的不满和争论。因此，许多学者担心这是继 1997 年金融危机、2001 年“9·11”恐怖主义事件后对亚太地区的又一次严重打击，妨碍东亚经济的发展和社会的稳定。

禽流感是由禽流感病毒引起的一种急性传染病，与 SARS 一样，是一种高致命性的传染病。2003 年底，禽流感疫情在亚太地区爆发，并迅速向中亚、西亚、俄罗斯、东欧等地区扩散。禽流感疫情的扩大使亚太有关国家家禽业遭受巨大影响。2004 年，越南因染病死亡和被扑杀的家禽达 4300 万只，占其家禽总数的 17%，直接经济损失约合 8330 万美元；泰国有 5000 多万只家禽被扑杀，经济损失高达 500 亿泰铢；马来西亚因禽流感大概损失 7000 万马元的出口收益。与此同时，禽流感开始向人类传播，2004年，越南禽流感患者总人数达295人，其中41人死亡；在泰国，禽流感导致11人死亡。[①] 禽流感的爆发再次考验着亚太国家的经济及对流行性疾病的控制能力。

艾滋病的全名为“获得性免疫缺陷综合症”，是人体感染了“人类免疫缺陷病毒”（HIV）所导致的传染病，主要通过性行为、体液的交流而传播。由于国际医学界至今尚无防治艾滋病的有效药物和疗法，艾滋病被称为“20世纪的瘟疫”、“超级癌症”和“世纪杀手”。目前，亚太地区已成为全球艾滋病病毒传播最为迅速的地区。2004年，艾滋病病毒携带者达110万人，两年内增长率高达56%，根据联合国艾滋病规划署和世界卫生组织预测，如果情况继续发展的话，亚太地区将很可能取代非洲而成为全球艾滋病的中心。艾滋病在亚太地区的传播严重威胁该地区人民的身体健康和社会稳定。

四、自然灾害

目前在亚太地区影响最为严重的自然灾害主要包括地震和海啸。

地震是地球内部介质局部发生急剧破裂而产生的震波，从而在一定范围内引起地面振动的现象。地震具有一定的时空分布规律。从时间上看，地震有活跃期和平静期交替出现的周期性现象。从空间上看，地震的分布呈一定的带状，称地震带。全球地震带主要集中在环太平洋和地中海—喜马拉雅两大地区。太平洋地震带几乎集中了全世界80%以上的浅源地震，全部的中源和深源地震，所释放的地震能量约占全部能量的80%。因此，亚太地区是受地震影响最大的地区，亚太地区国家的安全不同程度地受到地震的影响。

作为亚太地区的大国，中国受到地震的影响最严重。1976年发

① 王士录：《2003—2004东南亚报告》，云南大学出版社，2004年版，第58页。

生的唐山大地震，导致24.2万人死亡，16万人重伤，唐山市毁于一旦，直接经济损失100亿元以上，为20世纪世界上人员伤亡最大的地震。[①] 2008年5月发生的四川汶川大地震，直接严重受灾地区达10万平方公里，导致69227人遇难，374643人受伤，17923人失踪，房屋大量倒塌损坏，基础设施大面积损毁，工农业生产遭受重大损失，生态环境遭到严重破坏，直接经济损失8451亿多元，引发的崩塌、滑坡、泥石流、堰塞湖等次生灾害的严重程度也属罕见。[②]

此外，日本、印度尼西亚等国也不同程度地受到严重地震灾害困扰。1995年日本发生的阪神大地震导致6500人死亡，2005年印度尼西亚大地震造成1000多人死亡。[③]

海啸是一种具有强大破坏力的海浪。当地震发生于海底，因震波的动力而引起海水剧烈起伏，形成强大的波浪，向前推进，将沿海地带一一淹没的灾害，称之为海啸。破坏性的地震海啸，只在出现垂直断层、里氏震级大于6.5级的条件下才能发生。[④] 地震发生时，海底地层发生断裂，部分地层出现猛然上升或者下沉，由此造成从海底到海面的整个水层发生剧烈"抖动"。这种"抖动"与平常所见到的海浪大不一样，海浪一般只在海面附近起伏，涉及的深度不大，波动的振幅随水深衰减很快。而由地震引起的海水"抖动"则是从海底到海面整个水体的波动，其中所含的能量惊人。海啸时掀起的狂涛骇浪，高度可达十多米至几十米不等，形成"水墙"。另外，海啸波长很大，可以传播几千公里而能量损失很小。而传播速度却很快，可达每小时1000公里，比大型喷气式客机的航速还大。海啸波进入大陆架后，

---

① http：//news. enorth. com. cn/system/2006/07/24/001365618. shtml.

② http：//news. sina. com. cn/c/2008－10－08/112616416602. shtml.

③ http：//baike. baidu. com/view/781. html? wtp＝tt.

④ "中国科普博览"网："海啸灾害"，http：//www. kepu. com. cn/gb/earth/ocean/protect/prt116. html。

因深度急剧变浅，能量集中，波高骤然增大，从海面到海底流速几乎一样的海啸波携带巨大能量直冲海湾和岸边，"水墙"就会冲上陆地，对人类生命和财产造成严重危害。

全球地震海啸发生区的分布基本上是与地震带一致。据1700多年来的资料统计表明，全球有记载的破坏性较大的地震海啸约发生260次，平均六七年发生一次，其中发生在环太平洋地震带上的地震海啸约占80%，而在日本列岛及其邻近海域发生的地震则占太平洋地震海啸的60%左右，因此，日本是历史上发生地震海啸最频繁和受害最重的国家。①

2004年12月发生在印度洋的海啸横扫印度尼西亚、斯里兰卡、印度和泰国，并波及马来西亚、孟加拉国、缅甸、马尔代夫等国。此次印度洋海啸导致上述国家损失巨大，造成约30万人死亡，100多万人流离失所。在10多个受灾国家中，东南亚灾情最为严重，印尼遇难人数24万，泰国、马来西亚等国都有不同程度的人员伤亡。②

五、金融危机

随着全球经济和金融一体化的发展，世界各国市场之间互相关联和相互作用的机制不断加强，同时也增加了经济活动的风险。1985年，在美国压力下，日元被迫升值，造成日本"泡沫经济"，使日本经济在20世纪最后10年一蹶不振。1997年席卷东亚的金融危机，给本地区经济带来沉重打击。韩、泰、马、印尼经济损失近6000亿美元，按美元计算的人均收入水平一下倒退十多年。一些国家还出现严重的社会动荡和政权更迭，甚至发生了持续的种族冲突、社会骚

---

① "中国科普博览"网："海啸灾害"，http://www.kepu.com.cn/gb/earth/ocean/protect/prt116.html。

② 张威威："从非传统安全视角看海啸灾难"，载《东南亚纵横》2005年第3期。

乱。目前，发生在美国的金融危机波及到亚太地区国家，造成亚太地区国家受到影响，经济下滑、失业上升、股市暴跌、房地产市场萎靡不振，虽然各国都采取应对措施提振经济，但是否能够顺利渡过金融危机还有待观察。

六、毒品走私

位于湄公河次区域缅、老、泰三国交界处的“金三角”是亚太地区乃至全世界主要的毒源地之一，种毒制毒已有100多年的历史。自20世纪90年代以来，“金三角”毒品格局发生了重大变化：一是地理分布格局的变化，毒品主产区向北转移至与我国云南省紧邻的缅北老北地区，面积进一步扩大；二是生产格局发生变化，以冰毒、“摇头丸”为代表的苯丙胺类毒品生产发展迅猛，毒品生产向多元化、合成化和精制化方向发展；三是新的毒品集团相继出现，毒品犯罪迅速向集团化、国际化、专业化方向发展；四是在毒品贩销方面，出现新的毒品集散地和贩毒通道，毒品北上南下、东进西出，呈全面扩散之势，次区域各国由毒品过境国变为毒品重要消费国，一个区域性市场被培育出来，次区域各国深受其害，吸毒人数、毒品犯罪呈上升之势。这些变化对亚太地区国家产生了严重的危害，加大了有关国家和国际组织禁毒工作的难度。毒品问题带来了各种社会、政治、经济问题，如艾滋病的传播，特别是毒品走私与恐怖组织、有组织犯罪、洗钱犯罪等问题日益彰显，甚至引发了国与国之间的争端。可以说，毒品问题已成为非传统安全领域中的新型威胁。

七、能源短缺

随着亚太地区经济发展，亚太各国能源需求越来越旺盛，各国的能源生产不能满足需求，因此需要从国外进口。世界能源主要分布在中东的海湾地区和中亚里海地区，但是上述地区存在着潜在的冲突，极有可能影响亚太地区乃至世界的稳定的能源供应。同时，亚太地区也因能源问题存在多边或者双边冲突，如中国和东南亚国家在南海存在冲突，中日两国在东海问题上存在争议等，影响自身能源生产。在能源运输方面，亚太地区进口石油需经过霍尔木兹海峡和马六甲海峡，上述海峡狭窄，运输拥挤，海盗活动频繁，一旦遇到突发事件，很可能导致能源供给中断。此外，国际主要已探明能源已为国际主要能源巨头所瓜分，亚太国家在能源获取方面受到挤压，获取同样的能源价格比西方大国要高，同时亚太国家还不得不到充满纷争的非洲等边缘地区获取能源。

八、环境恶化

随着亚太地区经济快速增长，包括水资源在内的环境污染和破坏越来越严重。涵盖中、俄、蒙、朝四国部分领土的黑龙江流域，水质污染严重，夏季严重枯水，生物物种减少，土壤沙化导致沙尘暴频发。澜沧江—湄公河流经中、老、缅、泰、柬、越六国，流域生态环境也非常严峻：澜沧江流域土壤侵蚀严重，自然灾害频发；有色金属冶炼等行业严重破坏水质；湄公河中游地区森林覆盖率下降，水土流失和滑坡严重。遍布印尼的森林火灾也是存在多年的问题，仅 1997 年在苏门达腊和加里曼丹岛上就有 80—170 万公顷森林和灌木丛被烧毁。火灾烟雾和特殊污染物不仅影响了印尼，也波及到其他国家，尤其是马来西亚和新加坡。2006 年 7 月，印尼发生森林大火所造成的烟雾笼罩东南亚部分地区上空，马六甲海峡也受到了影响。森林火灾形成的烟雾危害极大，仅印尼就有 29 人死于与烟雾有关的精神失调和呼吸问题，爪哇岛有 500 人死于火灾和由“厄尔尼诺”现象造成的饥荒。动物和生态系统同样遭受了损失，珍稀鸟类和兽类如濒危的苏门达腊虎和红猩猩已经受到严重影响。烟雾污染也给这一地区的空中运输和旅游业造成了巨大的经济损失。

第二节　亚太各国应对非传统安全威胁的做法

非传统安全威胁表现形式多样，内涵深刻，引发原因复杂，一旦非传统安全威胁引起突发事件，亚太各国都是遵循“冲击—反应”模式加以应对。从危机处理的做法看，各国采取的措施虽然有所区别，但万变不离其宗，仍有一套规律可循。

一、从内部来看，加大投入，强化内基，着眼于自身危机的处理

从1997年的东南亚金融危机、2003年的抗击“非典”、2004年抗击印度洋海啸、2008年中国应对四川汶川大地震可以看出，一旦各国面对非传统安全威胁引起的突发事件，都是快速反应，着眼现实危机处理和善后。

以当前的国际金融危机为例，中国、俄罗斯、日本、韩国、东盟国家都不同程度地受到了这一非传统安全威胁的影响，为了应对危机，各国遵循上述模式，加大投入，并出台了一系列应对措施。

中国为了提振经济，中央政府于2008年11月推出4万亿元的经济刺激计划。根据该计划，政府批准到2010年底共计投资4万亿元，用于包括基础设施、公共交通、生态环境建设和灾后建设、民生工程以及提高城乡居民特别是低收入群体收入水平等在内的措施。为了实

现在2009年经济增长保持在8%的目标，中国政府还推出十大产业振兴规划，以降低企业负担、增加企业收入为目标，其中钢铁、汽车、装备制造等纳入了该规划。

俄罗斯的做法包括：一是成立政府金融危机协调委员会，精简政府部门，削减联邦机关支出。2008年12月10日，普京在俄联邦政府会议上表示，为了应对危机，决定成立专门委员会，在金融危机情况下协调各政府部门的工作，并制定相应的反危机措施。2008年12月12日，俄政府宣布决定将联邦预算资本支出削减至少15%，同时将精简包括政府在内的各部门机构。二是大力增加关乎国计民生行业的贷款补贴和投资。2008年11月18日，俄政府宣布，将再投入5万亿卢布用于采取措施克服金融危机的后果，同时将再融资利率提高一个百分点达到13%。三是采取措施保证就业。2008年12月4日，普京承诺向联邦劳动与就业局拨出100—500亿卢布，使该局能迅速应对逼近俄罗斯的大规模失业现象。四是全力保障民众的基本生活需求。吸取1998年金融危机的惨痛教训，俄政府在应对危机时，始终不忘保障公民利益。在联邦预算中最主要的社会条款之一是用于支付退休金，2009年这项支出将超过25亿卢布。此外，还将把年平均最低生活标准从4135卢布提高到4989卢布。

在日本，政府2009年2月宣布，将出台大规模新经济刺激计划，总额预计超过1万亿美元。新计划将大幅增加公共事业投入，修建、扩建机场、港口和高速公路，包括提前实施新干线和羽田机场扩建计划等。①

韩国政府从2008年10月20日起开始实施总金额达1300亿美元的大规模金融救援计划，并动用外汇储备，通过外汇市场向韩国的银行和企业提供300亿美元资金，以增加市场的外汇供应。为稳定金融

---

① http://news.hexun.com/2009－02－16/114507899.html.

市场和防止经济萎缩，韩国央行2008年10、11月连续3次下调基准利率。韩财政部还于11月初宣布，将2009年财政支出预算增加11万亿韩元，用于扩大基础设施建设和促进民间投资，并主要用于刺激和恢复地方经济活力。为刺激房地产市场，韩国政府还将向购买非首都地区新房的消费者提供税收优惠，并计划放宽针对房地产开发的部分限制性措施。此外，韩国政府还将实施总额为3万亿韩元的减税措施以推动民间投资，并打算今后两年内，每年把所得税下调1%。[①]

马来西亚政府采取了一系列稳定经济的措施。在股票市场方面，马来西亚决定将2003年设立的护盘基金总额由100亿林吉特增加到150亿林吉特，以稳定动荡的股票市场。在财政政策方面，马来西亚财政部决定向国内经济注入70亿林吉特（约19.8亿美元）进行汽油补贴，以增强私营部门的信心并保持扩张性的财政政策。

泰国政府也采取了一系列有针对性的金融稳定措施：其一，为了防止储户将存款撤出泰国，泰国财政部宣布对银行存款的无限担保日期从2009年8月延长至2011年8月；其二，继续维持利率不变。[②]

二、从外部来看，改变观念，加强合作，谋求共同应对之策

非传统安全问题具有跨国性、突发性、传播迅速和破坏性大等特点，[③] 单凭一国之力无法应对，需要各国形成合力，共同应对。具体到亚太国家而言，主要表现在积极倡导新的国家安全观、加强双边合作、推进多边安全合作来应对非传统安全威胁。

---

① http：//news. xinhuanet. com/world/2008－11/16/content _ 10365695. htm.

② http：//watw5273. javaeye. com/blog/287284.

③ 熊光楷：“协力应对非传统安全威胁的新挑战”，载《世界知识》2005年第15期。

（一）积极倡导新的国家安全观

安全观通常是指一个国家在制订和推行外交政策、维护国家安全过程体现的对安全问题的认识、观点以及形成的理论体系。它包括国家对其所处的安全环境的评估，对其所面临的安全威胁的判断，对安全利益的认识，制订国家安全战略和确定安全目标，以及具体采取何种手段来维护安全。安全观不是一成不变的，它随着时代的变迁、安全环境和安全威胁的变化及人们认识的不断深化而处于动态的调整过程中。在全球化进一步深化的背景下，非传统安全促进了安全概念内涵和外延的变化，进而使传统的安全观开始转变，推动并形成了新的安全观。[①]

在亚太国家中，中国是最积极推行新安全观的国家。1997 年 3 月，中国政府在同菲律宾政府共同举办的东盟地区论坛信任措施会议上，首次提出了适合亚太地区各国维护安全的“新安全观”。同年 4 月 23 日，中俄两国元首签署了举世瞩目的《关于世界多极化和建立国际新秩序联合声明》，第一次阐述了“新安全观”的基本主张。1997 年 12 月，中国正式阐述了中国的新安全观。新安全观认为，“必须摒弃‘冷战思维’，反对集团政治，必须以和平方式解决国家之间的分歧或争端，不诉诸武力或以武力相威胁，以和平对话协商促进相互了解和信任，通过双边、多边协调合作寻求和平与安全。”“9·11”事件爆发以来，中国政府进一步明确了非传统安全问题的具体领域、问题和特点。正式将非传统安全威胁提高到国家战略安全的高度，并在众多国际场合多次强调应对非传统安全威胁的迫切性和严重性：2002 年 5 月，中国在东盟高官会议上提交了关于加强非传统安全领域合作的中方立场文件；2002 年 7 月 31 日，中国在东盟地区

① 傅勇：“非传统安全与中国的新安全观”，载《世界经济研究》2004 年第 7 期。

论坛外长会议上提交了《中方关于新安全观的立场文件》，该文件对中国在新形势下的新安全观进行了全面系统地阐述。根据该文件，中国新安全观的核心内容是：互信、互利、平等、协作；新安全观的实质是“超越单方面安全范畴，以互利合作寻求共同安全”。2002年11月4日，中国与东盟发表了《关于非传统安全领域合作联合宣言》。2002年11月8日，中共十六大报告中首次出现“传统安全和非传统安全威胁的因素相互交织”的提法，随后于12月20日颁布的《2002年中国的国防》报告中，再次强调了防止非传统安全威胁是我国国防的任务之一。至此，中国的“新安全观”逐步形成并得到完善，开始在国际舞台上发挥重要作用。

亚太其他国家如日本、韩国等虽然没有明确提出新安全观，但面对非传统安全的威胁，都表现出合作的意愿，并付出实际行动。

（二）进行双边合作

（1）中国与东盟的双边合作。主要体现在打击恐怖主义和跨国犯罪等方面。2000年中国与东盟签订了《禁毒行动计划》。2001年，中、老、缅、泰四国举行禁毒合作部长级会议，发表《北京宣言》。2002年，中国与东盟发表《关于非传统安全领域合作联合宣言》，确定现阶段的重点合作领域为“打击贩毒、偷运非法移民包括贩卖妇女儿童、海盗、恐怖主义、武器走私、洗钱、国际经济犯罪和网络犯罪等”。2003年4月，中国和东盟举行针对“非典”特别首脑会议，签订了《防止“非典”联合声明》，启动“10＋1”框架下的公共卫生合作机制。2004年1月，中国与东盟又签署了《非传统安全领域合作谅解备忘录》，强调进一步加强双边合作。总的来看，中国与东盟的非传统安全合作还有待于进一步扩大，尤其是在经济安全、能源竞争等领域。

（2）日本与东盟的双边合作。起步比中国与东盟的合作慢，主要是在打击海盗和反恐等方面开展合作。2003年12月，日本和东盟发表《东京宣言》，宣布“争取建立理解亚洲传统与价值的共同体”，把“东亚共同体”作为亚太地区合作的目标。在打击海盗方面，日本派出官员训练东南亚国家警官，海上保安厅还与新加坡沿岸警备队联合举行反海盗演习。日本还考虑与新、马、印尼等国组建一支海上反恐巡逻队，以应付马六甲海峡等海域的紧急情况发生。在反恐方面，2004年11月，日本与东盟签署了《打击国际恐怖主义合作联合宣言》。总体来讲，日本与东盟的非传统安全双边合作渠道还不多，合作领域还需进一步拓展。

（3）中日非传统安全合作。主要体现在生态环境保护领域，比如防治大气污染、水污染、土地沙化等方面。中国大气污染直接影响东北亚空气质量，甚至在日本造成酸雨；中国北方的沙尘暴也影响到日本。从20世纪90年代起，日本就参与中国生态建设，帮助中国治理环境，至1997年日本对中国环保领域无偿援助达1.2亿美元。2001年开始的第5次对华日元贷款的16个项目中，有9个是环境项目。日本通过“政府开发援助”贷款和民间企业投资，帮助中国植树造林、培训环保工作人员、治理大气和水污染等，受到中方广泛好评。2008年中国和日本都发生了大地震，日方派出了搜救队前往中国灾区，中国也对日本灾区给予物资援助。但日本在能源开发和海洋资源划分方面持不合作态度，成为影响中日进一步合作的主要障碍。

（4）其他双边合作的启动与进展。在打击恐怖主义方面，1999年，日韩就海上反恐合作签署了合作意向书；2000年，日俄签署了《关于日本海上保安厅与俄罗斯联邦国境警备厅发展合作基础的备忘录》。2002年11月，俄罗斯“土伦”号渔船船员被绑架事件发生后，俄与韩、日警方密切配合，迅速实施拦截，这无疑是日本海沿岸各国警方合作发展的结果。

(三) 开展多边安全合作

目前，亚太地区存在三种形式的多边安全合作机制：以东盟地区论坛（ARF）为主的“第一轨道”机制、以亚太安全合作理事会（CSCAP）为主的“第二轨道”机制以及介于两者之间的“一轨半”机制。

所谓的“第一轨道”机制指的官方机制。目前亚太地区国家主要在以下官方多边安全机制内开展合作，应对非传统安全威胁：

(1) 东盟地区论坛（ARF)。ARF是亚太地区最重要的、正式的安全对话机制，对促进东亚非传统安全合作起着十分重要的作用。该论坛的核心机制是每年7月召开的年度外交部长会议和每年5月召开的高官会议（SOM)，在没有常设机构，如秘书处的情况下，由东盟地区论坛的轮值主席国来组织年度论坛会议，主席国在其一年任内协调所有第一轨道外交活动。而时间上先于外长会议的高官会议则通过先期讨论为外长会议提供主要的议题和议程。自1995年决定在高官会议和外长会议间设立工作组和会间会以来，第一轨道机制建设得到了进一步的完善，鲜明的官方色彩是第一轨道机制的重要特征。自成立以来，该论坛关于东南亚金融危机、海上安全和反恐等方面，举行了一系列研讨会。1998年，ARF外长会议集中讨论了东南亚金融危机。1999年，ARF外长会议重点讨论了日趋复杂的跨国问题。2002年，在东盟地区论坛上，东盟外长在联合公报中提出要联合打击贩毒、偷渡和洗钱、海盗等海上跨国犯罪。在ARF框架下一些国家还举行了抢险救灾、反海盗等会议和培训班。2005年7月，ARF联合声明强调，要加强减灾和应急援助的地区协调与合作。

(2)“10＋3”框架下整个亚太国家非传统安全的对话与合作。1997年，东亚金融危机促成了东盟与中、日、韩“10＋3”机制的形成。2000年，东盟与中日韩签订了“清迈协定”，共同应对投机行为，预防货币贬值。2004 年 1 月，东盟与中日韩召开首届“打击跨国犯罪部长级会议”，启动“10＋3”合作框架下公安部长会议机制，标志着东亚非传统安全合作又迈出了坚实的一步。2005 年 8 月，东盟与中日韩首都警方签署了《关于加强东盟与中日韩首都警察局合作的北京宣言》，提出各方应根据需要，建立警务联络制度，并在恐怖主义、贩卖毒品、洗钱、跨国有组织犯罪、计算机犯罪等领域加强区内信息交流，密切彼此之间的协调与合作。

（3）东盟内部合作。东盟在反恐和打击跨国犯罪等方面的合作已渐入机制化轨道。2001、2002 年，东盟第七次、第八次高峰会议上均发表了反恐联合声明。2003 年 7 月，东盟在马来西亚成立反恐中心，分析恐怖活动和培训官员。同年 9 月，东盟陆军总司令和东盟警察首脑会议均把反恐合作列为最重要的议题。2004 年 11 月，第十届东盟领导人峰会上，各国签订了《东盟打击人口贩卖的声明》，并承诺继续加强打击洗钱等其他跨国犯罪活动。

（4）“10＋3”框架下中日韩之间的合作。主要是在环境保护、地震救灾、打击跨国犯罪等方面。从 1999 年开始，中日韩启动“10＋3”框架下环境部长会议机制，在防治沙尘暴、保护海洋环境等方面初步取得了成效。比如，建立了沙尘暴监测和早期预警网络机制和东亚酸沉降监测网络，启动西北太平洋行动计划以及东北亚次区域环境合作计划。在防灾治灾合作方面，2004 年 10 月，中日韩地震局局长举行首次会议，同意加强观察数据的实时交换以及技术与基础研究信息的交流。三国移民管理机构还就恐怖主义、贩卖人口、贩毒等举行研讨会，相互交流信息。

（5）亚太经济合作组织（APEC）。1989 年成立的 APEC 是亚太地区重要的合作平台。近年来，APEC 内的多边论坛越来越重视非传统安全合作，为此，还专门成立了海洋资源保护小组和反恐工作小组。APEC 领导人非正式会议把非传统安全列为重要的议题：2001、

2002 年两次会议都发表了《反恐声明》；2003 年发表的《领导人宣言》强调加强非传统安全合作，共同应对恐怖主义和其他跨国安全挑战；2004 年发表的《圣地亚哥宣言》，强调进一步加强合作，“以显示亚太经合组织决心集体应对恐怖主义及其给本地区人民和经济带来的严重威胁”，领导人还核准了关于 APEC 防治艾滋病的倡议，表示愿意共同解决亚太地区传染性疾病，如 SARS、禽流感等威胁的决心。

所谓的“第二轨道”是与“官方”、“政府性”、“政府间”相对的概念。这一术语应用范围广泛，包括各种学术与经济团体乃至宗教、人权等非政府组织所进行的跨界对话与讨论等非官方活动，但第二轨道活动又往往是在既定的政府政策轨道内进行。目前，亚太地区国家主要在以下非官方的多边安全机制内开展合作，应对非传统安全威胁：

（1）亚太安全合作理事会（CSCAP）。亚太安全合作理事会的主要功能是为亚太国家和地区提供一个建立信任及安全合作的架构。为学者、官员（以私人名义参加）讨论包括非传统安全问题在内的政治安全问题创设平台。从 1993 年成立以来，一方面为东盟地区论坛提供直接支持，另一方面积极寻求其他形式的第二轨道外交，为各国海事、警察、外交和司法等部门牵线搭桥。CSCAP 下设海事安全合作能力建设研究小组、反国际恐怖主义研究小组、人口贩运研究小组、维和研究小组，围绕着非传统安全威胁议题，向不同的政府间组织提供政策性建议，召开一系列区域性国际性会议以及开展其他合作活动，交流合作相关信息，交流经验，发行并分发理事单位的出版物品。

（2）南中国海问题研讨会。1990 年成立，主要讨论了南中国海的海洋环境、生态保护、航运安全等非传统安全议题，在加强南海地区海洋资源信息交流和增进信任等方面发挥重要作用。1997、

1998年两次会议集中讨论了海洋环境保护问题；1999年会议强调加强海运与信息安全合作问题；2003年会议原则上通过了菲律宾提出的巴拉望生物多样性考察项目和中方的南海数据库项目实施建议。

此外，东盟战略与国际问题研究所作为东盟地区重要的“第二轨道”机制，在讨论应对非传统安全威胁方面也发挥了积极的作用。

所谓“一轨半”机制，是由“第一轨道”和“第二轨道”互动进程形成。这类机制参与者众多，身份复杂，既有来自防务和情治系统的政府高官，也有官方智库和民间研究机构的专家学者。目前，亚太地区国家主要在以下“一轨半”多边安全合作机制内开展合作，应对非传统安全威胁：

（1）东北亚合作对话会。该会自1993年成立以来，在增进东北亚国家的相互理解、信任与合作方面发挥了重要作用。对话会把本地区的政府官员、学者聚集在一起，共同讨论各方所关心的政治、安全和经济问题。非传统安全问题是历届对话会重要的议题之一。1997年纽约会议集中讨论了能源安全和海事安全问题；1998年莫斯科会议将亚洲金融危机列为主要讨论问题；2002年东京会议专门讨论了反恐合作问题。

（2）香格里拉对话。该对话是由英国国际战略研究所发起、在新加坡政府的支持下于2002年开始举办的亚洲安全会议，并因首次正式会议在新加坡香格里拉饭店举行而得名。香格里拉对话会没有常设机构，不设立固定的秘书处，也没有专职的工作人员，结构松散。历次香格里拉对话会采取的形式灵活多样，不仅包括全体成员大会和主题演讲，主办者还为参会者进行部长级双边和多边会谈留出了充分的时间。这样，既确保了会议主题的相对明确和集中，又为参会代表就地区内众多敏感的热点问题进行私下接触和沟通创设了条件。自2002年以来，该对话较多地讨论了反恐、海上安全等非传统安全问题。①

第三节　对非传统安全视角下亚太地区多边安全合作前景的展望

在非传统安全威胁的作用与影响下，亚太地区多边安全合作朝着积极方向发展，同时也存在着亟待解决的问题，这使得亚太地区多边安全合作机制的发展充满变数。

一、积极影响方面

一是促使新的多边安全合作机制的建立。冷战时期，亚太地区并没有形成真正意义上的多边安全架构。同欧洲地区以北约为核心的多边安全体系相比，亚太地区的安全联系与合作主要是双边性质的，其中最为突出的是美国领导的“辐轴”式双边军事同盟体系。② 冷战的结束使国际政治发生了重大的转变，传统安全威胁有所下降，非传统安全威胁逐步上升，亚太地区国家开始寻求新的安全安排，除了双边安全关系发生变化外，多边安全合作进程迅速发展，涌现出各种多边安全合作机制，如东盟地区论坛，东盟“10＋1”和“10＋3”框架、香格里拉对话等。

二是促使亚太多边安全合作机制的形式更加丰富。这里的形式主要指的是机制的构成形式和对话形式。从机制的构成形式来看，冷战

① 杨丹志：“香格里拉对话：缘起、特征及其对亚太安全的影响”，载《现代国际关系》2007 年第 2 期。

② 余建军：“亚太安全合作的方式”，载《国际政治科学》2007 年第 2 期（总第 10 期）。

结束后相当长的一段时间内，亚太地区建立的多边安全合作机制主要是作为主权行为体的国家或者个人加入其中而形成。比如，东盟主要是由东南亚国家共同签署声明而形成的一个多边合作机制。但是在东南亚金融危机的影响下，东盟开始与中国、日本、韩国开始接触，形成“10＋1”和“10＋3”框架，这种以一个多边安全合作机制与主权国家组成一个新的多边安全合作机制方式，形成复合型的多边安全合作机制。在对话方式方面，冷战结束前后，亚太地区开展多边安全对话主要通过“第一轨道”和“第二轨道”进行。[①] 但是随着非传统安全威胁的上升，近年来，“第一轨道”和“第二轨道”之间互动日益频繁，两者之间的界限也因为政府官员同时参与两个轨道外交的进程而不再分明。在“第一轨道”和“第二轨道”互动进程中，还逐渐形成了“一轨半”机制。主要包括香格里拉对话和东北亚安全合作对话。这类对话方式参与者众多，身份复杂，包括来自防务和情治系统的政府高官、官方智库和民间研究机构的专家学者。所讨论的议题内容广泛，涉及地区安全合作中的诸多重大非传统安全问题。为官方和学者开展有效的交流提供了重要的平台。“一轨半”机制的存在，既有助于克服“第一轨道”不便于涉及敏感性问题的缺陷，又有助于避免流于“第二轨道”的缺乏实效。

三是促使亚太多边安全合作的内容更加深入务实，功能性合作领域大为增加。冷战终结后相当长的时间里，亚太地区的多边安全合作主要是由各国的外交部门来完成。但在近年来，由于各国所面临的非传统安全挑战日益严峻，安全所涉及的领域也日益拓展，各国职能部门也相继参与到多边安全合作进程中来。安全合作的内容越来越务实，专业性越来越强。目前，亚太地区最大的安全合作对话机制东盟

① 余建军：“亚太安全合作的方式”，载《国际政治科学》2007 年第 2 期（总第 10 期）。

地区论坛即涉及了包括反恐，禁毒、救灾、防止大规模杀伤性武器扩散、警务和刑侦，防止疾病扩散等诸项议程在内的广泛的合作领域。在2004、2005年的第三次和第四次香格里拉对话中，非传统安全合作中的海上安全合作也成为各方普遍关注的问题。特别是马六甲海峡沿岸国围绕此问题进行了广泛、深入的探讨并已经开展了富有成效的合作。此外，部分过去主要涉及经济合作的亚太多边合作机制，如APEC会议，也开始关注非传统安全领域的问题。在一定程度上发挥了过去仅有安全机制才能发挥的职能。

四是证实“亚太方式”在亚太地区多边安全合作中的生命力。不论从理念还是从实践来看，多边安全合作基本上是源于西方经验。当亚太地区还处于强调等级制的华夷秩序或朝贡体系时，欧洲国家已经开始学会了以举行多边会议和达成多边共识或签订多边协议来解决地区和国家间安全问题的实践。17世纪形成的“威斯特伐利亚体系”、19世纪出现的“欧洲协调”、20世纪涌现出来的联合国和北约等，都是西方国际政治的实践的产物。因此，在冷战时期，亚太国家试图提出多边安全设想或倡议，并进行多边安全合作实践时，往往流于形式，而没有多边合作的内容或行动，甚至转变为双边性质的安全合作，最终多以失败而告终。① 冷战的结束为亚太安全合作创造了新的环境，提供了新的动力。这一地区的多边安全合作进程获得了迅速的发展，逐步形成了地区安全合作的亚太方式。从组织实践来看，亚太多边安全合作以对话方式展开，其特色是同时建立“第一轨道”与“第二轨道”并形成“一轨半”的多边安全对话机制。从理念来看，亚太多边安全合作倡导共识原则、自愿主义和渐进主义，主张通过接触、交流、对话与协商等方式解决地区安全问题。这种方式与亚太地

---

① Christopher Hemmer and Peter Katzenstein, “Why is There No NATO in Asia?” *International Organization*, Vol. 56, No. 3, 2002, pp. 575－607.

区的历史、政治和文化等方面的特征不无关联。[①] 随着非传统安全威胁的上升，亚太国家认识到，单凭一己之力，无法应对非传统威胁的挑战，因此谋求合作。而亚太方式又是亚太国家能接受的合作方式，因此亚太在应对非传统安全威胁时表现出的强烈的意愿，推动着该地区多边安全合作向前发展，证实了亚太方式在亚太地区具有很强的实用性和生命力。正因为如此，有学者呼吁对亚洲安全进行总结时，需要更为忠实于亚洲经验。[②]

二、面临的困难和障碍

由于对非传统安全的认知、区域安全的认同以及政治历史等方面的原因，亚太地区非传统安全合作无论是倡议还是实际操作，都遇到各种困难与障碍。

一是各国对非传统安全概念的理解和关注点错位。尽管各国对非传统安全挑战的认识一致，但是关注点、侧重点不同。比如，日本在20世纪80年代就把粮食安全和能源安全看成是本国重要的非传统安全，把它们列入日本国家安全战略之中；而东南亚国家把恐怖袭击、非法移民、毒品走私、传染性疾病作为国家非传统安全的重中之重。另外，一些国家认为属于非传统安全的问题但在另外一些国家看来却是传统安全问题。日本和美国认为，朝核问题与核武器扩散密切相连，是其主要的非传统安全威胁，主张采用外交和武力威胁相结合的方法解决；朝鲜则认为在没有安全保证的情况下，发展核武器是为了阻止美日军事同盟的军事威胁、捍卫国家主权，是政权生存的重要手

---

① Paul M. Evans, "Reinventing East Asia," *Harvard International Review*, Vol. 18, Issue 2, 1996, pp. 16—22.

② Amitav Acharya, "Will Asia' s Past Be Its Future?" *International Security*, Vol. 28, No. 3, 2003/04, p. 161.

段；俄罗斯、中国和韩国则将朝鲜问题视为传统安全问题的延伸，反对用强制手段解决。此外，各国在合作的领域、合作方式上也有很大分歧。

二是次区域多边安全合作进展不一。由于东南亚多数国家经济增长较为平衡，有共同处理区内安全的意愿，有像东盟和“10＋1”这样越来越成熟的机制。因此，东南亚安全合作速度较快。而东北亚却难以摆脱历史遗产的纠葛，朝鲜半岛南北对峙依然，美日、美韩军事同盟仍存。此外，东北亚非传统安全问题与传统安全问题纠缠不清，武器走私问题与大规模杀伤性武器扩散分不开，非法移民与威胁边境安全相连。更加复杂的安全形势制约了东北亚传统与非传统安全合作，使其明显落后于东南亚。

三是亚太整个区域差异性大。加强亚太地区的非传统安全合作取决于是否出现合力建设东亚地区的集体政治意志、坚定政治承诺。然而，亚太地区在很大程度上是由地理邻近而向心力不足的国家组成，是一个充满了差异性和多样性的地区，这导致各国在安全认知和安全利益的界定方面存在着诸多分歧。比如有的国家对历史上的军国主义扩张罪行不愿真正反省，不愿从过去的错误中汲取教训；有的还存在领土争端；有的认为他国的发展构成了对自己的挑战，威胁本国的优势地位。虽然“东亚共同体”构想已经提出，但概念模糊不清，有的将其中的“共同”解释为“共同进步、共同发展”，有的则将其解释为“共同命运体”。正如美国学者福山（Francis Fukuyama）所指出的那样，欧洲国家通过相似的文化根源和历史经验联系在一起，因此愿意将国家主权中的重要部分让渡给欧盟这样的多边组织。相比之下，亚洲国家之间存在着高度的不信任。[①] 可见，要塑造东亚集体主

① Francis Fukuyama, "Re-Envisioning Asia," *Foreign Affairs*, Vol. 84, No. 1, 2005, p. 76.

义意识，彻底消除某些国家依然故我的思想，形成一个类似欧盟的“共同安全与防务政策”，还有很长的路要走。

四是大多数多边合作停留在建立软性的机制、发表宣言和对话等基础上，而加强司法合作等实际行动却不多见。虽然东亚各国在非传统安全领域的合作已经起步，并在打击恐怖主义和跨国犯罪等方面取得了一些成绩。但总的看来，东亚非传统安全合作尚未充分机制化，许多合作还停留在论坛讨论层面，成果主要体现为各种倡议、宣言、会议等等，从而使这种合作未能发挥其应有的功能。这与东亚地区缺乏政治意愿、机制能力不强，以及缺乏法律约束有关。随着非传统安全在地区安全中地位的上升，东亚地区建立一个完善的多边安全合作机制势在必行。当务之急，应尽快在重点领域形成一套具体的、细致的合作规范，使非传统安全合作机制化、法制化，尤其是在危机防控方面的机制化和法制化，从“防”的角度来遏止各种威胁和危机的出现。

五是对传统安全的关注影响非传统多边安全进展。自近代以来，东亚许多国家深受西方殖民主义统治之苦、日本军国主义侵略扩张之害。东西方冷战时期，区内一些国家又曾互相对抗与敌视，甚至发生冲突乃至战争。冷战结束后，传统的军事同盟并没有解散，反而得到加强；一些国家面临“政权更替”威胁；两种制度的对立和斗争在东亚仍然存在，并不时激化地区紧张局势；此外，一些政府担心一旦不能有效处理非传统安全问题而成为“失败国家”，就可能招致外部势力干涉。从历史和现实来看，东亚国家不同程度地受到传统安全问题的困扰，多数国家仍把捍卫国家主权放在国家安全和国家利益的优先考虑位置，对地区某些非传统安全合作存在戒心，影响了非传统多边安全合作的进展。

六是受区域外因素的干扰。在欧洲安全合作的发展过程中，美国起着巨大的推动作用。虽然在欧洲的独立意识增强后美国动力减弱，但美国并不反对欧洲安全合作。然而，亚太安全合作一开始就受到美国的牵制。美国担心东亚安全合作会加强东亚地区主义，进而影响其在东亚地区的军事存在和现实利益，因而不倡导或支持建立东亚区域安全组织或次区域组织。虽然美国也参与了亚太地区的非传统安全合作，但更多地是从自己的全球战略出发。而一些亚太国家之所以加强同美国的合作，除了出自本国的安全考虑外，还欲借美国之力以牵制区内大国，营造有利于自身的安全环境。

七是"第二轨道"动力不足。"第二轨道"提出敏感的战略性建议，避开了政府官方对话的艰难选择。同时，参与者有了对各种观点进行详细审查的更大回旋空间，使这些观点成为对政府更具说服力、更值得关注的建议。但亚太"第二轨道"外交也面临困境：渠道不多，经费不足，活动能力欠缺，政府官员的参加使其独立性受质疑，所作决定不具约束力等等。而对"一轨半"方式虽然西方国家存在热情，但是区域内国家的热情不高，谨慎参与者居多.

总体来看，传统安全威胁在全球上升，为亚太地区开展多边安全合作提供了强有力的推动力，亚太多边安全合作也确实取得了一定的进展。但是，我们也应该看到，以对抗性为主要特点的"霍布斯式"战略文化在亚太地区普遍存在，在亚太国际关系实践中，恪守传统现实主义思维，迷信大国均势、结盟和集体安全手段的现象难以消除，构建一个稳定、成熟的亚太多边安全合作机制的客观条件仍未具备，建设的前景不容乐观。

第七章

亚太地区多边安全合作的模式选择

在全球各个地区的安全形势中，学者普遍认为亚太地区安全形势的不确定性最为显著。亚太地区是一个“复杂的、日益增大的混合性安全共同体”。[①] 大国林立、美国势力的巨大影响、领土及历史问题上的广泛争议和矛盾、大规模杀伤性武器扩散的危险与恐怖主义威胁、地区合作机制化的不完善、中国综合国力的迅速上升所导致的力量结构变化等等，使亚太地区的安全形势蕴含着巨大的变数。“历史上正反两个方面的经验和教训告诉我们，面对亚太地区如此复杂的安全形势和突出的多样性，亚太地区国家唯有通过合作，才能实现和平和稳定；唯有通过合作，才能维护地区的安全。”[②] 当然，在上述背景下，亚太地区在多边安全合作问题上面临

① ［英］巴里·布赞、［丹麦］奥利·维夫、［丹麦］迪·怀尔德主编：《新安全论》（朱宁译），杭州：浙江人民出版社，2003 年版，第 184 页。

② 苏浩：《从哑铃到橄榄：亚太合作安全模式研究》，北京：世界知识出版社，2003 年版，第 11—12 页。

着巨大的挑战，但同时也是巨大的机遇。在现实政治的复杂形势与多变实践中，所谓“模式”不可能是一套完全固化的程式；“模式”的要义在于总结出适合于相应地区条件的相对统一的政策导向，以协调不同主体的行为。这一点对于地区安全合作而言无疑是至关重要的，“亚太模式”的进一步明确化、机制化将是亚太地区多边安全合作的希望所在。

第一节　“亚太模式”与其他模式的比较

在全球范围内，不同地区的多边安全合作有着不同的模式。本节将重点选取欧洲与拉美的多边安全合作模式与亚太模式进行比较。

一、欧洲模式

欧洲的地区多边安全合作可以说是目前世界范围内体系最复杂的安全合作结构。北约、欧盟和欧洲安全与合作组织（以下简称欧安组织）都承担着多边安全合作的任务。不过，这些组织机构与各方势力紧密地交织在一起，从而进一步加剧了系统的复杂性。这种复杂性虽然可能有助于欧洲多边安全合作的相对稳定性，但同时也增加了更多的变数和争论点。

（一）北约

尽管北约是一个美国主导的多边军事同盟，但它在欧洲地区的多边安全合作中无疑发挥着极其重要的作用。在某种意义上，北约甚至可以说是欧洲多边安全合作的基石。冷战后，由于国际格局进入新旧交替的动荡时期，在两极对抗格局下长期被掩盖的问题和矛盾不断暴露出来，新的不稳定因素也在不断增长。在这样的新形势下，美国及其欧洲盟国普遍认为，即使在华约解体、北约已经失去其主要战略目标和对手之后，北约仍然有其存在的必要性。随着北约东扩的不断进行，北约的发展对欧洲安全状况乃至整个国际安全格局都产生了重大的影响。目前，在整个欧洲大陆范围内，剩余的非北约成员国中的大多数已经或即将申请加入。即便在中立国内，告别传统的安全和外交模式、加入北约的呼声也在高涨。北约已经基本上掌握了对欧洲安全事务的主导权。

然而，北约虽然在欧洲安全格局中占据着主导角色，却受到来自北约内外压力的挑战。从欧洲来看，欧盟一体化进程的不断发展必将逐步削弱北约在欧洲安全事务中的主导地位，欧盟在巴尔干接管某些维和任务就是一种信号。欧洲不会永远甘于受到美国的限制和支配，这就决定了北约在欧洲安全事务中的主导地位并不稳固。与此相联系，美国的战略调整也让北约承受着巨大的压力。冷战时期，西欧是美国安全战略的重心所在。冷战结束以后，西欧盟国在美国全球及欧洲战略中的地位和作用相对下降。随着北约的不断东扩，中东欧成了美国在欧亚大陆推进其战略纵深的前沿，美国的战略重心逐渐东移。与此同时，欧盟从 1999 年开始提出建立共同安全与防务政策。美国担心欧盟建立独立的防务能力从而摆脱自己的控制，因而在北约的军事行动中有意疏远西欧盟国，对欧盟的独立防务发展予以制约。这必然导致北约内部的分化。而在俄罗斯方面，面对北约的不断东扩，国力日渐恢复的俄罗斯表现出越来越强硬的态度，逐渐加大维护自身利益的力度，力求改变自己的地位，这一点在 2008 年的俄格冲突中表现得极其明显。面对这些压力和挑战，北约的安全战略必须进行调整，以适应新的国际安全形势。

（二）欧盟

“用一个词概括欧洲一体化的目的，那就是‘和平’。”[①] 地区多边安全合作是与欧盟的理念天然相合的。然而，欧洲一体化的核心动力是经济一体化，由经济向政治直到安全进行“外溢”的效果始终比较有限。在安全领域，欧盟始终缺少联合行动。冷战后，欧盟逐渐认识到这一一体化进程中的重大缺陷，而且随着欧盟一体化建设的不断扩大、深化，欧盟在国际舞台上展现其整体作用的时机日渐成熟。它不再满足于仅在国际政治的低层次领域活动，迫切需要提高自身处理欧洲安全事务的能力，拓展战略空间，摆脱受制于美国的被动局面，谋求更高的国际地位和更多的国际事务发言权。于是，欧盟开始改变其在安全与防务领域的政策，其主要目标就是提高欧盟的独立防务能力，发展共同防务政策。不过，这一努力方向受到内外因素的巨大制约。在欧盟内部，各国主权的让渡以及国防结构与军工产业的转换、调整和改革等可能产生的不良后果，使各国在推进防务一体化的过程中顾虑重重。而在欧盟外部，独立防务的发展更是受到美、俄势力的掣肘。“内忧外患”之下，欧盟想在欧洲地区多边安全合作上有更大作为的设想还面临着重重困难。不过，半个世纪以来，欧洲在一体化进程中取得的巨大成绩使我们有理由期待欧盟在未来几十年中将在防务一体化领域迈出坚实的步伐。需要指出的是，非传统安全威胁的上升为欧洲地区多边安全合作的发展方向提供了另一个维度。恐怖主义、跨国犯罪和大规模毁灭性武器扩散日益成为多边安全合作领域最大的外部刺激因素。在这种背景下，欧盟的多边安全合作在深度和广度上还大有潜力可挖。

---

① ［比利时］尤利·德沃伊斯特、［中国］门镜：《欧洲一体化进程——欧盟的决策和对外关系》（门镜译），北京：中国人民大学出版社，2007年版，前言第1页。

（三）欧安组织

欧安组织的前身是1975年成立的“欧洲安全与合作会议”（欧安会）。1994年12月，欧安会在匈牙利首都布达佩斯举行的欧安会首脑会议上决定从1995年1月1日起，将该组织更名为“欧洲安全与合作组织”。欧安组织只有在所有成员国达成一致的情况下才能起作用，其决定对成员国也只具有政治效力而没有法律效力。

欧安组织既不是简单的国际会议机制，但也称不上是严格意义上的政府间国际组织。① 欧安组织倡导综合安全、共同安全、合作安全以及与之相对应的多边主义原则，积极实践预防性外交。进入21世纪后，欧洲的安全重心开始转向恐怖主义等非传统安全威胁。“9·11”事件之后，虽然裁军、军控和建立信任与安全措施作为国际“保障机制”仍具有独特作用，但重要性明显下降。为了适应新形势下生存和发展的需要，欧安组织在职能和活动范围等方面进行了一些重要的调整，反恐成为新的关注焦点。与此同时，北约和欧盟相继实现新一轮东扩，欧洲大陆的地缘政治和安全格局发生根本性转变，欧盟、美国、俄罗斯之间的政治安全利益和相互关系进入复杂调整期。而欧安组织在面对新形势所进行的调整中，自身问题和内部矛盾也日益突出。

在这种情况下，欧安组织针对非传统安全威胁上升和欧洲地缘政治安全格局的激烈变化所进行的调整并不顺利，原本就有重大分歧的内部利益进一步分化，形成欧美集团和独联体集团。总的来讲，欧安组织虽然仍是欧洲安全领域的重要组织之一，但相对于北约和欧盟而

① 政府间国际组织的条件可参见饶戈平主编：《全球化进程中的国际组织》，北京大学出版社2005年版，第38页。欧安组织的前身是欧洲安全与合作会议，其基础仍是1975年通过的《赫尔辛基最后文件》。该文件没有法律效力，是一份共识性文件。

言，“其地位和作用进一步边缘化”。[①] 欧安组织短期之内很难改变它在欧洲安全事务、乃至多边安全合作中的辅助性、边缘性的地位和作用。

综上所述，欧洲多边安全合作模式的特点是多个高度机制化的组织共同承担安全合作任务，在欧洲内部一体化程度不断提高的背景下，美俄两大国的后冷战对峙这一外部因素对欧洲多边安全合作产生巨大影响。这种局面下的欧洲多边安全合作保持着稳定发展的趋势，各方势力形成事实上的有效制衡。但是，这个体系也由于刚性较强的外部因素作用而在危机发生时无法有效发挥作用，多边安全合作陷入形同虚设的窘境，传统安全战略重新占据主导地位。

二、拉美模式

拉美地区内部并不存在重大的地缘战略竞争关系，各国文化相近，有共同的历史遭遇，发展水平差距也并不是很大；而且，各国面临着类型相近的各种国际和国内问题。因此，与其他地区相比，对于拉美地区而言，“安全”在理论层面上的广泛内涵（恐怖主义、走私、难民、环境恶化、公共秩序的管控危机等非传统安全问题）更为全面而深入地进入到政治实践层面。相应地，拉美的地区多边安全合作呈现出向非传统安全议题倾斜的特点。

具体而言，拉美地区在国际安全方面所面临的主要威胁和问题包括以下几个方面：恐怖主义与毒品走私及相互间的密切联系、非法移民和难民、对国家主权造成威胁的霸权主义和颠覆破坏活动；而在国内安全方面，政府社会治理能力低下、经济危机与高失业率和高贫困

① 张定法：“欧洲安全与合作组织现状、问题及前景分析”，载《外交评论》2006年8月总第90期，第45页。

率、社会动荡与民族冲突、生态环境恶化等深深地困扰着拉美各国政府。①

现在，拉美地区在地区多边安全合作领域的主要契合点在于更易于进行合作的国际安全方面的反恐行动。当代恐怖主义有三大特点：非国家主体性、跨国性、危害性。② 这些特点决定了反恐问题成为当代多边安全合作的重要课题。拉美国家认识到，彼此之间的安全共性和共同利益在日益增加，跨国恐怖主义已成为各国最大的安全威胁。以此为主题，拉美国家召开的会议和通过的条约、协议、声明以及成立的组织等包括：1971 年 2 月 2 日，美洲国家组织在华盛顿签订《美洲国家组织关于防止和惩治恐怖主义行为的公约》，1973 年 10 月 16 日生效，对美洲国家之间共同打击恐怖主义犯罪做出指导性的规定；1996 年 4 月，美洲国家组织在秘鲁首都利马召开泛美反恐怖特别会议，商讨打击恐怖活动的合作措施，通过《关于防止、反对和消灭恐怖主义的利马声明》；1997 年 6 月 1—5 日，第 27 届美洲国家大会在利马举行，通过了《谴责任何形式恐怖主义决议》；1998 年 11 月，第二届美洲国家组织反恐怖活动大会在阿根廷马德普拉塔举行，讨论了加强地区安全、反恐斗争合作和制定打击恐怖犯罪新措施等问题，通过了《马德普拉塔承诺》等文件，建议成立泛美反恐委员会；1999 年 6 月，美洲国家组织成立美洲反恐委员会；2001 年 9 月 21 日，美洲国家组织外长磋商会议在华盛顿举行，通过了《西半球预防、打击和消除恐怖主义加强合作》的决议，谴责“9·11”事件的恐怖主义行径，对美国政府和人民表示声援并决定重新启用《美洲国家间互助条约》（即《里约条约》）的集体自卫条款。2002 年 6 月 2—4 日，第 32 届美洲国家大会在巴巴多斯首都布里奇敦举行，签署了

① 徐世澄：“拉美地区的安全形势”，载王缉思总主编，阎学通主编：《中国学者看世界·国际安全卷》，北京：新世界出版社，2006 年版，第 324—327 页。

② 陆忠伟主编：《非传统安全论》，北京：时事出版社，2003 年版，第 302 页。

《反对恐怖活动泛美公约》；2003 年 2 月，哥伦比亚、巴拿马、哥斯达黎加、洪都拉斯、萨尔瓦多、危地马拉、尼加拉瓜的总统和阿根廷外长在巴拿马城召开关于哥伦比亚恐怖主义活动的会议等。[①]

通过这些会议、条约、协议、专门组织等，拉美地区建立起系统的地区多边安全合作机制。美国出于反恐和维护拉丁美洲稳定以保证其利益的需要，对拉美国家在反恐问题上的合作机制表示支持并与之合作。拉美地区的多边安全合作在内部有广泛而重要的共同利益支撑，而在外部则有霸权力量（美国）的认可和辅助。因此可以说，“拉美模式”是非常适合于拉美地区的多边安全合作机制。

然而，“拉美模式”也面临着许多问题。拉美国家之间，尤其是拉美各国与美国之间在传统安全和反恐方面存在矛盾和斗争。众所周知，拉美是美国的“后院”，是其核心地缘战略利益所在，绝不允许外部势力的染指以及拉美各国自身对美国地区霸权的反抗。这种关系为拉美地区的多边安全合作蒙上了一层阴影。以非传统安全领域的安全合作为立足点的拉美多边安全合作还有很长一段路要走，它能否进一步深化合作与机制化程度，在很大程度上与它和美国在传统安全关系上的前景相联系。在这一点上，拉美模式与欧洲模式有很大的相似性，即对外部因素的高度敏感性。

三、亚太模式

冷战结束后，尤其是进入 21 世纪以来，亚太地区在国际事务中的地位不断上升，是全球最具经济活力的地区，引领着世界的发展。地区安全与稳定自然是保持亚太与全世界和平与发展的基本条件。今

---

① 罗开卷：“美洲国家组织反恐法律述评”，载《政法论丛》2007 年 4 月第 2 期，第 91 页；徐世澄：“拉美地区的安全形势”，载《中国学者看世界·国际安全卷》，第 330—333 页。

天，亚太地区各国和国际组织都在积极推动亚太多边安全合作机制的建立和完善，“亚太模式”逐渐成型。当然，在这一模式的发展过程中自然也存在着许多问题；在各主要力量的影响与制约下，“亚太模式”形成一个“合力”的前景尚不明朗。

总体而言，亚太模式是一种多形式的混合型多边安全合作结构，主要表现形式是多层次安全合作对话机制的互动与组合，即在“一轨”、“二轨”和所谓“一轨半”等多个安全合作层次上开展对话与合作，这些层次之间相互产生有机联系和影响，逐步形成系统与网络。

(一) 第一轨道

所谓“第一轨道”，是指官方的地区安全对话论坛，主要包括：

1. 东盟地区论坛（ARF）[①]

东盟地区论坛成立于 1994 年 7 月，现有 27 个成员国。其基本原则是协商一致、循序渐进、互不干涉内政等，这种原则适用于亚太地区的多样性、复杂性等特点，代表了亚太模式的基本理念。

论坛没有常设机构，由东盟的轮值主席国来组织年度论坛会议，并在其一年任内协调所有第一轨道的外交活动。论坛的核心机制是每年一次的外交部长会议、高官会议（副外长级）以及东盟地区论坛安全政策会议（国防部副部长级别）。其中，外长会议是论坛的最高级别会议，时间上先于外长会议的高官会议通过前期讨论为外长会议提供主要议题、议程，安全政策会议则旨在增强国防官员的进一步了解和互信，从而推动东盟地区论坛进一步发展、完善。此外，论坛还设有建立信任措施和预防性外交会间会、国防官员对话会、其他领域的专业会议和培训项目以及专家名人小组等。

① 最新介绍参见外交部相关网页：http：//www.fmprc.gov.cn/chn/pds/gjhdq/gjhdqzz/lhg_2/jbqk/t534862.htm。

2. 上海合作组织（SCO）

2001年6月，中国、俄罗斯、哈萨克斯坦、吉尔吉斯斯坦、塔吉克斯坦、乌兹别克斯坦六国元首在上海会晤，发表了《上海合作组织成立宣言》，宣布在“上海五国”机制的基础上建立上海合作组织。上海合作组织的最高决策机构是成员国元首理事会，每年举行一次会议，其下分别设有外长、经济、交通、文化、国防、执法安全、监察、民政、边防等年度定期会晤机制以及成员国国家协调员理事会；有两个常设机构，分别是秘书处（北京）和地区反恐怖机构（塔什干）。现有蒙古、巴基斯坦、伊朗、印度四个观察员国。

3. 亚洲合作对话（ACD）

亚洲合作对话第一次外长非正式会议于2002年6月在泰国举行，标志着ACD机制的启动。该对话旨在整合亚洲现有次区域合作，现已有30个国家参与。①

4. 东亚峰会（EAS，“10＋6”）

首届东亚峰会于2005年12月在马来西亚首都吉隆坡召开。峰会的主要议题是加强政治和安全领域的战略对话和合作，通过加强技术转移、基础设施建设、人道主义援助促进东亚发展，推动贸易和投资的扩大和自由化进程，加强民间交往，增进互信和团结，推动非传统安全领域的合作等。峰会目前有16个国家参与。②

5. 亚洲相互协作与信任措施会议（CICA）

1992年10月，哈萨克斯坦总统纳扎尔巴耶夫在第47届联合国

① 包括印度尼西亚、马来西亚、泰国、菲律宾、新加坡、文莱、越南、老挝、缅甸、柬埔寨、中国、日本、朝鲜、蒙古、印度、巴基斯坦、孟加拉国、斯里兰卡、不丹、巴林、卡塔尔、阿曼、科威特、伊朗、沙特阿拉伯、阿联酋、哈萨克斯坦、塔吉克斯坦、乌兹别克斯坦和俄罗斯。

② 包括印度尼西亚、马来西亚、泰国、菲律宾、新加坡、文莱、越南、老挝、缅甸、柬埔寨、中国、日本、韩国、印度、澳大利亚、新西兰。

大会上倡议建立亚洲相互协作与信任措施会议；1993 年，“亚信”论坛开始活动。该论坛的宗旨是增进成员国间的理解、互信，开展对话和交流，共同维护地区安全和稳定。现有 18 个正式成员和若干观察员。①

6. 六方会谈

六方会谈虽然具体针对朝鲜核问题，但其意义远不止于此。它是维系亚太地区主要大国在安全问题上的有机联系、增进彼此了解和信任，并且在开展更为深入的多边安全合作方面有着较大潜力的机制。近年来六方会谈虽然面临严重挫折，但仍不失为一个有着较大潜力的机制。

（二）第二轨道

所谓“第二轨道”，是与主权国家政府主导的“第一轨道”外交活动相对应的一个概念。对亚太地区而言，“特指民间主导的多边安全领域的学术研讨和政策对话，不包括国际经济和文化领域的民间交流活动。”② 参加者主要是学者、官员（以私人名义参加）等。实际上，亚太多边安全合作最初的形式就是这种非官方的第二轨道外交，“这是亚太地区国际关系中的独特现象之一”。③ 目前亚太地区第二轨道多边安全合作机制主要包括：

---

① 正式成员包括：阿富汗、阿塞拜疆、哈萨克斯坦、吉尔吉斯斯坦、巴基斯坦、塔吉克斯坦、乌兹别克斯坦、埃及、伊朗、以色列、巴勒斯坦、土耳其、中国、朝鲜、蒙古、印度、泰国和俄罗斯；观察员包括：美国、日本、澳大利亚、越南、印度尼西亚、黎巴嫩、马来西亚、乌克兰，以及联合国、欧安组织、阿拉伯国家联盟和中亚合作组织。

② 喻常森：“认知共同体与亚太地区第二轨道外交”，载《世界经济与政治》2007 年第 11 期，第 33 页。

③ 陈寒溪：《建构地区制度：亚太安全合作理事会的作用》，北京：世界知识出版社，2008 年版，第 25 页。

1. 亚太安全合作理事会（CSCAP）

亚太安全合作理事会于1994年1月在吉隆坡正式成立。[①] 亚太安全合作理事会的主要功能是为亚太国家和地区提供一个建立信任及安全合作的架构，为学者、官员（以私人名义参加）讨论共同关心的政治安全问题创设一个平台。理事会涉及的内容十分广泛，坚持包容性原则，组织了多个工作小组[②]来讨论如何应对区域所面临的安全挑战。

2. 亚太圆桌会议（APR）

亚太圆桌会议于1987年1月在吉隆坡召开首届会议，此后每年召开一次。该会议由马来西亚战略与国际研究所和东盟战略与国际研究所共同主办，主旨是增加成员国之间的信任和减少冲突。参加者为亚太国家以及法国、德国和瑞士等欧洲国家的政府官员、学者、研究人员等，均以个人身份与会。

近年来，第一轨道和第二轨道之间互动日益频繁，两者之间的界限也因为政府官员同时参与两个轨道外交的进程而不再分明。在这一趋势的发展中，亚太安全合作理事会起到了十分重要的作用：一方面有利于加强亚太安全合作理事会的权威性，另一方面也使亚太安全合作理事会的研究结果能够顺利传达给东盟地区论坛，使之更为有效地运作。[③] 两个轨道之间的交流互动经由ARF轮值主席国的活动而逐

① 1993年12月，作为亚太安全合作理事会的创始成员委员会，10个研究机构组成临时指导委员会在印尼龙目岛召开会议，正式通过了《亚太安全合作理事会宪章》。陈寒溪：《建构地区制度：亚太安全合作理事会的作用》，北京：世界知识出版社，2008年版，第33页。

② 涉及海事安全合作能力建设、防止大规模杀伤性武器扩散、北太平洋/东北亚多边安全框架、维和与和平建设、贩卖人口、反恐等领域。

③ 陈寒溪：《建构地区制度：亚太安全合作理事会的作用》，北京：世界知识出版社，2008年版，第91—92页。

渐机制化。[①]

（三）一轨半机制

在第一和第二轨道的互动进程中，还逐渐形成了一轨半机制，即半官方的安全合作机制。这类机制参与者众多，身份复杂，包括政府高官、官方智库和民间研究机构的专家学者等。一轨半机制所涉及的议题内容更为广泛，并且关涉许多重大的现实问题，为一、二轨的官与民提供了重要的交流与交换意见的平台。一轨半机制的存在有助于克服第一轨道回避敏感问题的缺陷和第二轨道缺乏实效性的问题。目前亚太地区多边安全合作的一轨半机制主要包括：

1. 东北亚合作对话（NEACD）

东北亚合作对话成立于 1993 年 10 月，由美国加州大学圣地亚哥分校的全球冲突与合作研究所组织，得到了美国能源部的支持。成员国有韩国、朝鲜、美国、日本、中国和俄罗斯。每个国家分别派遣一名外交部官员和国防部官员和两名由政府资助机构的学者和安全专家参与此项对话机制。该对话主要从政治、军事角度探讨各方对东北亚安全形势的开发，侧重讨论形势变化中出现的热点问题以及如何在东北亚地区开展合作、减少冲突。

2. 香格里拉对话会（SLD）

香格里拉对话会即“亚洲安全会议”，由伦敦国际战略研究所发起，2002 年在新加坡香格里拉饭店举行首届会议。该会议旨在推动亚太地区的军事交流，涉及地区安全形势、海事安全及其他非传统安全领域的合作等。

---

① 关于建立两个轨道间良好关系的倡议在 2003 年第十次东盟地区论坛外交部长会议上得到强调。

四、亚太模式与欧洲、拉美模式的比较

（一）合作理念

在各地区的安全合作模式中，欧洲模式被普遍认为是最成功的，是东亚安全合作的榜样。但事实上，在最基本的合作理念上，二者有着根本上的差异，反映了欧亚各自不同的地区安全结构背景及道路选择。

欧洲模式以“共同安全”为基础，突出一国安全与他国安全的相互依赖性；这种“共同安全”思想的形成，既是“赫尔辛基进程”的一种自然延续，也是欧洲人对冷战以来日益紧张的地区安全局势进行理论反思的结果。欧洲人将安全的重心放在相互信任和地区合作上，逐渐确立了“一个国家在保卫其领土安全的防卫权利时必须同等对待其对手安全利益的合法权利”① 的新安全观。共同安全思想确立了欧洲地区安全合作的基本理念。

亚太模式则以“合作安全”为核心，强调在合作过程中确保不同国家的安全利益。由于各国在政治、经济、文化以及综合国力上差异巨大，各国坚持的是一种内向性的国家发展战略，以本国安全优先，经济发展及内部政治社会稳定为主要战略目标。在安全问题上，因宗教和种族矛盾、领土和经济纠纷、历史和政治问题引起的国家间冲突和内部政权动荡，成为各国首要关注的问题。渐进的、灵活的、多边的对话性安全合作原则，表达了一种新的安全合作理念，与亚太国家“现阶段最重要的功能不是创造规范，而是减少国家间的相互猜疑并

---

① 郑迎平：“欧洲与东亚安全合作模式的差异评析”，载《现代国际关系》2008 年第 7 期，第 10 页。

加强现在的规范”① 这一想法相一致。

与欧洲及亚太地区相比，拉美地区的合作理念更为直接、简单，是以实实在在的现实问题为出发点的。正如上文所提到的，拉美各国面临的问题非常迫切而又十分接近，这使得各国有很强烈的合作愿望。在合作的过程中，各国在主权问题上也不会产生过多的嫌隙。

（二）实现途径

从实现合作的途径看，欧洲的一体化进程在曲折中不断前进，为其多边安全合作奠定了基础。从 1957 年的欧洲经济共同体，到 1965 年的欧洲共同体，至 1993 年的欧洲联盟，欧洲国家通过自由贸易区、经济共同体、货币联盟等经济整合及经济主权让渡，促使区域内国家经济相互依存基础不断扩大、相互间经济社会政治的政策融合与趋同加深。在逐渐形成的地区整体意识下，经济主权让渡带动了政治安全方面的主权让渡。这是多边安全合作得以有效开展的基本前提。欧洲模式的共同安全目标侧重于地区整体的安全利益，其发展过程实质上就是各国不断让渡自身主权。

而在亚太地区，不结盟、互不干涉内政的理念占据主导地位，合作安全强调单个国家的安全利益。“东盟从未打算成为一个要求成员国交出某些国家主权的超国家组织”，② 而且中国、日本等大多数东亚国家基本上也不认同主权让渡的合作方向。亚太地区的一体化进程程度显然远不及欧洲。

与安全目标和一体化程度相应，欧洲模式是建立在法律条约基础

---

① Paul W. Evans, “Assessing the ARF an dCSCAP,” in Hung-MaoTien and Tun-jen Cheng eds., *The Security Environment in the Asia-Pacific*: *Many Problems*, Few Building Blocks, N. Y.: M. E. Sharpe, 2000, p. 170.

② 陈寒溪：“此‘盟’彼‘盟’各不同——东盟和欧盟的地区一体化比较”，载《世界知识》2003 年第 7 期，第 29 页。

上的机制化结构，唯其如此才能高度整合各国不同的安全利益、实现地区共同安全目标。而东亚目前的各种官方或民间论坛性合作框架和信任措施建设，遵循的都是开放性、协商一致和照顾各方的舒适度等基本原则。

拉美地区的一体化程度虽然没有欧洲那么高，但仍然在强烈的共同问题导向下形成了针对各种问题的条约与公约体系，开展了卓有成效的多边安全合作。

（三）安全结构以及与周边大国的关系

拉美地区的安全结构最为简单。由于地缘政治和历史遗产的原因，大国之中只有美国牵涉其中。美国与拉美国家在多边安全合作上的关系是对立统一的矛盾体：美国支持拉美国家开展多边安全合作，同时也绝不放弃在拉美的主导地位；拉美国家需要美国力量的支持，但也极力希望摆脱对美国的高度依赖。

欧洲地区受历史传统与冷战格局的影响，在俄罗斯大国地位不断上升的情况下再次成为美、俄明争暗斗的“前沿阵地”；在这种外部对立力量的对冲下，欧洲地区的多边安全合作虽然十分有效，但也面临潜在危险，2008 年的俄格冲突就为欧洲地区的安全局势敲响了警钟。

亚太地区的安全形势最不明朗。美、俄、中、日等诸多大国都是当局者，利益相互绞缠，局势错综复杂。各方力量之间都存在利益冲突，但也存在相互合作的巨大动力。

第二节　主要力量的多边安全合作模式构想

到目前为止，亚太各国虽然都认可多边安全合作这一基本理念，但亚太地区范围内还没有出现一种被广泛认可和接受的多边安全合作模式构想。所谓“亚太模式”还十分不明确、不系统、不完善，有待进一步发展。亚太地区美、日、中、俄和东盟等主要力量出于各自利益的考虑，都有其对于地区多边安全合作模式的不同构想。在认清彼此认识的基础上求同存异是亚太多边安全合作模式进一步向前发展的基础。本节将对美国、日本、韩国、中国、俄罗斯以及东盟的多边安全合作模式构想进行重点分析。

一、美国对亚太多边安全合作模式的构想

美国的亚太多边安全合作模式构想由它的亚太总体安全战略或东亚安全战略决定。“冷战后美国对其东亚安全战略进行了四次大的调整，逐步形成了以美国军事存在为基础、以双边军事同盟为依托、以多边机制为补充的东亚安全总体构想。”① 无论美国的亚太安全战略和政策在不同历史时期有什么变化，其总体战略目标始终是一致的，即“在亚太地区构筑以美国为主导、以双边同盟关系为支柱、以多边合作为手段的亚太安全体系，以防止亚太地区强大对手的出现，从而维持美国在亚太地区的领导地位和战略利益，为美国的霸权主义和强权政治服务。”② 而且，“在美国看来，多边主义并非目的本身，而是必须有效实现价值的进程。”③ 因此多边安全合作对于美国这个唯一的超级大国而言必然只是其辅助性工具。当然，这

---

① 阎学通、金德湘主编：《东亚合作与安全》，北京：时事出版社，2005 年版，第 404 页。

② 莫金莲：《亚太区域合作研究》，长沙：湖南人民出版社，2007 年版，第 189 页。

③ ［美］艾米·希莱特：“亚洲多边主义下的进程与外交艺术”，载朱立群、王帆主编：《东亚地区合作与中美关系》，北京：世界知识出版社，2006 年版，第 194 页。

并不意味着美国完全无视多边安全合作；事实上，多边安全合作在美国的全球战略中占据着重要地位。① 虽然在二战之后相当长的历史时期里，美国对于在亚太地区建立多边安全机制一直采取排斥的态度，但在冷战结束特别是“9·11”事件之后，美国对其亚太安全战略进行了反思，“认为主权国家对美发动大规模袭击的可能性小，取而代之的是恐怖主义与大规模杀伤性武器扩散”，② 在参与和建设多边安全合作和对话机制问题上的态度表现出越来越大的积极性。因此，一言以蔽之，美国的多边安全合作模式构想就是双边—多边混合机制，以双边体系为依托，在多边安全合作的调整中维护自身的主导地位和战略利益。

在发展实质性的双边体系方面，美国在东北亚和东南亚地区进一步巩固和强化美日、美韩、美国与东盟各国的一系列既有双边军事同盟关系。美国尤其重视美日同盟在地区安全合作中的作用，③ 在多边安全合作模式的构想上希望日本能够发挥作用，以美国战略利益代言人的身份参与到多边安全合作中（当然，这只是美国一厢情愿的想法，日本有自身的考量，这一点在后文中有进一步论述）。同时，通过强化美澳新同盟，美日澳同盟以及与印度改善和发展双边关系，“在亚太地区形成一个由推行民主制度的海洋国家对推行‘专制’的欧亚陆权国家的战略包围”。④ 从相关的安全条约上来看，美国与日本、韩国、台湾、菲律宾、澳大利亚和新西兰、泰国、新加坡、文莱

---

① 国际关系学界对美国通过多边主义的国际和地区性制度来领导或管理世界提供了三类解释：结构解释，功能解释，国内政治解释。余建军：《冷战后美国在亚太地区的多边安全行为研究》，上海社会科学院出版社，2009 年版，第 103 页。

② 刘卿：“美国全球军事战略调整对亚太安全的影响”，载《国际问题研究》2005 年第 4 期，第 30 页。

③ 阎学通、金德湘主编：《东亚合作与安全》，第 411 页。

④ 杨丹志：“亚太多边安全合作机制：现状及其前景”，http：//iaps. cass. cn/xueshuwz/showcontent. asp? id=1138。

都签订了防务合作法律文件。[①]

在此基础上，美国非常慎重地、有所选择地参与到亚太多边安全合作中。在东盟地区论坛等西方国家未能掌握主导权的地区多边安全合作框架中，美国从不轻易作出安全承诺或承担安全义务。而对香格里拉对话会等西方国家主导的多边安全合作框架，美国参与的积极性很高，在这样的框架中，美国可以非常方便地推行自身的安全观和政策建议。

国际恐怖主义是真正推动美国参与亚太多边安全合作的最重要动因。非传统安全带来的巨大威胁是美国自身无法单独应对的，这也是它真正需要他国帮助与合作的原因所在。因此，其亚太多边安全合作模式的构想中很重要的一个方面就是使反恐议题在亚太多边安全合作中得到重视。另外，由于亚太地区充斥着各种不确定的潜在冲突（如朝鲜核问题、台海冲突等），美国极力支持在亚太地区内建立针对这些具体问题的安全合作机制和对话框架，以外交途径解决争端，降低其维护安全的战略成本。

另外，利用多边安全合作有效利用并制约崛起国家，以防止其挑战美国霸权地位是美国构想中的重要一环，这方面的对象主要是中国。在亚太地区的热点问题朝鲜核问题上，美国通过六方会谈寻求与中国的合作，利用中国缓冲各种力量，建立危机控制机制，避免危机升级和扩大。而恰恰是在这个过程中，美国巧妙地将中国纳入其引导下的某种规范之中，防止中国做出“非分之举”。这种对崛起国的多边机制制衡是美国双边同盟体系途径的重要补充。

总而言之，美国的亚太多边安全合作模式构想，以不损害美国双边同盟体系为前提，以打击恐怖主义、防止大规模杀伤性武器扩散、

① “美日安保条约”、“美韩共同防御协定”、1979 年“与台湾关系法”，“美菲共同防御条约”、“美澳新公约（ANZUS)”、1951 年“美泰共同安全法”、1990 年“美新后勤设施使用谅解备忘录”、1994 年“美文莱防御合作谅解备忘录”。

使热点问题降温、遏制地区内挑战其霸权的崛起国家为主要目标，以维护美国霸权为最终目的。

二、日本对亚太多边安全合作模式的构想

冷战时期，日本在安全方面更多的是单纯依靠美国的亚太安全保障体系，对多边安全合作十分淡漠。但随着冷战的终结、地区安全局势和地缘战略态势的剧变、美国战略的调整以及日本自身的发展，日本开始积极尝试多元化外交，对亚太多边安全合作机制表现出极大的兴趣。事实上，“日本是东亚各大国中对全球化、相互依存及多边主义认识较早的国家。”① 其原因在于，日本希望逐步改变在安全领域单纯依赖美国的局面；希望通过多边安全合作机制取代冷战时期的霸权均衡，防止美国独断专行以及新兴大国的崛起，强化其相对于中国而言的战略地位；利用多边框架为日本在亚太地区获得更多的政治活动空间创造条件，提高地区事务影响力，发挥经济实力的优势。② 日本当前的外交战略目标是：“确保在亚太地区的主导地位，力争成为与其经济地位相适应的世界政治大国，全面维护日本的国家安全利益。”③ 作为世界第二号经济强国，从来不甘于“默默无闻”的日本谋求成为政治大国的意愿日渐强烈。这使它积极地投入到构建亚太多边安全合作机制的进程中，扩展其“三个同心圆”外交结构④中的中圈地区外交乃至外圈全球外交。

---

① 阎学通、金德湘主编：《东亚合作与安全》，第 413 页。

② 阎学通、金德湘主编：《东亚合作与安全》，第 417 页。

③ 孙成岗：《冷战后日本国家安全战略研究》，北京：解放军出版社，2008 年版，第 173 页。

④ 内圈指美日同盟。孙承：“日本的地区安全合作思想与实践”，载《日本学刊》2004 年第 2 期，第 21—35 页。

在地区外交层面，日本对开展地区多边安全对话表现出越来越积极的态度。日本与中国、韩国之间有定期的安保对话，与俄罗斯、韩国之间有定期防务对话和海上搜救演习，与澳大利亚、加拿大、印尼、新加坡、泰国和马来西亚等国均有不同级别的安全协商机制。目前，日本参与东盟地区论坛等泛区域的亚太多边安全合作对话机制的态度也十分主动。

日本对于亚太多边安全合作模式有以下几个方面的具体构想：

第一，日本对建立“东亚安全共同体”的态度非常积极。日本很早就提出了各种东亚区域合作的理念，但在冷战背景下主要集中于经济领域。随着多边安全合作形势的日趋明朗，日本的东亚共同体观念逐渐向安全领域扩大。当然，日本希望在这个东亚安全共同体中拥有更大的发言权，因而主张以“东盟＋3”（13 国）加上 3 个东亚区域外国家（澳大利亚、新西兰和印度）的 16 国“东亚峰会”为基础建构“东亚共同体”，而不只是以“10＋3”为基础。

第二，日本希望通过多边安全对话控制周边热点问题的紧张态势。日本将朝鲜半岛问题视为攸关其安全的重大外交课题，给予了高度关注。2002 年 9 月，小泉首相实现“破冰之旅”，对朝鲜进行了正式访问；第二年，日本成功地加入到“六方会谈”之中，积极参与东北亚安全合作框架的谋划。对于日本而言，实现朝鲜的非核化、缓和台海问题、处理好与崛起中的中国的关系是消除区域内潜在冲突最重要的三个方面，对于有效开展亚太多边安全合作有重要意义。在地区内建立一个多边机制以应对日本周边的这些潜在冲突是日本的战略利益所在。在这一点上，日本与美国的构想高度契合。

第三，日本积极致力于在亚太地区构建以日本为主导的海上多边安全合作机制。这个机制的主要目的是帮助美国填补因政治等因素而无法直接军事介入南海以及马六甲海峡而导致的安全保障上的空白。在这方面，日本的主要构想包括：日本主导下的亚洲反海盗合作机制的形成；协助东南亚国家创建海岸警备队以及人员、技术和设备支援；推动实现区域内海上共同执法。日本作为一个海洋国家，战略利益广泛分布于周边及更大范围内的海域，海底能源、海上贸易等都是其关注的焦点。通过建立多边安全合作机制，日本可以更加主动地维护其海上利益；而海洋在亚太地区的地缘战略中又有极其重要的地位，在海上安全机制上掌握主动权对于增加在整个亚太地区的战略主导权有重要意义。

三、中国对亚太多边安全合作模式的构想

中国对亚太多边安全合作态度积极，其主要构想就是形成泛区域内多框架相互交错的复合多边合作结构，解决复杂的安全问题。

目前，多边主义已经成为中国外交的重要指导思想。2005 年，胡锦涛主席在联合国成立 60 周年首脑会议上的讲话中强调，要“坚持多边主义，实现共同安全”，“树立互信、互利、平等、协作的新安全观。”① “建立新安全观是中国关于地区安全合作构想的基础。”② 概括起来，“新安全观从总体上说是‘共同安全’，从客体上讲是‘综合安全’，从过程看是‘合作安全’，从其生长环境而言则是‘多边安全’。”③ 而在构建多边安全合作机制的具体做法上，中国会视局势的不同而采取相应策略，或稳妥参与，或稳健支持，或积极活动，在各种矛盾中间游走穿梭，趋利避害。

对于东盟地区论坛，中国的参与和支持程度是以稳妥为主的。

---

① 胡锦涛在联合国成立 60 周年首脑会议上的讲话（全文），http://news.xinhuanet.com/world/2005—09/16/content_3496858.htm。

② 阎学通、金德湘主编：《东亚合作与安全》，第 421 页。

③ 李小华：《中国安全观分析（1982—2007）》，上海人民出版社，2008 年版，第 139 页。

中国参与该论坛的主要目的是加强互信，改善周边安全环境。亚太地区是“中国威胁论”传播的主要市场，一些东南亚国家始终对中国抱有偏见和担忧。在这一点上，东盟地区论坛是展现中国和平发展方略的最佳平台。东盟地区论坛的基本精神是不干涉、不结盟、不强制，并不触及地区内的敏感问题，这给予了中国更为灵活的活动空间。中国不需要也不适于提出某种过于积极的方案。东盟地区论坛对于中国的意义主要在于形成多边交流、加强互信、缓解压力。

对于六方会谈，中国的基本态度是稳健协调各方关系。在朝核问题上，中国的国家利益主要表现在中朝两个社会主义国家关系上的政治利益、东北亚方向中国周边安全环境上的安全利益以及朝核问题中中美战略关系上的战略利益。[①] 相应地，中国加入六方会谈主要有以下几个目的：利用各方力量实现朝鲜半岛无核化，防止核武器在区域内扩散；避免美国以武力解决朝核问题从而严重威胁中国安全；协调各主要力量，维护地区稳定，树立“负责任大国”的形象并提高国际事务发言权与影响力。朝鲜核问题是关涉中国安全的紧切问题，中国有压力、有意愿以更为积极的方式参与到针对这个问题的多边解决机制中；各主要力量对中国协调者身份的认可也使中国能够有更大的施展空间。

对于上海合作组织，中国的态度是非常积极的，致力于推动该组织不断向前发展。与中国参加的其他地区安全合作框架相比，上海合作组织最为制度化，作为主要成员国的中国也确实致力于将该组织建成一个高度机制化的安全合作组织。中国在这方面突出的表现就是积极主张在北京设立秘书处，并就具体安全问题采取联合行动（如历次

---

① 陈显泗主编、宋德星副主编：《和谐东亚：东亚安全的必由之路》，北京：时事出版社，2008 年版，第 95—97 页。

联合反恐军事演习等）。此外，上海合作组织还在塔什干专门成立了地区反恐机构以加强安全合作。在对待上海合作组织的问题上，中国是十分主动、积极地予以实质性支持的。“积极的多边主义更加增进了人们对一个更加负责任的中国的认知，同时也削弱了‘中国威胁论’论调的影响力。”①

总而言之，在亚太地区多边安全合作模式的构想上，中国希望塑造多渠道、灵活的合作框架，有效维护自身利益和地区的和平稳定。

四、俄罗斯对亚太多边安全合作模式的构想

“俄罗斯建立地区安全合作机制的构想是与其力图恢复大国地位、重塑俄罗斯形象的国际战略密切相关的。”② 由于地缘政治原因，俄罗斯的多边安全合作构想主要集中于东北亚地区。“普京政府已清楚地认识到，只有加强俄罗斯在东北亚的影响，才能发挥俄罗斯欧亚大国的独特作用，为俄罗斯国际政治地位的提升和经济的发展开辟新路。”③ 俄罗斯支持东北亚安全合作机制；强调自身的平等参与权利，同时并不反对美国参与；希望成为这一机制的规则制订者之一，而不是像在欧洲那样只是参与国；在建立多边安全机制时机未成熟之时以发展双边关系为主；可以通过发挥好现有六方会谈机制，并在此基础上扩大以及经济一体化进程提高地区合作水平来推动东北亚安全机制的形成。④

① ［美］金骏远：《中国大战略与国家安全》，北京：社会科学文献出版社，2008年版，第140页。

② 阎学通、金德湘主编：《东亚合作与安全》，第428页。

③ 陈显泗主编、宋德星副主编：《和谐东亚：东亚安全的必由之路》，北京：时事出版社，2008年版，第375页。

④ 中国现代国际关系研究院：《东北亚地区安全政策及安全合作构想》，北京：时事出版社，2006年版，第242页。

俄罗斯的多边安全合作构想来自于它对地区威胁的安全感知。在俄罗斯看来，地区内安全威胁主要来自以下紧密联系的两个方面：地区核问题与地区内主要战略竞争对手。虽然六方会谈取得了阶段性成功，东北亚地区安全合作有了长足发展，但这种对话机制能否、需要多久能够转化为稳定的区域安全合作都还存在疑问。而这又是因为俄罗斯与地区主要战略竞争对手在双边层次上还留有大量的未解决的冲突与分歧。俄罗斯面对的客观局面是：一方面，美国仍将保持其霸权；而另一方面，中国将在经济、政治和军事上全面崛起。对于俄罗斯来说，地区的主要战略竞争对手依然是美国；但与在欧洲不同，俄罗斯在亚太地区与美国没有直接的冲突点，朝核问题始终在各方控制之下，朝鲜半岛保持着较为稳定的态势而不至于重现冷战时期犬牙交错的地缘战略对抗。而对于中国，俄罗斯方面认为可以通过区域合作来适应和消解中国崛起过程中产生的巨大能量，而且中国的崛起可以对美国的霸权造成一定冲击。中国东北和俄罗斯的远东地区之间还存在着非常巨大的合作潜力。不过，尽管存在上述发展双边关系的可能性，俄罗斯还是希望反过来先从多边合作方向寻找突破口，形成全方位的集体安全系统，然后再从双边角度推进。

五、东盟对亚太多边安全合作模式的构想

在亚太多边安全合作的发展特别是机制建设的过程中，东盟发挥了极其重要的作用。这一点是有目共睹的。在基本的安全合作模式上，东盟试图探索出一条有亚洲特色、适应于亚洲特殊情况的、不同于西方传统与理念的新路径。

总的来看，东盟的多边安全合作构想是广而不深、以小制大的战略。具体而言，东盟在亚太多边安全合作上坚持以下几项原则：独立

自主和不结盟；相互平等和相互信任；综合安全。[①] 由于历史上的遭遇和现实中强权国家的存在，亚洲各国的主权意识普遍都十分强烈。因此，作为东南亚中小国家联合体的东盟在多边安全合作上维持较低的一体化水平。多边安全合作机制的存在本身即是各方信任和共识增加的结果，而这种机制反过来也有助于亚太国家彼此间更好地建立信任，从而形成良性循环。东盟的综合安全观认为多边安全机制所涉及的安全范围应大于军事安全，政治、经济、社会和其他问题也应当在议题范围之内，保持社会经济的持续发展以及政治稳定是应对地区安全威胁的最佳手段。

多边安全合作机制的存在有助于利用大国间的相互制衡和在多边框架中受到的制约，防范大国对地区安全产生的潜在威胁；另一方面，这种多边安全合作结构又使大国必须承担一定程度上的维护地区安全的义务。因为虽然东盟框架下的各种声明、宣言、协议等等都是非强制性的，但为了维持现有合作的继续存在，参与国仍然需要履行一些义务以示其诚意。对于东盟而言，通过建立多边安全合作机制，可以减弱中国这个上升力量所造成的结构变迁的影响，引导其融入地区和国际秩序；并让美国这个对于维持亚太战略均衡不可缺少的力量继续保持在地区内的存在而又不过分发挥其力量。

在宏观设想上，东盟希望通过以它主导的各种多边安全合作框架将东盟原则和规范扩展到整个亚太地区并进一步深化和发挥影响，从而继续保持现阶段东盟在亚太多边安全合作中的主导地位，引导亚太地区多边安全合作朝着其设定的方向发展。今天，在亚太多边安全合作进程中主要采用的仍是东盟所习惯的对话和协商方式，遵循主权原则和不干涉内政原则等。这说明东盟的主要构想是与亚太地区的复杂现实相适应的，是被地区内各个国家认可的。以

① 阎学通、金德湘主编：《东亚合作与安全》，第429—430页。

小制大的战略由于大国间的相互制衡与小国安排设计的合理性而成为现实。可以预见，东盟在亚太地区多边安全合作的发展中将进一步提升其影响力。

第三节　可能的前景

在上一节的讨论中，我们可以发现，各方构想从总体和表面上看是有根本一致性的，即支持亚太地区多边安全合作的继续发展。不过，在这种宏观一致之下是各方希望通过多边安全合作的形式来达到各自战略目标的分歧。当然，这种一致与分歧的对立统一本身就是与“合作”的概念相合的。“国际合作并不是各国利益一致的产物，它甚至不要求各国的共同利益压倒利益纷争。”① 由于亚太各方都希望保持各自的战略灵活性，因而都没有将现有多边安全合作进一步升级的意愿。在这种博弈之下，当前亚太地区的多边安全合作局面既有积极因素和有利条件，同时也存在着亟待解决的问题，前景充满变数。不过，自20世纪90年代中期以来，当初许多悲观的预测并没有成为现实，亚太地区“仍然是世界上较为稳定与和平的地区，享受着举世瞩目的经济繁荣”。② 亚太地区的多边安全合作框架在相当长的时间里将保持基本稳定，即虽然进一步机制化的可能性不大，但也不会发生大的倒退。最终结果就是我们可以期待一个和平、稳定的亚太地区安全局势。

① 朱文莉：《国际政治经济学》，北京大学出版社，2004年版，第242页。

② 陈寒溪、孙学峰：“东亚安全合作的现实与前景—观点的分歧及其分析”，载《世界经济与政治》2008年第3期，第49页。

一、美国因素

美国作为当今世界唯一的超级大国，又身处亚太地区内部，战略利益遍布整个地区，是对亚太多边安全合作影响最大的单位要素。概而论之，美国既以其构建的双边同盟体系制约着亚太地区各类多边安全合作机制的发展作为维持其独立行动的条件，同时又积极地参与多边安全合作以控制地区趋势的发展和稳定。这是亚太地区多边安全合作将保持基本稳定的一个重要原因。

亚太地区多边安全合作对于美国而言可谓一块美味的“鸡肋”。一方面，在许多情况下，美国对多边安全合作都表现出不屑一顾的态度，尤其是那些在安全问题领域长期占据主导地位的美国鹰派保守势力；另一方面，美国也从未完全放弃或反对过多边安全合作。美国对待多边安全合作的态度之所以会有这种自相矛盾的特点，一方面与其长期以来在国家大战略上的理想主义与现实主义之争①直接相关，另一方面也是由于美国在亚太地区有实无名的主导地位。实际上，美国人在安全问题上更相信现实的单边主义。“单边主义并不仅仅是反恐时代美国在对外战略上的偶合之作和权宜之计，而是有着深厚的思想传统、悠远的历史渊源以及强大的物质实力作为支撑。”② 而作为有实无名的亚太地区的领导者，美国单纯依靠双边同盟体系维护自身安全战略利益的成本很高，多边安全合作是非常必要的补充，而这种补充随着美国综合国力的相对下降而显得更加重要。今天，在恐怖主义、金融危机等各种全球性问题面前，美国都首当其冲，这就意味着

---

① 刘胜湘：“全球化与美国的理想主义与现实主义”，载《世界经济与政治》2002年第8期。

② 王联合：“美国单边主义：传统、历史与现实的透视“，载《国际观察》2006年第5期，第54页。

美国比以往更需要以软力量促成他国的自愿合作。单纯依靠同盟体系来维持地区稳定，不仅代价高昂，而且比较危险，因为这有可能引发新的大国对抗。完全以同盟关系为支点不仅影响美国政策的灵活性，对其减轻在亚太的军事义务和负担也是非常不利的。当然，这并不意味着美国会完全放弃作为其安全战略核心的双边同盟体系，乃至撤出其军事力量。因此，从美国的角度出发，从它对地区安全局势的巨大影响力来看，未来亚太地区的多边安全合作将基本保持在现有的机制化水平上，进一步提升的可能性存在，而下降的可能性则极小。

二、亚太地区复杂的大国关系

"对于任何地区来说，地区安全实际上最主要的是大国关系的稳定。"[①] 在亚太地区，冷战时期的美苏中大三角被冷战后的美、日、中、俄、东盟等多重关系取代，美苏、中苏的明显对抗则被冷战后多个力量中心之间微妙的竞争合作关系取代。大国对峙局面的消失在某种意义上有利于亚太地区的和平与稳定，但正如米尔斯海默所说的，我们也许会怀念冷战式二元对立格局的那种紧张的稳定性[②]。阵营划分的弱化以及力量中心的增多使国家间的互动关系大大地复杂化。由于缺乏明确的共同敌人，一国的安全政策不再只针对某一个主要对手，而是要同时针对多个潜在对手。这无疑增加了各国的安全与经济负担。这自然也是多边安全合作成为亚太地区各国共识的重要原因之一。然而，合作的确定性无法完全抵消实际安全结构的不确定性，所以亚太多边安全合作的水平始终是有限的。

---

① 于迎丽："东亚安全：模式的困境与出路"，载《上海市社会科学界第六届学术年会文集（2008 年度）》，第 208 页。

② John J. Mearsheimer, "Why We Will Soon Miss the Cold War?" in *Atlantic Monthly*, August 1990.

我们来具体分析亚太地区的安全结构与国家间关系。由于方方面面的原因，亚太地区的大国之间在政治上缺乏相互信任，安全关系总体上比较脆弱，处在一种“半稳定”状态。在中、美、日、俄四个大国当中，既有传统军事同盟关系，又有战略伙伴关系，也有非敌非友的竞争关系。在这中间，高速发展的中国无疑是力量结构变化的最主要变量。中国的异军突起与美国形成结构性战略利益冲突，在贸易逆差、人民币升值、台湾问题等具体问题上也存在着巨大分歧甚至对立；但是在很多问题上，双方又有着许多利益交汇点，比如反恐、防核扩散等，尤其是现在的金融危机，美国非常需要中国的合作；反过来在包括台湾问题在内的地区安全问题上，中国也需要美国的配合。中美之间竞争与合作的关系将长期共存。中日关系中的矛盾十分突出，在历史问题、领土问题、海洋资源、安全问题上不排除发生冲突的可能性。在日本，“中国威胁论”始终有较强影响，日本借此加强美日同盟来遏制中国。当然，中日双方在经济等领域的联系又十分密切，合作交往频繁。中国与俄罗斯结成了战略伙伴关系，并且在上海合作组织中开展了广泛的安全合作。不过，在边境、能源等问题上，两国也仍然存有一些嫌隙。美国与日本是传统的同盟关系，双边安全关系十分稳定，尽管日本一直谋求摆脱美国的控制，但双方彼此都非常重视这种稳固的同盟关系，并以之作为其地区安全战略的核心。美俄之间的传统竞争关系近年来有愈演愈烈之势，虽然双方在亚太地区没有直接的冲突点，但形势并不明朗。日俄之间只是在领土问题上有一些小的纠纷，双方关系更多地同中美与它们的关系联系在一起。除了美日、中俄关系外，其余各大国之间都没有建立起稳固的政治信任和双边安全合作关系。这种局面导致了地区安全结构的不确定性和无序性，使得亚太地区难以形成完善的多边安全合作结构。

三、东盟的巨大作用

由于前面提到的亚太地区政治的复杂性和大国关系的不稳定性，亚太地区多边安全合作的进程出现结构性领导权的缺失，这既使中小国家夹在中间感到为难，同时也为它们创造了发挥自身作用的机会。东盟在这种情况下脱颖而出，充当了倡导型的领导者角色。东盟主导的多边安全合作与对话框架在这样的背景下应运而生。可以说，今天亚太地区多边安全合作就是以东盟为主轴而进行的。东盟发起成立的东盟地区论坛是目前亚太地区唯一涉及整个地区的多边安全对话机制；以东盟地区论坛为代表的亚太模式贯穿了为各国所接受的合作安全思想，并发展为亚太地区多边安全合作的主要行为规范和原则。在未来很长一段时间里，亚太地区这种小国领导大国的安全合作模式将保持其巨大的生命力和存在的必要性。

东盟作为中小国家联盟之所以能够主导地区多边安全合作，是由于它利用了上文所述的大国关系的复杂性与不确定性，以此为基础采取了大国平衡的战略。在这种战略的指导下，东盟通过其主导的各种多边安全合作平衡各大国的利益差异，并使之相互牵制。在这个过程中，各主要力量意识到，在亚太地区的复杂力量结构中，如果把作为重要政治平衡力量的这些中小国家排除在外，它们中的任何一个都难以发挥真正的作用，从而接受了东盟设定的基本框架，这进一步确立了东盟的重要地位，为东盟参与地区事务并发挥重要影响奠定了坚实的基础。

具体来讲，东盟对亚太地区多边安全合作产生了以下几方面的重要影响：首先是对亚太多边安全合作基本准则的影响，即推广了独立平等、不干涉内政、协商一致、非强制等保持各方舒适度的原则。东盟在《东南亚友好合作条约》第一章第二条宣称，“在处理国与国之间的关系时，缔约国将遵循以下基本原则：(a) 各国相互尊重彼此的独立、主权、平等、领土完整和民族特性；(b) 每个国家都有维护其民族生存，反对外来干涉、颠覆和强制的权力；(c) 互不干涉内政；(d) 用和平方式解决分歧和争端；(e) 不以武力相威胁或使用武力；(f) 在缔约国间进行有效的合作。”① “阿查亚将东盟处理成员国之间关系的一系列基本原则和规范概括为‘东盟模式’(ASEAN Way)，其中最主要的两个原则是非正式性和协商一致。”② 如今，上述原则得到亚太各国的普遍承认。其次是对具体运作方式的影响，即采取对话的方式开展安全合作，如前文提到的东盟与澳大利亚、日本、新西兰、联合国开发计划署、美国、欧共体、加拿大、韩国、印度、中国、俄罗斯各方建立的一系列双边委员会以及在此基础上形成的对话制度，如“10+10”(东盟与全体对话国会议)、“10+1”(东盟与单一对话国会议)、“10+3”(东盟与中、日、韩非正式会议) 等等；最重要的就是在“东盟外长扩大会议”基础上形成的“东盟地区论坛”。它的建立和成功运作在一定程度上增进了成员国之间的理解和互信，为亚太地区多边安全合作的继续深入奠定了基础。东盟地区论坛通过规范的社会化和认同的培养，影响国家的对外政策，有利于建构一个地区多元安全共同体。在东盟的影响下，亚太地区以“对话”的形式进行安全合作已成为主流，各种多边安全对话层出不穷。另外，东盟还具体地提出通过建立信任措施、开展预防性外交和建立解决冲突机制三个步骤来防止冲突，维护地区安全。目前，在建立信任措施方面，东盟的主要举措有：(1) 加强现有的安全合作；(2) 扩

① 全国人民代表大会常务委员会：“关于加入《东南亚友好合作条约》及其两个修改议定书的决定”，载《全国人民代表大会常务委员会公报》2003年4月，第402—403页。

② 门洪华：“中国崛起与东亚安全秩序的变革”，载《国际观察》2008年第2期，第21页。

大现有的安全合作；(3) 各成员国提高其军事透明度；(4) 巩固与发展各类安全对话体制；(5) 加强情报交流，互相邀请参观军事演习；(6) 条件成熟时，建立“东盟维和中心”、“东盟救援部队”、“东盟海上安全行动队”来保卫和管理本地区的安全。[①] 而开展预防性外交仍然主要是在第二轨道进行，主要手段包括：谈判、咨询、斡旋、和解。[②] 最后，东盟倡导的“第二轨道”外交成为弥补“第一轨道”功能性缺失的有效途径。由于“第一轨道”在不干涉内政、协商一致等原则的指导下避免谈及敏感问题，“第二轨道”外交被广泛引入以作为辅助机制，通过先期的学术探讨并初步取得一致意见后再将议题放到“第一轨道”框架中讨论，从而为解决实质性问题开拓渠道。显然，“东盟方式”采取的是一种有意回避矛盾、预防冲突的方式来小心翼翼地培养各方在安全领域的共同利益，而不是寻求作为一种有效的解决冲突或争端的机制。不可否认的是，在当前和将来一段时期内，这种灵活柔软的方式仍然是适合亚太地区现实的多边安全合作的最佳模式。

综上所述，东盟倡导的安全合作理念与实践符合亚太地区当前的复杂现实；在较长时期内，亚太地区现有的东盟主导、大国配合的多边安全合作模式将继续占据重要地位。当然，这种模式不可能消除美国双边同盟体系的影响，事实上，它们保持着一定程度上并行不悖的关系。这种二元结构将成为亚太地区安全形势的长久特征。

---

① 韦健锋：“东盟建立信任机制对地区安全的影响”，载《东南亚》2003 年第 4 期，第 34 页。

② 莫金莲：《亚太区域合作研究》，湖南人民出版社，2007 年版，第 167 页。

第八章

亚太地区多边安全合作发展的途径探讨

尽管各主要力量有着各自不同的构想，但多边安全合作已经成为亚太地区各国的基本共识。各国都支持以多边安全合作的形式维护地区和平与稳定。在上一章的最后一节，我们主要从现实的角度出发，得出在未来的一段时间或较长时期内，亚太地区多边安全合作的前景可能不会发生质的变化这一结论。但是，这并不意味着我们不需要考虑未来的发展方向。我们不能始终停留在现实从而失去向前发展的动力。重大的历史转折都是在前期酝酿的基础上发生的，你“变”我“革”的积累就有可能衍生真正的“变革”。事实上，各国政府和各界人士已经在探讨或实践各种促进亚太地区多边安全合作发展的途径。本章将重点讨论三种途径，即主要战略力量的调整、区域一体化以及多边安全机制。

第一节　主要战略力量的调整

亚太地区政治结构的复杂性和不稳定性以及区域内众多大国的存在，使得亚太多边安全合作的发展在很大程度上取决于各主要战略力量的调整及相应的结构变化。这是国际政治中单位要素塑造高级结构的典型案例。下面我们来分析美、日、中、俄及东盟的战略调整对于推进亚太地区多边安全合作可能产生的作用和影响。

一、美国

美国在亚太地区安全合作进程中，“尽管参加了亚太地区的大部分多边安全对话，但总体上，美国采取以双边同盟为主、多边安全对话为辅的政策”。[①] 但这种“主辅”关系在未来仍将是绝对的吗？这一点值得怀疑。在大变革的时代，我们的重点也许并不应该是分析哪边为主、哪边为辅，而应当是研究发展的大趋势所在。总体上看，冷战后美国在亚太地区对多边安全合作的需求越来越大，因为单边军事力量和双边安全同盟越来越不能有效地解决该地区内出现的越来越多的各种不确定性问题。安全目标的日益多元化和不断出现的新威胁使美国必须相应地调整其战略目标。对于美国而言，反恐、朝核危机、大规模杀伤性武器的扩散等全球和地区性安全问题，需要相关国家进行合作才能得到较好的解决。因此，美国积极参与和创设多边安全合作框架，以借助其他国家的力量来共同应对安全威胁，并整合大国关

① 孙茹：“亚太多边安全合作与中美关系：制度的视角”，载中国现代国际关系研究院美国研究所：《中美战略关系新论》，北京：时事出版社，2005年版，第196页。

系。"9·11"事件发生之后，美国利用东盟地区论坛和亚太经合组织等多边制度为其全球反恐战略服务；美国坚持通过六方会谈来解决朝鲜核问题以促使东北亚地区各国同它一起承担朝核问题的责任与风险，并通过六方会谈向朝鲜施加多边压力或者提供多边保障。"东亚地区是美国推行转型外交的重点，美国东亚接触政策的内容，主要是要求东亚地区各国承担更大的国际责任，通过与美国加强合作来弥补美国在东亚地区绝对力量的不足。"① 美国新的国家安全战略对中国综合国力的迅速上升给予了高度关注。美国曾经把中国定位为亚太地区的"竞争者"和"潜在的反对者"。但"9·11"事件之后，美国对中国的看法明显改观。中国在反恐事务中的合作态度，在朝核问题六方会谈中的协调作用，在金融危机中负责任的政策和做法都使美国切实地认识到中国的合作对于美国维护其战略利益的巨大作用。虽然美国对于中国崛起将可能带来的力量结构变化始终没有消除防范心理并通过拓展战略联盟的方式予以戒备，但在上述诸多领域中的合作态势表明了中美之间有进一步提升战略关系的可能。

当前，多边主义在美国的战略制订中占据了更为重要的地位。针对全球热点地区和问题，奥巴马上台以来的美国政府已经做出了一系列举动。国务卿希拉里·克林顿在2009年2月"亚洲之旅"的许多讲话中，也表达了美国单纯依靠自身力量无法解决诸多全球性和地区性问题，需要其他伙伴协助的意思。奥巴马政府对外政策的总目标是："重振美国因单边主义、伊拉克战争、虐囚丑闻等受损的道义形象和领导地位。"② 在这一目标的指导下，美国势必将更加强调多边主义、实用主义，综合利用美国的硬实力和软实力。在金融危机、世界局势更加错综复杂以及国内问题日益严重的大背景下，美国政府支

---

① 陈显泗主编、宋德星副主编：《和谐东亚：东亚安全的必由之路》，北京：时事出版社，2008年版，第372页。

② 李学江："奥巴马谋划务实外交"，《人民日报》，2009年1月20日，第3版。

撑其扩张性全球战略的能力日渐不足，减少其全球战略成本的压力加大。在这种情况下，“美国在亚太地区的安全介入方式将从以单边和双边为主转变为单边、双边和多边并重或以多边为主，美国的单极领导地位将难以维持，从而不得不降低为亚太地区的合作伙伴之一”。①

二、日本

冷战结束后，日本的战略调整基本上是连贯的，其核心目标就是成为“普通国家”，谋求政治大国地位和在亚太地区的主导权，恢复其国际责任感与国际影响力。“普通国家”作为一个特定意义上的用语，是日本政治家小泽一郎 1993 年在综合论述其国家战略思想的《日本改造计划》一书中率先使用的，其基本内涵是：主张日本在国际上发挥军事作用；主张改编自卫队，使其在日本积极参加构筑世界新秩序和在保障本国安全中作为核心力量发挥作用；使自卫队能够参加海外维和行动；鉴于周边国家对日本军事化倾向的警惕，重视发展与美国的关系；认为应随形势变化而修改宪法；主张打破现状，实行政治改革，确立两党制，为“普通国家”战略实施提供体制基础。②进入 21 世纪后，走“普通国家”化道路、争当世界政治军事大国的总体国家战略进一步确立。

在这个战略调整的方向上，日本的核心表现就是要求安全防卫这一“普通国家”基本功能的恢复和强化。为了实现其“普通国家”的“国家定位”，日本正在按照新的原则和步骤急速推动着安全防卫领域的调整和变革。日本要求增强其防卫自主性，逐步提高独立防备能

---

① 余建军：《冷战后美国在亚太地区的多边安全行为研究》，上海社会科学院出版社，2009 年版，第 247 页。

② 陈显泗主编、宋德星副主编：《和谐东亚：东亚安全的必由之路》，北京：时事出版社，2008 年版，第 109—111 页。

力。为此，日本提出修改宪法，希望通过修宪为其发展军事武装力量并向海外派军寻求合法性，消除走向“普通国家”中的最大障碍。相应地，防卫基本方针也要随之变革。事实上，日本早已在多个方面突破了二战后确定的“专守防卫”方针：日本自卫队尤其是海空自卫队早已成为一支装备精良、实力雄厚的武装力量；日本以“为国际安全做贡献”和协助美国全球军事行动为名变相实施“海外派兵”，行使“集体自卫权”；通过各项立法确立了完整的战争应急法制体系。① 日本在发展独立军事能力的道路上越走越远。

当然，日本不可能抛弃美日同盟，仍然以其作为安全政策的核心。对于日本而言，安全防卫领域有三个层次，即独立防卫、美日同盟以及多边安全合作。一般认为，独立防卫是日本的长远目标，多边安全合作是其扩大国际影响力的手段，而美日同盟则是现阶段日本安全保障的核心。美日同盟对于日本而言的重要意义在于，在当前的亚太地区形势下，日本仍然需要依靠美国力量以最大程度地在日本还没有合法独立军事能力的时期维护其国家安全并压制中国可能造成的威胁。美日同盟可以在维持安全效用的同时降低日本的战略成本，并减轻自身的外部压力，消除其他亚洲国家的戒心，从而在亚太地区占据有利于其进一步发挥国际作用的地位。更重要的是，日本在发展自身防卫力量与加强日美同盟这两者之间找到了契合点。日本“正在谋求借助美军变革及其全球调整、驻日美军整编之机积极调整其自身安全战略的意图”。② 日本希望在强化美日同盟、增强其对周边邻国遏制能力的过程中推进其政治大国战略，加速向军事大国迈进的步伐，提升日本在日美同盟中的军事地位与作用，进而提高其国际影响力和在

① 吴怀中：“新世纪日本安全政策的调整”，载《亚非纵横》2007 年第 5 期，第 15 页。

② 吴怀中：“新世纪日本安全政策的调整”，载《亚非纵横》2007 年第 5 期，第 15 页。

亚太地区的地位。

与此同时，日本对“软力量”的作用也十分重视。2002年初，小泉纯一郎在新加坡发表演讲，呼吁建立“共同进步的东亚共同体”①。日本的“东亚共同体战略”以经贸和功能建设为优先考虑，在建设原则上认同共同利益原则，将东亚共同体目标理念设定为以“自由、民主、人权”等普遍价值为基础实现东亚地区的“和平、繁荣、进步”。不过，日本在提出这一“东亚共同体”的设想之后并未在政治实践上做出太多努力，只是近几年以来，面对内外因素的变动尤其是中国推动东亚合作的积极姿态，作为较早提出东亚共同体理念的日本才产生了危机感，推动共同体建设的态度日渐积极。总体上看，日本希望通过自身的主动参与主导东亚合作进程，以日美同盟和其经济优势为依托制约中国的国际影响，扩大日本自身在多边合作机制化过程中的发言权，形成日本在地区格局中的主导地位。但无论如何，日本的这种战略调整指向了多边合作的形式，在事实上有利于推动亚太地区多边安全合作。而且，在美日同盟的框架下，美国自身多边主义的战略调整也势必会进一步推动日本在多边安全合作中的积极态度。发展自身在多边安全合作中的作用既可以扩展日本发展实际军事力量的渠道并提高其军事大国化的合法性，又可以与美国保持步调一致并借助美国力量平衡地区内其他大国，同时还能够扩大自身的国际影响力，可谓“一石三鸟”。在这里，我们可以看到，独立防卫、美日同盟以及多边安全合作这三个安全防卫层次最终在多边安全合作上汇集到一起，形成日本战略调整对发展亚太多边安全合作的共同推动力。

① 吴怀中：“日本‘东亚共同体’战略解析——以‘东亚共同体评议会’报告为中心”，载《日本学刊》2006年第3期，第65页。

三、中国

面对错综复杂的国际形势和盘根错节的国内问题，中国如何调整自身大战略以把握住20年战略机遇期的后10年是目前最紧迫的头等大事。用发展的眼光来看，无论是从维护自身国家利益出发，还是从维护世界和平稳定与发展的国际义务出发，中国都有必要而且有责任成为全球性大国，在国际事务中发挥更为重要的作用，同时更为有效地维护自身的国家利益。这些都必然要求中国要更加“有所作为”。从核心战略目标上看，维护周边与地区的和平稳定以保障经济发展，无疑仍将是中国外交战略的重中之重。但在今天中国的战略利益范围在广度和深度上都已经大大扩展的情况下，单纯地“韬光养晦”、消极应对各种危机和突发事件是不能有效地保证这个核心战略目标的实现的。中国必须调整总体外交思路，进一步提高分析国际与地区形势的能力，在做出正确判断的基础上在适当的问题上采取适度的主动外交行为，提升对外部形势发展的控制能力。中国需要在这个过程中不断学习如何“有所作为”、在什么事情上“有所作为”，为成为全球性大国奠定思想与实践的基础。事实上，中国目前实际采取的战略调整即已表现出这种态势。

从参与东盟地区论坛到协调六方会谈，再到主导上海合作组织，中国在地区事务上的态度向着更为积极主动的方向不断发展。中国在中非论坛、G20峰会、各个国际组织，以及当下全球金融危机中的表现也反映了中国对全球事务的关心程度日益上升。中国虽然是联合国安理会五个常任理事国之一，是世界上最大的发展中国家，在国际社会中占据着不可忽视的重要地位，但长期以来中国都没有充分利用其手中的权力，在许多重大国际事务上都看不到中国的身影。最明显的例子就是中国鲜有在安理会行使否决权的情况。中国认为自己虽然自改革开放以来实现了长期的高速度发展，综合国力和国际地位也大为提升，但与发达国家之间仍有巨大差距，硬软力量都不足以支撑更为积极的外交战略，仍需以“韬光养晦”为主，将主要精力集中在国内经济发展上，潜心经营周边区域的安全合作与经济合作。不可否认的是，这种策略降低了中国履行各种国际义务的成本，避免了卷入各种冲突的可能性，取得了相当显著的成效。但是我们不要忘记，邓小平在提出“韬光养晦”的同时紧接着就提出了“有所作为”。“韬光养晦”并不是目的而只是手段，是为“有所作为”准备必要的物质精神基础的条件。而且，中国目前确实已经具备了“有所作为”的基本条件。[①] 更为重要的是，我们应当灵活地理解“有所作为”。在当前的国际形势下，“有所作为”的方式显然不应以硬实力作用为主，而应强调软实力的提升与发挥影响。现在世界各主要大国的外交战略都以此为基本方向。值得欣慰的是，我们可以发现，当前中国在“有所作为”的道路与方式选择上的一个明显特点就是更为频繁而主动地通过多边合作参与地区和国际事务。中国长期以来保持的正面国际形象有助于中国在国际合作中占据有利的制高点和号召性的主导地位，最终为成为实质性的全球大国奠定基础。

四、俄罗斯

进入 21 世纪以来，俄罗斯的战略调整是以全面复兴俄罗斯的大国地位为出发点的。在外部关系上，俄罗斯复兴与崛起的最大障碍可以说就是美国。俄罗斯与美国作为世界上仅有的两个全球性地缘大国，其关系呈现出一种时空二元性，即在同一时间上的不同地区以及

① 叶自成：“中国实行大国外交战略势在必行——关于中国外交战略的几点思考”，金灿荣主编：《中国学者看世界》（大国战略卷），香港：和平图书有限公司，2006 年版，第 166 页。

同一地区在不同时间上并不完全一致的特点。“9·11”事件后，俄罗斯对美国的外交政策进行了比较大的调整，俄美关系升温。普京曾在“9·11”恐怖袭击后给布什打电话说：“美国人，我们和你们在一起！(Americans, we are with you!)”① 俄罗斯通过在反恐上对美国予以支持、在导弹防御和北约东扩等问题上软化立场等向美国示好。然而，美国让俄罗斯失望了，俄罗斯“一直没有从美国那里收到任何实质性的‘交换品’”②。北约东扩的步步紧逼使俄美关系回到对峙的“常态”，最终在2008年的格俄冲突中陷入急剧紧张的状况。但这只是在欧洲地区；在亚太地区，俄美已经不存在直接的地缘政治冲突，俄罗斯在亚太地区并不像在今天的欧洲或冷战时期那样面对正面、多重的安全威胁。

相应地，俄日关系也基本保持稳定，尽管双方在领土问题上还有一些争端。俄罗斯非常重视日本凭借其经济、金融和技术实力而在远东地区占据的重要地位。俄罗斯认为日本改变其国际政治地位的努力既是远东地区国际合作的机会，同时也不可避免地将带来挑战。日本为遏制中国的崛起将有意愿与俄罗斯加强关系，同时日本自身力量的发挥又会对俄罗斯产生新的潜在威胁。

中国被俄罗斯视为其复兴大业的战略伙伴。“由于对美国难以匹敌的超强实力的担忧，中俄并没有结成旧式的同盟关系，相反却结成最稳定的大国伙伴新关系。”③ 加强俄中关系、发展俄中战略合作伙伴关系是俄罗斯亚太安全战略中的重要内容。俄中两国在许多重大国际问题上有一致或相似的看法。为抗衡北约东扩的压力，俄中关系有

---

① Lilia Sohevtsova, *Putin's Russia*, The Brookings Institution Press, p. 205.

② 袁胜育等：《纵横捭阖——俄罗斯外交新战略》，重庆出版社，2007年版，第34页。

③ ［美］金骏远：《中国大战略与国家安全》，北京：社会科学文献出版社，2008年版，第140页。

重要的战略意义。这也是上海合作组织对于俄罗斯而言的重大意义所在。另外，俄罗斯认为中国可以成为限制和反对美国在这一地区称霸的重要因素。当然，俄罗斯与中国作为两个相互接壤的大国仍然存在着一些争端与潜在冲突，但这些问题都在双方的共同努力下向着良好的方向发展。

面对与周边大国争和两立、相利重于相抗的地区局势，俄罗斯前外交部长伊戈尔·伊万诺夫认为，“新俄罗斯外交应首先着眼于多边关系，只有多边外交，才能解决俄罗斯的防务安全问题。”[①] 俄罗斯加强了多边外交的力度，在多维度、多平台上与周边大国开展多边合作，密切相互间的战略联系和战略互信，为其大国复兴的道路拓展更为广阔的空间。

五、东盟

作为现有亚太地区多边安全合作的重要主导力量，东盟的战略调整将以此为基础，进一步加强大国平衡战略，维持自身的主导地位。总的说来，东盟各国仍然十分倚重美国，对美国在地区安全中的作用表示认可和支持，尤其是在制衡中国方面的威慑力量。因此，东盟希望继续借助美国军事力量维护自身安全以及各大国力量之间的平衡。而与此同时，东盟对美国的强权政治也始终抱有反感，反对美国对东盟贸易政策、国内民主、人权等方面的干涉。因此，东盟希望在借助美国制约其他大国的同时，加强现有多边安全合作中其他大国对美国的制衡作用。而这就需要亚太地区多边安全合作在保持东盟主导地位的前提下的进一步机制化以及东盟内部的进一步协调和一体化程度的

① 冯绍雷、相蓝欣主编：《转型中的俄罗斯对外战略》，上海人民出版社，2005 年版，第 93 页。

加强。东盟只有“用一个声音说话”才能真正提高自己的战略地位和谈判筹码。

另外，国内政局的长期动荡是困扰许多东盟国家的大问题。这个问题的解决既需要区域内相关国家的相互配合与支持，也需要其他亚太国家予以合作。因此，这个问题对于促进东盟与其他国家的外部合作以及东盟内部联系的进一步加强都有重要意义。最终，事态的发展都在向着有利于加强亚太地区多边安全合作的方向前进。

六、各主要战略力量调整方向的共性

在各个战略力量的调整中，我们可以发现一些共性。这些共性是各国共同推进多边安全合作的重要契合点：

第一，各国都以保持亚太地区的和平与稳定为目标。亚太地区经济繁荣的主要原因之一就是该地区保持了长期的和平与稳定。美国与亚太地区的经济联系极其密切，亚太地区的繁荣稳定是美国的重大国家利益所在。而在政治安全领域本身，亚太地区热点密布所带来的诸多不安定因素使美国对于维持地区安全与和平非常重视。日本作为各大国之中领土狭小、资源相对不足的海洋岛国，对安全的需求更为直接；而对于谋求政治大国地位的战略而言，地区的和平与稳定既是重要保障，也是日本寻求突破口的重要方向。中国始终强调周边安全与稳定的重要意义，其长期的高速经济增长与地区的和平与稳定密不可分。中国在地区安全问题上日益积极的态度，也反映了中国希望更主动地参与到维护地区和平的外交活动中，以保障良好的经济发展外部环境。俄罗斯正处在复兴其大国地位的关键时期，东北亚的不稳定是俄罗斯在亚太地区安全问题上关注的焦点。东盟国家的经济发展在很大程度上依赖于区域内贸易，这使其对于地区和平与稳定的要求很高；而东南亚各国政局的动荡使它们更加渴望外部安全局势的稳定。

在和平与稳定这一共同的基本诉求下，亚太地区各主要战略力量的多边安全合作获得了持久的推动。

第二，美、日、俄、东盟都对与中国的接触与合作非常重视，中国成为“公共协调者”。美国与中国的战略合作在各个领域不断加强，双方的良性互动大有打破既有霸权与崛起大国必然冲突的传统国际政治宿命的趋势。日本在谋求政治大国地位的过程中要求摆脱美国的控制，希望能够得到中国的承认与支持。俄罗斯可谓中国的“准盟友”，在地缘政治、经济方面与中国有广泛的共同利益，它希望借助中国来巩固和加强自己在亚太地区的战略地位。东盟希望加强同中国的对话与合作，把中国纳入自己主导的亚太多边机制中，从而在一定程度上约束、规范中国，降低中国发展对自身可能造成的冲击。

第三，各国对于巩固地区多边安全合作基本形成共识。虽然各自有不同的战略意图，但对于多边合作与对话的形式都表示支持。为了增加自己的发言权，各国都努力构建自己能够发挥主导作用的多边安全合作平台，其结果就是各种多边安全合作与对话在亚太地区不断涌现，形成复杂网络，这对于塑造多边合作的区域文化无疑是有巨大意义的。

综上所述，亚太地区各主要战略力量的调整均在向着有利于多边安全合作进一步深化与发展的方向逐步迈进。

第二节　区域一体化的发展与局限

在当前的国际形势下，一体化尤其是区域一体化无疑是国际关系发展的大势所趋。欧盟的成功给世人以巨大启示。“一体化从文字本身的含义来理解，是使分散的部分融合为一体，不仅是相互间联系的加深，而且同时更强调部分之间的共生。”① 安全是相对于他者产生的威胁而言的，如果有关方能够融为一体自然就实现了安全的目标。因此，区域一体化无疑是推动多边安全合作发展的重要途径。在这方面，亚太地区已经取得了一些阶段性成果，并且在一定程度上形成了继续向前发展的趋势；当然，亚太地区的区域一体化也存在着很多局限。下面，我们对亚太地区各主要区域一体化进程的发展和局限进行讨论。

一、亚太经济合作组织（APEC）与亚太自由贸易区（FTAAP）

APEC 成立于 1989 年，现有 21 个成员国。1993 年 6 月改名为亚太经济合作组织，简称亚太经合组织或 APEC。APEC 的宗旨是：保持经济的增长和发展；促进成员间经济的相互依存；加强开放的多边贸易体制；减少区域贸易和投资壁垒，维护本地区人民的共同利益。APEC 是当前亚太地区唯一旨在推动泛区域经济一体化的政府间机制。对于亚太地区和整个世界而言，它的发展都是至关重要的，它不仅关系到亚太地区经济发展与繁荣稳定，对世界经济发展的整体趋势和国际格局也有巨大影响。“APEC 的成立和发展不但有助于加强开放的多边贸易体制、增进了成员国的经济福利，而且，有助于维护和巩固转型时期的亚太安全。”②

从性质上看，APEC 还只是一个非约束性的论坛，并不是严格意义上的区域经济一体化组织。但是，它成立 20 年以来，在各成员的

---

① 杨洁勉等著：《大磨合：亚洲区域经济合作的趋势》，天津人民出版社，2007 年版，第 26 页。

② 喻常森：《亚太地区合作的理论与实践》，北京：中国社会科学出版社，2004 年版，第 71 页。

共同努力下，APEC 作为亚太地区最大的区域经济合作组织，为推动亚太区域经济一体化进程做出了许多贡献。首先，APEC 逐步形成了自成一体的独特区域经济合作运行方式，即非强制、灵活、渐进、协商一致，遵循“开放的地区主义”。这与东盟倡导的多边合作模式有异曲同工之妙，充分体现了并适应于亚太地区的多样性和复杂性，照顾了经济发展水平差异极大的各成员的各种情况。其次，APEC 制定了较为明确的目标和时间表，即 1994 年确立的茂物目标[①]。该目标要求，“成员国将在 2010—2020 年实现地区贸易投资自由化的目标，彻底消除贸易壁垒”。[②] 15 年来，APEC 的贸易投资自由化和便利化进程取得了引人注目的进展。APEC 各成员的市场更趋开放，“从总体来说，APEC 内的关税水平有了明显的下降”。[③] 非关税壁垒也逐步消除，服务贸易和投资环境大为改善。第三，APEC 提出了更为宏大的建立亚太自由贸易区（FTAAP）的设想，为亚太区域经济一体化的未来发展提出了新的战略构想。这一设想最早由 APEC 学者在 2003 年提出，并得到 APEC 工商界的支持。从 2004 年开始，历届 APEC 经济领导人会议都对 FTAAP 议题给予了关注，并指示有关部门对 FTAAP 模式的选择和前景进行深入的研究。尽管照目前形势来看，FTAAP 在短期内难以实现，但它为亚太区域经济一体化的未来发展提供了一个较为明确的方向和参照标准。

然而，APEC 巨大成就的背后也存在着诸多局限。最根本的局限在于，亚太地区各国在诸多方面的差异性使各个成员在本地区经济合

---

① 即 1994 年印尼茂物 APEC 峰会上提出的发达成员于 2010 年、发展中成员于 2020 年实现贸易投资自由化的目标。参见杨泽瑞：“茂物目标：前景还是幻景”，载《世界知识》，2005 年第 23 期，第 32—33 页。

② 喻常森等编著：《当代亚太国际关系与地区合作》，广州：中山大学出版社，2008 年版，第 3 页。

③ 张蕴岭、赵江林主编：《亚太区域合作的发展》，北京：世界知识出版社，2003 年版，第 7 页。

作的形式、内容、范围、重点、方向等各方面存在许多分歧，制约着亚太经济一体化的深入发展。相应地，“从本质上说，APEC 是一个论坛，是一个协商机制，它不具备采取共同实际行动的可能，而是通过协商，达成共识，各自采取行动”。[①] 而成员自主性的满足是以组织的低效为代价的。“亚太经合组织主要有三大目标，即：实现贸易投资自由化、贸易投资便利化和经济技术合作。”[②] 但经济技术合作的发展并没有取得与贸易投资自由化和便利化同等程度的水平，甚至是严重滞后的，打击了发展中国家成员的积极性，没有能够进一步加强 APEC 的向心力。当然，随着合作的不断深入，APEC 成员正逐步认识到，为了实现亚太地区经济的良性发展，必须以共同繁荣的原则为基础，将各个成员经济发展水平的多样性转变为互补性，努力缩小 APEC 各成员间的经济差距，APEC 的经济技术合作面貌在一定程度上将有所改观。另外，亚太地区众多的双边 FTAs（自由贸易协定）在推进各成员之间经济合作的同时，也以其排他性和高成本限制着亚太区域经济一体化的发展。据统计，亚太地区 2000 年以后正式签署的双边 FTAs 已接近 40 个，此外还有 30 余个双边 FTAs 已基本达成协议、正在谈判或处于协商和意向阶段。[③] 与多成员的区域自由贸易安排相比，双边 FTAs 可以使经济体从自身利益出发，灵活选择多个缔约伙伴国，合作范围更广更深入，高效促进双边全方位经济合作，在处理敏感议题时也更为灵活。但是，双边 FTAs 在基本精神上是与区域经济一体化相背离的。一体化意味着统一和规范，而双边协

---

① 张蕴岭、赵江林主编：《亚太区域合作的发展》，北京：世界知识出版社，2003 年版，第 17 页。

② 北京外国问题研究所编：《亚洲区域合作路线图》，北京：时事出版社，2006 年版，第 105 页。

③ 刘晨阳、宫占奎：“中国参与双边 FTAs 进程及其与 APEC 的政策协调”，载《亚太经济》2007 年第 2 期，第 17 页。

定则指向差异性与灵活性。数量众多的双边 FTAs 使亚太区域的贸易投资环境极度复杂化。此外，双边 FTAs 协议内容的分歧还可能导致亚太区域内出现相互对立、竞争的贸易集团，加剧区域内的贸易摩擦。这无疑会对亚太区域经济一体化带来巨大的消极影响。针对双边 FTAs 带来的问题，APEC 正在采取积极的措施予以规范，比如从 2003 年开始陆续出台了 FTAs 的“最佳范例”和“示范条款”①，以推动建立高质量、全面、透明和具有广泛一致性的 FTAs。最后，FTAAP 的进展也不尽如人意。虽然推动 APEC 逐步发展为 FTAAP，将为 FTAAP 的主要发起国美国带来诸多方面的潜在利益，但启动 FTAAP 谈判面临着很多困难。首先，美国国内政治、经济条件还很不成熟。一方面，仍有相当强大的政治势力将中国视为可能挑战美国霸权的潜在威胁，主张对中国采取遏制政策；另一方面，美国国内的贸易保护主义倾向始终十分严重，敏感行业的利益集团在国会中有巨大影响。其次，被视为 FTAAP 小范围试验的 FTAA 进展并不顺利，从而为美国启动 FTAAP 谈判蒙上了阴影。而 FTAA 之所以进展不顺利的原因主要在于成员国在经济发展实力和贸易政策上存在的巨大差异以及现有双边和次区域 FTAs 所造成的负面影响；而这种现状恰恰与整个亚太地区的情况非常类似。最后，除美国以外的 APEC 其他成员对 FTAAP 都持抵制或拖延的态度。美国不可能完全抛弃 APEC 而开启 FTAAP 谈判，必须得到 APEC 其他核心成员的支持；但面对这样一个宏大而前景不明的计划，大多数 APEC 核心成员都采取了比较谨慎而保守的态度。

无论如何，APEC 在亚太地区构建了一个覆盖地区最广、纳入成员最多、包容性最强的区域经济合作框架。而且，APEC 领导人每年

---

① 刘晨阳、宫占奎：“亚太区域经济一体化发展及其对 APEC 的影响”，载《亚太经济》2008 年第 5 期，第 11 页。

一次的会晤为各成员讨论亚太地区的重大事务提供了一个最高层次的交流平台。因此，APEC 有能力也有义务为亚太区域经济一体化做出更多的贡献。但鉴于政治、经济等方面各种客观因素所限，亚太区域经济一体化必将是一个相对漫长的过程。对亚太区域内不同层次、不同形式的经济一体化进程进行整合的各种设想，包括 FTAAP 在内，在短期内都难以实现。急功近利只会使亚太经济一体化陷入进退维谷的困境。

二、上海合作组织

上海合作组织在亚太区域一体化进程中占据着特殊地位，它的发展是由安全向经济的“反外溢”过程。2001 年 6 月，中国、俄罗斯、哈萨克斯坦、吉尔吉斯斯坦、塔吉克斯坦、乌兹别克斯坦 6 国元首在上海会晤，发表《上海合作组织成立宣言》，宣布在“上海五国”机制的基础上建立上海合作组织。[①] 其宗旨是加强睦邻友好与合作，维护地区安全稳定，促进地区和成员国的经济发展，推动建立公正合理的国际政治经济新秩序。

成立 8 年以来，上海合作组织取得了一系列合作成果。成员国在安全、经贸、文化、军事、司法等各领域各层次的合作相继展开，并不断得到加强。安全合作是上海合作组织的重点合作领域，打击恐怖主义、跨国犯罪、分裂主义和极端主义是其工作的核心，其合作主体大体可以分为防务（军队）、内务和司法三大部分。2001 年成立时，上海合作组织签署了《打击恐怖主义、分裂主义和极端主义上海公

① 外交部欧亚司编：《顺应时代潮流 弘扬“上海精神”——上海合作组织文献选编》，北京：世界知识出版社，2002 年版，第 87—97 页。

约》[①]。2004年6月，上海合作组织地区反恐怖机构在塔什干正式挂牌运作，标志着其安全合作的进一步机制化。2007年6月，上海合作组织在吉尔吉斯斯坦首都比什凯克签署了《上海合作组织成员国关于举行联合军事演习的协定》。近年来，非传统安全领域的合作越来越多，特别是反恐和打击跨国犯罪活动两项内容。在经贸合作方面，上海合作组织已经签署了《上海合作组织成员国多边经贸合作纲要》[②]和落实该纲要的措施计划，成立了质检、海关、电子商务、投资促进、交通运输、能源、电信7个专业工作组，负责研究和协调相关领域合作。经济合作的目的在于维护成员国的经济稳定与发展，提高相互间的经济依存，加强开放的多边贸易体制，减少区域贸易和投资壁垒以及消除贫困等。目前上海合作组织的主要经济合作内容有：扩大中亚国家的出海口，加强基础设施建设，扶贫，环境治理，帮助经济体制改革，自由贸易谈判，技术支持、贸易与投资，经济技术合作，能力建设等。

自2001年成立至今，上海合作组织迅速壮大，在维护地区和平与稳定、打击恐怖主义等方面做出了重大贡献，国际声望与日俱增。但与此同时，在不断变化着的世界和地区形势下，上海合作组织还需要进一步发展和完善，解决其发展进程中面临的诸多局限和问题。

经济合作和一体化进程的滞后是上海合作组织的一大软肋。上海合作组织的各成员国普遍认为，“只有解决好外部安全问题，才能解决好国内的社会稳定和经济发展问题。”[③] 因此，上海合作组织仍然

---

① 外交部欧亚司编：《顺应时代潮流 弘扬“上海精神”——上海合作组织文献选编》，北京：世界知识出版社，2002年版，第98—108页。

② 马振岗主编：《稳步向前的上海合作组织——专家学者纵论SCO》，北京：世界知识出版社，2006年版，第250—254页。

③ 郑雪平：《上海合作组织区域经济合作研究》，大连：东北财经大学出版社，2007年版，第19页。

以安全合作和反恐合作为中心，经济合作才刚刚起步，机制建设也还刚刚开始。经济利益是国家利益的基础和核心，如果这一多边机制不能有效拓展各成员国的经济利益，仅仅停留在军事互信和安全合作上，那么，它的发展势头将是乏力的。因此，各成员国应该致力于促使该组织的功能从军事互信、安全合作扩溢到以经济合作为中心的全面合作上来。为此，需要从以下几方面入手进一步加强经济合作：第一，建立区域经济合作形式，增强区域竞争力，使各成员国加强配合，相互促进，在区域竞争力增强的良好形势下，该组织和各成员国最终能受益匪浅。第二，将上海合作组织的对话机制扩大到经济合作领域。为此，一是要形成对内对外的全方位、多层次、宽领域的开放格局，与世界市场经济接轨运行；二是要实现对外经贸大融合，使国内国外宏观调控相衔接，形成中国参与东北亚与中亚市场竞争的整体合力；三是要扩大对外经贸规模，促进东北亚与中亚国际分工向深度与广度发展，逐步提升参与东北亚与中亚经贸合作的知识含量和现代化水平。

由于多种因素的制约，上海合作组织各成员国还没有形成普遍性的集体身份，只是在非常有限的领域内存在某些认同，向心力不强。其原因在于，各成员国之间在国情方面差异很大，关注点也各不相同，因而合作层次也不一样。因此，在目标不太一致的情况下，要在各成员国中产生认同并建构上海合作组织的集体身份，的确有相当大的困难。

对外关系问题是上海合作组织面临的另一个问题。“如何处理同中国、俄罗斯和美国等世界大国或地区的关系都是上合组织未来发展的关键。”① 上海合作组织已将与其他国家和国际组织进行对话与合

① ［塞尔维亚］德拉千那·米特洛维克：“上海合作组织：亚洲安全与经济合作的新架构”，载《国际论坛》2009 年 1 月，第 11 卷第 1 期，第 7 页。

作提上议事日程。对于该组织而言，最重要的两个对外关系是与美国的关系和与独联体集体安全条约组织的关系。前者是对该组织最具挑战性的关系，后者则涉及除中国和乌兹别克斯坦外的上海合作组织其他成员国，对该组织来说是最微妙的关系。美国在中亚的存在对上海合作组织的影响是该组织无法回避的。它与美国的关系在某种意义上是中、俄与美国的关系。中、俄都不希望美国在中亚保持长期军事存在，但这已是现实，在这一问题上制定明确的政策是十分必要和迫切的。独联体集体安全条约组织应该说与上海合作组织存在着“亲戚”关系，因为它们在成员组成上有相当大的一致性，而且它是由上海合作组织的主要成员俄罗斯所主导的。如果这两个组织的关系处理不好，将会导致严重的内部消耗和相互抵消。从长远看，这两个组织应该在政治层面上达成战略性的相互理解和合作，为两组织长期和谐相处和密切合作打下基础。

上海合作组织需要根据自身的特点寻求自己独特的发展模式。它不可能成为联盟，但也不应当只是一个论坛；上海合作组织有宪章、有行动纲领、有执行机制的组织，各成员国有相应的权利和义务。上海合作组织应当利用好已有的基础和高起点，进一步提升自己的机制化水平和一体化程度，稳步推进安全一体化进程，加速经济一体化。一体化的道路永远是漫长而曲折的，欧盟的经验充分说明了这一点。上海合作组织也应当学习欧盟的发展经验，在发展过程中去寻找进一步发展的立足点和方向，根据实际需要和可能去修正目标、改进手段。

三、东亚共同体

2001 年 10 月，东亚展望小组向“东盟＋中日韩”（10＋3）领导人会议提交报告，提出要建立东亚共同体，并将此作为东亚地区合作的最终目标。[1] 该报告强调，东亚安全是东亚各国关注的问题。东亚各国的共同目标是把东亚建成一个持久稳定的和平区域。第一，近几年东亚地区主要安全问题的有效缓和为东亚安全共同体建设奠定了现实基础。第二，中国的自我克制政策是东亚安全问题有效缓和的基本动力。第三，巩固和深化东亚安全共同体建设有赖于中国的自我克制政策得到相关国家的善意回应和制度保障。"地区经济一体化是东亚稳定和繁荣的基础，其溢出效应反过来加强了政治、安全、社会、文化等领域的地区合作，一些制度框架开始建立起来，东亚共同体理念被接受为地区合作的远景。"[2] 经过第九次"10＋3"领导人会议和首届东亚峰会，"东亚共同体已成为东亚各国的共同目标"。[3] 然而，东亚各方对东亚共同体的态度和立场有很大差异。同时，在实现东亚共同体的进程中，既有双边自由贸易的迅猛发展、APEC框架下相互依存的加深等强劲的推动力，也有诸多局限性因素（如中日不和、美国干扰等）阻碍着东亚共同体的发展。

目前，东亚地区虽然未能实现经济联合，但通过区域内贸易和投资的迅猛发展，东亚各国的经贸关系和相互依存关系日益紧密，"已经在实际上形成了实实在在的东亚经济圈"。[4] 以目前的发展情况来看，这个趋势还将继续下去。东亚自由贸易区的建立有望取得实质性突破。另外，APEC框架下的经济一体化进程推动了东亚各国实现贸易和投资自由化。每年一度的APEC领导人会议都在按照既定的目

---

① 孙学峰："东亚安全共同体的现实基础与未来出路"，载《世界经济与政治》2008年第10期，第18—19页。

② 门洪华："中国崛起与东亚安全秩序的变革"，载《国际观察》2008年第2期，第19页。

③ 刘昌黎："东亚共同体问题初探"，载《国际问题研究》2007年第2期，第55页。

④ 刘昌黎："东亚共同体问题初探"，载《国际问题研究》2007年第2期，第59页。

标努力推动这一进程。

在东亚共同体的建设过程中有许多不确定因素，这些因素困扰着东亚共同体的发展。和许多一体化进程一样，各方在东亚共同体的范围上始终存在分歧。根据历次“10＋3”领导人会议所达成的共识，东亚自由贸易区的范围是东盟10国加中日韩。相应地，如果在“10＋3”的基础上建立东亚共同体，则东亚共同体的范围也应当是东盟10国和中日韩。但如果在东亚峰会的基础上建立东亚共同体，就要加入澳大利亚、新西兰和印度。对此，东盟各国都表示反对，认为会削弱其在东亚共同体中的地位而使日本得势。东亚共同体的范围问题实际上就是主导权的争夺问题。另外，就目前的情况来看，东亚各国对于东亚共同体始终没有一个统一的认识，甚至存在相当大的分歧。关于东亚共同体的具体标志、东亚共同体的建设规划等，甚至都还没有进入东亚各国首脑会议的议程之中。如果说这些问题可以通过反复磋商或变通方式得以解决的话，东亚各国之间在政治关系上强烈的彼此不信任则使东亚共同体这一构想的实现面临着难以逾越的困难。“在东亚地区的多个层面的双边关系中，都存在着所谓政冷经热的问题，政治关系的发展明显滞后于经济关系。”① “东亚国家之间普遍存在的历史问题使得彼此的‘恶感集体记忆’不断被强化，敌人意象抵消了为关系改善而做的努力。”② 这其中最为关键的就是中日之间的相互猜忌。日本始终将中国视为最大威胁，中国则对日本对待历史问题的态度非常不满。双方在海洋资源、领土等问题上的争端和分歧更加剧了这种不信任。这种龃龉严重地制约了东亚共同体的发展，使之一直难以进入实质性发展阶段。如果不能解开这个“结”，东亚

---

① 江瑞平：“拟建中的东亚共同体：经济基础与政治障碍”，载朱立群、王帆主编：《东亚地区合作与中美关系》，北京：世界知识出版社，2006年版，第33页。

② 于迎丽：“东亚安全：模式的困境与出路”，载《上海市社会科学界第六届学术年会文集（2008年度）》，第207页。

共同体的前景是不容乐观的。

四、东盟驱动下的亚太区域一体化进程

东盟的一体化建设无疑是亚太地区最为成功的次区域一体化进程。冷战结束以来，东盟不断加速其一体化建设的进程，其深入发展有效地整合了东盟各国的力量，使东盟在亚太地区乃至整个世界的影响力进一步增强。东盟的一体化进程在经济、政治和安全领域都取得了令人瞩目的成就，被视为亚太区域一体化的参照和基础。

在亚太地区，与 NAFTA 框架下的美洲区域经济一体化进程相比，东亚的区域经济一体化由于东亚地区政治、经济和历史等错综复杂的原因始终处于滞后状态，难以形成大国主导区域经济一体化的格局。在这种情况下，自身一体化程度不断加强的东盟逐渐成为整个东亚地区经济一体化进程的重要驱动力量。20 世纪 90 年代，“为了应对北美自由贸易区和欧共体的发展，东盟提出了东盟自由贸易区计划。”① 此后，“东盟 10 国将目标锁定在 2015 年全部实现区域内贸易的零关税。”② 2007 年 11 月，在第十三次东盟首脑会议上，东盟领导人正式签署了《东盟宪章》，从而为东盟摆脱松散机制、形成具有强约束力的区域经济合作组织提供了法律基础。在这次会议上，东盟还通过了《东盟经济共同体总蓝图宣言》，确定了东盟经济共同体的发展目标、时间表和具体措施，为东盟经济一体化向更高层次迈进奠定了坚实基础。在加强本区域内经济合作的深度和广度的同时，东盟还从自身的政治经济利益出发，积极制定和调整参与东亚区域一体化的

---

① 杨洁勉等著：《大磨合：亚洲区域经济合作的趋势》，天津人民出版社，2007 年版，第 69 页。

② 杨洁勉等著：《大磨合：亚洲区域经济合作的趋势》，天津人民出版社，2007 年版，第 37 页。

整体战略，重点体现在以下两个方面：其一，倡导多边合作，努力实现大国均衡；其二，以自身区域化为核心，多层次推进东亚区域一体化进程，并注重在东亚区域一体化过程中的主导作用。为实施上述战略，东盟首先在1997年启动了“10＋3”合作，最终目标是建立东盟—中日韩自由贸易区，从而为东亚经济一体化开创了新局面。此外，在“10＋3”升级为东亚峰会（EAS）后，东盟依然在很大程度上掌握了主导权，并提出了参与东亚峰会国家的基本条件，即必须是东盟的全面对话伙伴国，必须加入《东南亚友好合作条约》，必须与东盟具有密切的经济联系。综上所述，在参与东亚区域经济一体化的进程中，东盟始终从自身的政治经济利益出发，努力发挥主导作用，并保持与大国关系的均衡，取得了比较理想的效果。另一方面，东盟的参与在客观上为原本困难重重的东亚经济合作带来了契机和活力，使该地区的经济一体化水平显著提高。

在政治与安全领域，东盟的一体化进程更是取得了突破性进展。具体说来，主要表现在以下几个方面：第一，东盟组织成员由6国扩展至10国，几乎涵盖了整个东南亚。冷战结束后，东南亚各国迅速实现了全面的历史性和解，为东盟创造了推进整个东南亚地区一体化进程的良机。东盟组织的扩展对于东盟的发展无疑是极其有利的，它大大增强了东盟的整体实力，使东盟的国际影响力有了显著提升，并且有力地推动了东南亚地区各国间合作关系的发展，为本地区的和平、稳定与发展做出了巨大贡献。其次，东盟各成员国有了明确的共同安全意识，多边安全合作开始在东盟内部逐步展开，并扩展到整个亚太地区，最终形成了已经成为亚太地区多边安全合作主导的东盟地区论坛。东盟各成员国的多边安全合作反过来又进一步强化了它们的共同安全意识。在2003年10月召开的第九次东盟首脑会议上，与会国正式提出了建立“东盟安全共同体”的构想，这意味着东盟已经开始了安全防务一体化建设的进程。目前东盟各国间已经初步形成了以

“合作安全”为基本特征的安全关系。这种安全关系的确立不但大大增进了东盟各国间的互信，而且还在一定程度上提升了东盟的整体防务能力。总的来看，尽管东盟是当今世界成员国最具多样性的区域性国际组织之一，但是它在一体化建设方面仍然取得了令人瞩目的进展。

尽管取得了巨大的一体化成就，但东盟驱动下的一体化进程仍存在着根本性的局限。东盟的一体化进程在向整个亚太地区推进的过程中遇到了明显的阻力。亚太地区各国之间巨大的差异性使各国无法实现真正的互信。对于东盟地区论坛而言，“第一阶段‘建立信任措施’（CBMS）任务并没有很好完成，使得第二、三阶段的‘预防性外交’和解决冲突（Dispute Resolution）缺乏坚实的基础。”① 在参与东盟驱动的泛区域亚太一体化进程中，各国都有各自的“如意算盘”，都希望借此达到自身的战略目的，如确立主导地位、扩大国际影响、制约地区其他大国等。在这种情况下，泛地区的一体化进程根本无法产生实质性成果。

经过以上对亚太地区各个一体化进程的分析，我们可以明显地认识到，亚太地区互信程度不足，从而在根本上制约了一体化进程的发展。另外，各种合作框架过于繁多而流于形式。“亚洲区域向心力不足、多层次的区域或次区域经济合作并存的状况，削弱了经济一体化的动力。”② 在政治、安全领域，这种情况更为严重，亚太地区的一体化动力更为薄弱。总体而言，区域一体化这一途径在推动亚太多边安全合作发展方面并没有多少成效。

① 喻常森等编著：《当代亚太国际关系与地区合作》，广州：中山大学出版社，2008 年版，第 3 页。

② 杨洁勉等著：《大磨合：亚洲区域经济合作的趋势》，天津人民出版社，2007 年版，第 59 页。

第三节　多边安全机制与多边安全合作发展

多边安全机制就是指以多边主义原则为基础、多个国家或行为体之间在安全问题上形成的有一定约束力的一套秩序或国际安全制度。按目前情况来看，以多边安全机制推动亚太多边安全合作的发展是最为直接的途径。

一、现有亚太地区多边安全机制的问题

在亚太地区多边安全机制建设进程中，存在着以下几个亟待解决的问题。

从外部因素上来讲，首先是双边同盟体系与多边主义之间的矛盾。由于历史原因，亚太地区分布着以美国为中心的军事同盟体系。这种冷战时期遗留下来的双边同盟体系，与地区多边安全机制的目标存在着本质上的冲突；其存在与实践会成为多边安全合作机制建设进程中的离心力。美国在亚太地区的双边同盟体系不可避免地会影响多边安全合作。尤其是美日同盟的强化和功能扩展，对亚太多边安全机制建设构成了巨大冲击。如何解决双边主义与多边主义的矛盾，将成为长期困扰参与亚太安全合作各方的难题。

从内部因素上来讲，亚太多边安全机制本身由于过于强调灵活性和非正式性而产生合作效率低、制度化程度低的缺陷。在各个框架下的亚太多边安全合作机制建设进程中，一直遵循着避免触及敏感问题的原则。这在一定程度上减少了各方分歧，并且营造出地区内和谐合作的良好氛围；但是，这种原则导致的消极后果就是合作效率十分低

下，以规范性为代价的灵活性使机制化的提高受到很大限制。目前，亚太地区较为成功的多边安全合作主要还是局限于非传统安全领域，在传统安全领域的合作还很不成熟（当然，这与美国主导的双边同盟体系的存在也有很大关系）。在亚太地区这样一个存在着诸多不确定、不安全因素的地区，多边安全机制如果无法在传统安全问题上发挥作用的话其显然不是一个成功的机制。回避问题并不能解决问题，今后亚太多边安全机制的建设必须设法解决成员自主性与集体规范性之间的矛盾，形成有针对性的有效机制。

与上面一个问题相联系，现在的亚太多边安全机制建设只局限于建立信任措施，并无实质性约束力，预防冲突和危机的能力很弱。亚太地区潜在冲突数量众多、变幻莫测且相互交织：朝鲜半岛局势愈发不稳定，美国对亚太地区、尤其是东亚保持高度的战略关注，并加大对朝鲜的施压力度；台海对峙局势始终得不到根本解决；中日这两个地区大国相互不信任，日本通过修改宪法走向“普通国家”的战略加剧了这种怀疑；东南亚国家政局动荡；各国领土领海纠纷异常繁多等。安全威胁与对他国的不信任使各国对安全领域合作保持高度审慎的态度，这使得各种安全合作机制缺乏集体行动能力，难以满足各国对安全的不同需求，于是，大力提升国家军事实力成为亚太国家实现自我安全的最直接、最有效途径，而这自然会引发安全困境的问题并进一步加剧已有威胁和相互怀疑，形成恶性循环。因此，能否克服这一悖论成为亚太多边安全机制继续向前发展的关键所在。

二、亚太地区多边安全机制的类型选择

尽管构建一个稳定、成熟的亚太多边安全合作机制的客观条件仍未具备，亚太各国对于未来的安全合作机制应当具备哪些要件以及如

何建立一个泛亚太的安全机制并没有明确、成熟的构想，存在着不同程度和层次的分歧。但总体上看，目前亚太各国对亚太安全合作的推进和制度化建设进程仍然抱着乐观的态度，并积极推动此进程。同时，有关互信与安全建立，以及合作安全、预防性外交及军事透明度等重要的概念及其实践，已经在亚太区域内获得广泛的回应与支持，并在东盟地区论坛和亚太安全合作理事会中发挥了作用，营造了有利于各方开展善意互动并推进安全合作的氛围。

那么，亚太地区应该或者说能够建立什么样的多边安全机制呢?[①] 按照安全合作的性质和功能差别，可以把地区多边安全机制分为四类，即多边同盟、大国协调、集体安全以及合作安全。[②] 比较这四种多边安全机制可以看出，多边同盟和其他三种合作机制相比最为特殊，是传统的均势安全模式的一种形式，在本质上仍然是个体安全。大国协调虽然是一种摈弃均势政治的努力，但也是传统的欧洲秘密外交的产物，把多边主义局限于大国之间，成为大国牺牲小国利益以实现自身安全的工具。集体安全和合作安全表现出更强的国际规范性，力图保障一定范围内所有国家的安全，是目前世界范围内多边安全机制发展的主要趋势。亚太各国政府和学者普遍认为，由于亚太地区自身的复杂性与特殊性，多边同盟、大国协调和集体安全这三种多边安全机制都不适用于亚太地区，只有合作安全这一方向有向前发展的空间。在实践上，自冷战结束以来，亚太地区也没有建立多边同盟、大国协调或集体安全，而只是发展了合作安全。不过，合作安全

① 有的学者以具体国际组织或合作框架为基础提供了亚太安全机制的模式选择，如欧安组织模式、东盟地区论坛模式、亚太经济合作组织模式、北约模式、其他模式（大国对话安全机制等）。参见陈峰君主编：《亚太安全析论》，北京：中国国际广播出版社，2004年版，第153—164页。

② 关于安全机制的分类问题存在很多争议，参见王杰主编：《国际机制论》，北京：新华出版社，2002年版，第238—240页。

自身的缺陷以及亚太地区各国对主权的强调对合作安全造成的进一步障碍，使得合作安全这条多边安全机制的途径也面临着巨大考验。下面，我们从为推动亚太地区多边安全合作发展提供机制途径的角度具体讨论上述四种多边安全机制。

（一）多边同盟

多边同盟指三个以上国家按照多边主义原则，针对共同的外部威胁而建立的军事同盟，因此可称其为“同盟多边主义”。多边同盟是一种排他性组织，仅在其内部实行多边主义原则，针对的是具体的外部威胁。建立多边同盟的前提条件主要有三条：“存在共同的外部威胁；内部成员互不构成威胁；同盟中的主导国家对多边主义的偏好。”[①] 美国是推动亚太多边同盟的主导力量。亚太地区的军事同盟都是美国在冷战期间建立起来的，为双边同盟体系。冷战结束以后，双边同盟仍然是美国亚太安全战略的支柱。但美国并不满足于维持这种单一的安全合作模式，而是试图借鉴欧洲多边同盟和地区多边主义的成功经验，在亚太地区探索多层次的合作机制。多边主义合作的特点是适应变化的能力强，多边军事同盟也不例外。北约在冷战期间和冷战后的成功经验证明了多边军事同盟的价值，成为美国推动亚太同盟体系中的多边合作的动力。美国谋求建立亚太多边同盟的具体表现，首先是推动“同盟间的协调”，加强双边同盟之间的合作。冷战后，美国一直谋求构筑“美日韩大战略联盟”，极力推动日韩军事合作。但是美国谋求同盟多边合作的努力遇到很大困难。一方面有外部力量的反对，另一方面美国构建多边同盟的内在条件并不完全满足。在构筑多边同盟的基本条件中，存在共同的外部威胁和内部互相不构

---

① 陈寒溪：“多边主义与亚太安全合作”，载《世界经济与政治》2003年第2期，第35页。

成威胁这两个条件都不满足。从外部威胁上看，所谓“中国威胁”根本不可能成为共同威胁，各方与中国都有着多层次全领域的合作；而在内部，日韩之间还存在矛盾，同时它们也都谋求摆脱美国的完全控制。日韩两国一方面加强和维持与美国的盟友关系，另一方面也开始推行多边外交政策，加强与周边大国的关系，增强独立性和自主性。综上所述，在亚太地区构建一个类似北约那样的多边同盟组织是不现实的。

（二）大国协调

大国协调指“地区内所有大国按照多边主义原则合作管理地区安全事务，主要是调节大国之间的关系，防止大国冲突”。[①] 大国协调的特征是排他性和非正式性，只有大国参与其中、进行合作，而且不需要建立正式的制度和组织。建立大国协调的基本条件也有三条：大国之间存在着最基本的共同利益，即维持现状并避免相互间的冲突和战争；大国之间没有结盟行为；大国拥有相似的价值观和意识形态。[②] 历史上大国协调的典型案例就是 1815 年维也纳和会之后的“欧洲协调”。虽然亚太地区的各大国之间确实存在避免相互冲突的基本共同目标，但其他两个建立大国协调的条件显然并不满足。在结盟行为上，美国主导的双边同盟体系在亚太地区的安全结构中有重大影响。而在价值观和意识形态上，亚太各国之间的差异更是十分巨大。“东亚大国关系缺乏互信”，“民主国家和转型国家在国内制度上的差异，竞争性的领土与历史问题以及由于海洋与大陆的双重地缘战略所

---

① 陈寒溪：“多边主义与亚太安全合作”，载《世界经济与政治》2003 年第 2 期，第 36 页。

② Benjamin Miller, “Explaining the Emergence of Great Power Concert,” *Review of International Studies*, Vol. 20 (1994), pp. 338－342.

产生的‘安全困境’”，① 更加剧了这种不信任。而且，美、日、中、俄四个大国之间相互都有过战争或准战争经历。此外，大国协调机制已经不能适应今天的国际关系的基本形势。首先，大国协调是一种非正式性的制度，缺乏强有力的制度保障，很不稳定，并不符合亚太各国加强现有多边安全合作机制性的要求；即便在局势异常复杂的亚太地区能够形成大国协调所需要的平衡，一旦这种非常脆弱的平衡被打破，原有矛盾会在短时期内同时爆发，使地区安全形势变得异常紧张。其次，在国际关系日趋民主化的今天，大国协调有悖于国家不论大小一律平等的基本精神；而且，东盟作为东南亚中小国家的联合体，已经成长为亚太事务中的一支重要力量，没有东盟各国参与的大国协调根本无法有效地保证地区安全。因此，在亚太地区建立大国协调机制也是不现实的。

（三）集体安全

集体安全是“国际社会设想的以集体力量威慑或制止其内部可能出现的侵略者和侵略行为的办法来保护每一个国家的国家安全的一种安全保障体系”。② 集体安全的主要特征是非排他性和集体强制性，不排斥任何国家加入，同时以体制内所有国家作为强制力的保障。其前提条件主要有三条：集体力量大于其中任何一国；各大国接受国际秩序的基本现状；大国拥有相近的价值体系和安全观念。③ 集体安全和大国协调有一个共同前提条件，即大国合作。在这一点上，亚太地

① 郭延军：“东亚安全的区域治理之道——评《国际关系理论与东亚安全》”，载《外交评论》2008年8月总第104期，第113页。

② 倪世雄：《当代西方国际关系理论》，上海：复旦大学出版社，2001年版，第376页。

③ Charles A. Kupchan and Clifford A. Kupchan，“Concerts，Collective Security，and the Future of Europe，” *International Security*，Vol. 16，No. 1，1991，pp. 124—125.

区的各大国在集体安全机制面前面临着与大国协调类似的困境，即无法形成大国之间的相互信任。此外，在机制外部，美国双边同盟体系的存在也极大地制约着集体安全机制的建立。同盟针对明确的敌人，与集体安全的基本精神相矛盾。最重要的是，美国建立同盟体系所表现出的谋求亚太霸权的战略意图令其他大国（包括其盟国）对美国产生猜忌和不满，加剧了大国之间的不信任。因此，在亚太地区建立集体安全机制也是不现实的。

（四）合作安全

1990 年 9 月，加拿大外长乔·克拉克（Joe Clark）在联合国大会上首次提出了“合作安全”的构想。① 合作安全以“共同安全”和“综合安全”等安全观念为基础，在安全利益相互冲突的国家之间通过开展政治和安全对话，加强互信并达到相互安全的目的。合作安全的特点是非排他性，即成员的广泛性；合作内容非常广泛，除安全之外还包括政治、经济、环保等非军事领域里的合作；合作安全是非强制性的，不设强制机制。理论上，建立合作安全机制的前提条件非常简单，只要参与合作安全的各方有避免相互对抗与冲突、维持地区和平稳定的政治意愿，就能够开展合作安全。合作安全是冷战结束后亚太地区各国普遍接受的概念，也是亚太地区唯一得到较大发展的多边安全机制。合作安全机制在亚太的发展是由亚太地区安全形势发展的特点所决定的。从亚太地区的政治、安全结构来看，由于亚太地区的权力分配不平衡，社会制度和文化差异性较大，历史上形成的安全问题众多，国家间的相互信任程度较低，安全困境问题比较突出。从产生合作的政治条件来看，冷战结束后亚太地区不再有明确的敌友阵营

① 余建军：“亚太安全合作的方式”，载《国际政治科学》2007 年第 2 期，第 111 页。

之分，“合作安全”等新的安全观念成为主流，寻求合作以维持地区稳定与和平成为亚太各国的共识。此外，亚太地区经济高速增长和地区主义的兴起，也为各国加强安全合作提供了动力。以合作求安全的发展趋势明显表现在大国关系上，亚太大国关系在冷战后呈现出合作多于对抗的特点，中、美、日、俄之间纷纷建立了新型的双边合作伙伴关系。由此可见，合作安全适应亚太地区安全结构的特点，是亚太国家较为合理和可行的选择。问题的关键在于，合作安全能否发展成为有效的地区多边安全机制？从现有局势来看，作为亚太地区最具影响力的多边安全合作框架的东盟地区论坛能否以合作安全为基本方式进一步发展成为泛区域的普遍多边安全机制？笔者对以上两个问题的回答都是否定的。虽然在四种多边安全机制中，合作安全是唯一可能的，但其自身也面临着很多局限。亚太地区复杂的安全形势和战略结构决定了任何一种单一的多边安全机制都不能从根本上解决问题。

第一，合作安全机制没有强制机制，效率较低，不能实现有效的危机管理，只能局限于建立信任措施、预防冲突和危机等。这一点为现有亚太多边安全合作的实践所证实。东盟地区论坛过度依赖成员国协商一致的原则，不能反映权力分配的现实结构，大国无法主导合作进程，难以解决实质性问题。第二，“亚太方式”多边主义制度化程度很低，其主要表现是：（1）强调合作的非正式性和灵活性，对制度化进程十分谨慎；（2）强调平等和协商一致；（3）坚持不干涉内政。① 最后是困扰着整个亚太地区多边安全合作的基本问题——美国双边同盟体系在亚太地区安全秩序中的主导地位对合作安全的发展构成根本性制约。合作安全虽然不必然要求同盟的取消，但同盟体系的过于强大势必使“合作”流于形式。

---

① 陈寒溪：“多边主义与亚太安全合作”，载《世界经济与政治》2003年第2期，第38页。

综上所述，亚太地区现有的双边军事同盟体系难以转化为多边同盟，而大国之间缺乏互信使得建立大国协调和集体安全无法实现；合作安全虽然是亚太地区多边安全合作的现实方式，但也不能最终完成建立多边安全机制的任务。身处内忧外患中的合作安全无法在亚太地区安全秩序的建构过程中真正起到主导作用，仍需要地区各国长时间的共同努力。

三、亚太多边安全机制的未来

经过以上分析，我们可以发现，在亚太地区建立多边安全机制不能单纯诉诸任何一种模式。亚太地区的复杂形势决定了必须以创造性的方式构建适应于亚太地区特点的特殊多边安全机制。笔者认为，应当从亚太地区的基本安全结构出发，在现有的各种体系与框架的基础上构筑多边安全机制。对于亚太地区而言，双边主义与多边主义的对立统一是一个不可改变的基本事实。一方面，美国在坚守其双边同盟体系的同时积极参与多边安全合作；另一方面，美国的盟友在加强与美国关系的同时积极寻求通过多边方式提高自身的自主地位，其他国家也试图在多边安全合作中占据更为有利的位置。亚太多边安全机制在构架上已呈现出向双重复合结构体系发展的趋势，即亚太地区既有的美国主导下的双边同盟体系与各种形式的泛区域与次区域非同盟安全保障机制相结合的构架形态。这种多边安全合作与双边军事同盟体系的并存可以作为亚太多边安全机制的发展方向。同盟与非同盟两种安全合作方式的共存与当前亚太安全形势的两个基本特点分不开。一是两极格局消失后美国的各个盟国不再面临确定的共同威胁；二是冷战后美国力量相对衰落与局部收缩，美国要求其亚太盟国在安全上承担更多的义务。这种形势使美国与其亚太盟国之间的既有双边同盟体系的作用受到越来越多的制约，无法充分实现这些国家的安全目标，从而在不同程度上增进了其他国家对多边安全合作的需要。这是推动有关国家寻求非同盟安全合作方式的主要动力。当然，尽管冷战后亚太地区的新形势突出了加强合作安全及其保障机制的必要性，但对该地区许多国家来说，双边同盟框架下的合作机制并未失去意义；在相当长的时期内，同盟机制对地区安全事务仍将具有其他安全合作方式不可替代的作用，因而仍将继续存在并发挥重要影响。同样，非同盟的多边安全合作机制也有其不可替代的作用。由于单纯依靠某一种机制对维护亚太地区各个国家的安全利益都不充分，将二者结合在一起的多边安全机制就显得十分必要。这种机制既能够降低安全困境，预防冲突发生，在冲突发生之后进行有效的危机管理，同时又适应了亚太方式的特点，以多边主义平衡了双边关系带来的不平等，保留了各国的独立空间。

第九章

中国参与亚太地区多边安全合作

第一节　中国参与亚太地区多边安全合作动因分析

一、全球化趋势下的战略选择

冷战结束以后，国际体系进入从两极向多极渐进发展的历史时期，全球化成为趋势，和平发展成为时代主题。在冷战时期，缺乏多边主义一直是亚太或东亚地区的主要特征。[①] 冷战的结束从根本上改变了亚太地区的权力分配和安全关系的性质。发展与冷战时期不同的新型安全机制来维持地区安全秩序，既是地区安全的客观需求，也是

---

① Barry Buzan and Gerald Segal, "Rethinking East Asian Security," in Michael T. Klare and Yogesh Chandrani, eds, *World Security: Challenges for aNew Century*, 3rd ed., New York: St. Martin's Press, 1998, p. 106.

亚太地区各国面临的主要任务。中国是亚太地区重要的大国，在摆脱冷战时期非此即彼的阵营选择难题后，中国在冷战后也拥有了参与亚太多边安全合作的活动空间。

从大国国际角力和博弈的重点看，亚太是世界政治的活跃区，中、美、日、俄、印等大国都是具有或将要具有世界影响的大国，它们之间双边或者多边关系健康与否，不仅关系到本地区安全事务的进程，也会影响到国际安全事务的进程。从地区多边安全合作的条件来看，多边主义逐渐成为亚太地区安全合作的一个新的原则和规范。冷战的结束使亚太地区没有了明确的敌友之分，"共同安全"、"综合安全"以及"合作安全"等新安全观盛行起来，寻求合作以维持地区稳定与和平成为亚太各国的共识。在双边合作仍保持亚太安全合作主导模式的基础上，包括美、日、中、俄在内的大多数亚太国家都开始积极倡导建立亚太多边安全合作机制。从亚太地区安全结构来看，亚太是世界安全的敏感区，位居世界前列的军事大国都在亚太，尤其是除日本和澳大利亚以外，包括中国在内的亚太大国都拥有核武器，而这些大国或多或少都牵涉潜在危机，一旦危机失控，后果难以设想。加之亚太地区的权力分配不平衡、社会制度和文化具有多元化特点、历史上形成的安全问题众多、国家间的相互信任程度较低，安全困境问题比较突出。可以说，21 世纪亚太地区在经济、政治、安全上是否稳定，直接影响到世界的稳定，这在世界上已形成共识。① 1994 年，美国的亚太安全问题专家谢尔登·西蒙（Sheldon·W. Simon）就曾撰文指出，冷战结束后亚太地区安全的"游戏环境"（playing field）已经发生了变化，一个未来的多边安全安排框架正在形成之中。②

① 楚树龙、陈松川："'太平洋主义'与 21 世纪亚太地区体系和秩序"，载《当代亚太》2008 年第 4 期，第 33 页。

② Sheldon W. Simon, "East Asian Security: The Playing Field Has Changed," *Asian Survey*, Vol. XXXIV, No. 12 (December 1994), pp. 1047—1063.

进入21世纪，亚太地区多边安全合作的发展趋势更加明显，据统计，近年来亚太地区各种轨道的多边安全活动每年有200多次。[①]此外，亚太地区经济高速增长和地区主义的兴起，也为各国加强安全合作提供了动力。中国在亚太地区特殊的政治、安全环境中，扮演怎样的安全角色，既是中国的战略选择，也是亚太地区安全环境变化的客观需求。中国作为亚太地区的重要一员，对于参与亚太多边安全合作，也经历了一个认识过程。在改革开放初期，中国对当时的多边安全合作持消极的看法，把它们看作是西方大国推行霸权主义和操纵弱国小国的工具。随着中国崛起速度的加快，对地区事务和全球事务的参与越来越多，中国逐步改变了对多边安全合作的看法，主动融入，越来越积极地开展多边外交活动，参与多边安全合作成为中国实现对外政策目标的一个越来越重要的工具。它与双边安全合作互相补充，相得益彰，共同为中国的对外政策目标服务。中国外交政策顺应亚太安全环境的变化逐步进行调整，其产生的巨大变化在西方学者眼中被认为是“新外交”[②]，主要表现在：中国致力于塑造和维护“负责任大国”的形象，在重大国际问题上，不急于行动，而是经过深思熟虑后再做决策；倡导和坚持多边主义，更加积极地参与多边合作；经济优先，在处理国与国之间关系时不以意识形态划线；强调周边关系，也重视大国关系、与发展中国家的关系及多边外交，“以邻为伴，与邻为善”成为中国处理与邻国关系的准则。事实证明，冷战结束以来的十多年里，亚太地区没有建立多边同盟、大国协调以及集体安全，

① http：//jczs. sina. com. cn 2005年3月12日《国际展望》：“地区安全架构与多边主义国际研讨会精华”。

② 2003年，美国学者埃温·麦德罗斯和泰勒·弗莱沃明确提出中国“新外交”概念，指出中国不再以受害者心理来面对世界，而是积极、自信地参与国际事务，带入现在的美国中心国际体系中。Evan S. Medeiros and M. Taylor Fravel，“China's New Diplomacy,” *Foreign Affairs*，November/December 2003，pp. 22—23.

只是发展了合作安全。[①] 这是亚太地区和世界其他地区在多边安全合作方面的一个重要区别。中国在亚太安全环境变化的推动下顺势而为，逐渐融入亚太多边安全合作，这是中国在客观分析冷战后亚太安全环境和安全合作形势变化的基础上采取的积极而又务实的战略选择。

二、实现中华民族伟大复兴进程中的内在需求

改革开放30年，中国给世人一个共识：世界需要中国，中国也需要世界。中国要在21世纪全面建设小康社会，实现中华民族的伟大复兴，必须塑造和维护一个长期和平稳定的外部环境，尤其是周边环境。推动并加强区域安全合作，是新形势下实现这一战略目标的必然选择。在国际秩序的重组和亚太安全环境变化的挑战中，中国重新思考并确立了新的安全观念。中国的“新安全观”和参与亚太多边安全合作的理念推动了国际安全格局及亚太安全环境不断改善。

随着中国改革开放的持续深化，中国与外部世界的互动也越来越紧密，经济利益的拓展拉动安全需求的增加，中国参与亚太多边安全合作的自身需要越来越强烈。在改革、转型、进步相伴而行的时代，各种压力和要求汇集在一起，成为中国社会全面进步的推动力，而社会条件的逐步优化反过来成为促进中国进一步融入国际社会、参与国际制度的推动力。中国内部发展的压力推动中国通过参与多边安全合作逐步寻找与各国重大利益的契合点。随着中国的崛起，中国需要在推动多边合作中实现共赢，在构建和谐亚洲的同时肩负起大国责任。

---

① 关于安全机制的分类问题存在很多争议，参见王杰主编：《国际机制论》，北京：新华出版社，2002年版，第238—240页。按照安全合作的性质和功能差别，把地区多边安全机制分为四类，即军事同盟、大国协调、合作安全和集体安全。

中国的崛起是冷战后亚太安全环境变化的一个突出亮点。中国的综合国力在冷战结束后快速增长，逐渐成为国际社会公认的正在崛起的大国。“中国崛起是我们这一时代最伟大的事件之一，也是全球体系中除了19世纪末20世纪初美国崛起后的最伟大事件之一。”① (1) 中国人均GDP从1979年的275美元上升到2005年的1700美元，到2020年，预计将达3000美元。(2) 2007年中国的GDP总量超过3万亿美元，紧随德国之后，成为世界第四经济大国。有些专家预测中国在2020年将会成为仅次于美国的世界第二经济大国。(3) 中国1980年的贸易总量为380亿美元，而2007年突破2.1万亿美元，排在世界贸易大国第四位，成为亚太地区包括韩国与日本在内的许多国家的最主要的贸易伙伴。(4) 假定中国的年均增长率保持在8%—10%的水平，这意味着曾处在贫困线下的千百万中国人已经或正在摆脱贫穷。②

现实主义理论认为，在实力上升过程中，崛起国必然对其他国家造成压力，甚至产生威胁，有可能导致国家间的平衡被打破。③ 20世

---

① ［英］罗丝玛丽·福特：《中国与亚太的安全秩序：“和谐社会”与“和谐世界”》，国际论坛：非传统安全与国际关系理论前沿，载《浙江大学学报》（人文社会科学版）2008年第1期。

② 相关数据源于2006年5月美国前副国务卿佐力克（Robert Zoellick）的国会报告及新华网北京2007年10月11日电，国家统计局11日发布《从十六大到十七大经济社会发展回顾系列报告之十五：国际地位进一步提高》。

③ 现实主义的均势理论（theory of the balance of power）和威胁平衡理论（theory of the balance of threat）都把这种历史现象归纳为政治规律。尽管这种理论仍然受到批评和挑战，但是这种认识仍然是影响国家对外行为的重要因素。“崛起国（rising power）”既是一个国际政治理论术语，也是一个敏感的政治术语。秦亚青试图使用“上升大国”来替代崛起国，见秦亚青：“国际关系理论的核心问题与中国学派的生成”，载《中国社会科学》，2005年第3期，第175—176页。但是名词的变化无助于改变国际社会对中国的定位：(1) 中国是一个大国；(2) 中国的实力正在快速增长；(3) 中国实力的增长正在改变国际系统的权力分配。美国和东亚各国都在密切关注这三种现象的政治后果。

纪90年代中期出现的“中国威胁论”恰恰反映了这种变化，其带来的国际安全压力成为中国实现国家战略目标的主要障碍。

与中国崛起相伴的是亚太多边合作的兴起，其中三个典型例证是亚太经合组织（APEC）、东盟＋中日韩（简称“10＋3”）、东盟地区论坛（ARF）。多边经济和安全合作的发展成为中国崛起面临的一种特定的环境。面对环境的变化，中国从20世纪90年代中期开始，逐步增强了参与地区经济与安全合作的范围和力度，逐渐形成了较为完整的地区主义政策。这些政策措施对维持大国关系稳定、改善中国与周边国家关系发挥了积极作用，削弱了“中国威胁论”的影响，改善了中国的安全环境。可以说，外部安全环境变化的压力成为中国实现向“世界之中国”和世界体系“局内者”转变最为强大的动力，促使中国的认知发生重大变革。①

中国特殊而复杂的地缘战略位置也使中国加入多边安全合作成为一种客观需求。中国地处亚洲中部，周边环境非常复杂，邻国众多，政体多样，文化多元。冷战结束后，中国与周边国家业已存在的纠纷和瓜葛随着中国的发展强大而日益凸显，致使这些国家对中国发展的疑心加重。如何避免美国和东亚周边国家对中国战略意图的猜疑，消除“中国威胁论”的负面影响，缓解崛起带来的安全压力，成为中国外交的重要任务。同时，由于历史的原因，中国的周边国家又都不同程度地将自己的安全寄托于美国。这对于中国改善国际安全环境的努力来说也不是有利因素。要改变这种局面，中国首先要打消周边国家的猜疑，参与亚太多边安全合作，将中国的安全与亚太整体安全融合起来，不失为减少周边国家疑虑的有效途径。更需提及的是，冷战结束以来，“台湾独立”成为中国主权安全的最大威胁，防止“台独”

---

① 关于外部安全环境变化对中国参与国际制度体系的影响，可参见门洪华：“压力、认知与国际形象——关于中国参与国际制度战略的历史解释”，载《世界经济与政治》2005年第4期。

势力利用国际制度达到分裂祖国的图谋，也成为中国积极参与亚太多边安全合作的推动力之一。

近年来，中国参与亚太多边安全合作的步伐稳健而积极，经历了一个随着国内发展需要而逐渐适应、逐步深化的过程，积累了一定的经验。而伴随中国对国际体系的参与，其对多边安全的认识也逐步深刻。参与亚太多边安全合作的同时，也扩展了中国自身发展的战略思维空间。中国对自己所处的国际环境有了更为准确的判断，对自己的国家实力有了更加客观的认识。1997 年中国宣布“做国际社会中负责任的大国”更是一个明确的战略宣示。[①] 它意味着，中国的自我认同发生了巨大的变化，以主权为中心的、独立自主大国的传统认同与负责任大国的新认同相关联，后者与融入国际制度有着直接的关联，而国家行为越来越受到国际制度的调节，中国愈加期望自己被视为国际制度的积极而负责任的参与者，而不愿被视为孤立的国际角色。树立建设性、负责任的国际形象这一目标，就这样在中国与国际制度的互动过程中建构起来。

进入 21 世纪，中国领导人对国际环境的认知更加客观，更加强调以提高中国的亚洲地位为战略基础，将区域主义视为实现战略目标的核心手段。[②] 当前我国的外部环境正处在建国以来较好时期，但背后也隐藏一些不协调、不稳定和不安全的因素。加强区域安全合作，尤其是加强与周边国家的多边安全合作，对保持我国长期稳定，营造有利于我国现代化建设的安全环境具有十分重要的意义。

---

① 郭秀清、牛冬梅：“中国国家利益视野中的环境安全：地位与作用”，载《理论月刊》2007 年第 7 期。

② 门洪华：“压力、认知与国际形象——关于中国参与国际制度战略的历史解释”，载《世界经济与政治》2005 年第 4 期。

第二节　中国参与亚太地区多边安全合作进程

中国参与亚太地区多边安全合作经历了一个从初步探索到逐步深入的过程。这一过程从20世纪90年代初期开始，随着中国的国力和外交能力不断提升而深入发展，特别是中国倡导的“新安全观”及建设“和谐亚洲”、“和谐世界”理念的实践与推广，使亚太多边安全合作无论在广度和深度上都在不断向前推进。

一、中国参与亚太地区多边安全合作的历史脉络

当前，中国分两个层面参与亚太地区多边安全合作。一个层面是官方渠道，主要是东盟倡导的多边安全对话机制、上海合作组织(SCO)。另一个层面是半官方及民间（或非官方）渠道，这一渠道主要就地区安全中的敏感问题和不确定性问题进行政策研讨并向政府提供政策建议，发挥着创造宽松氛围、试探多种可能性、拓宽合作领域的重要作用，像亚太安全合作理事会（CSCAP）和香格里拉对话会(SLD)。官方层面与非官方、半官方层面互为补充，相互促进，共同发展。

（一）初步参与阶段

中国初步参与亚太多边安全合作主要体现在参与以东盟为中心的多边安全合作机制上。1993年2月，中国代表参加在加德满都举行的“亚太地区建立国家安全和国家间信任会议”。东盟地区论坛（ARF）是东亚范围内的安全对话机制，也为整个亚太地区各国的安

全互动提供了舞台。ARF是中国最早参与的亚太多边安全机制。当东盟地区论坛首次会议于1994年7月在曼谷召开时，中国就已是18个成员国之一。ARF首届外长会议于1994年召开，中国、美国、俄罗斯均给予了必要的支持。会议主席声明将ARF定性为一个高级官员的磋商论坛，其目的是就亚太地区政治安全问题开展建设性对话，在亚太地区建立信任措施、核不扩散、维和、交换非机密军事情报、海上安全和预防性外交六大领域开展合作。

中国参与东盟地区论坛初期，对于这个东盟主导的地区性多边机制的本质是“强权政治”性质还是“道义的多数”性质[①]并没有把握。强权政治性质决定了实力强大的大国对国际机制的游戏规则与议题设定具有主导地位，典型的例子是美国在北约的传统地位。因为担心东盟地区论坛也会成为一个受强权意志支配的多边安全机制，在东盟地区论坛酝酿期间以及成立初期，中国持有保留与慎重态度。经过数年的初步参与、观察与适应后，中国逐渐意识到论坛演变为一个美国主导的多边机制的可能性并不大，于是加快了参与的步伐。中国于1996年正式成为东盟的对话伙伴国，此后，中国外交部长每年都参加东盟的外交部长会议（AMM）及之后的东盟地区论坛（ARF）会议，在ARF之后，接着参加后部长会议（PMC）。[②] 外长会议的重要性仅次于政府首脑会议。当时任外交部长助理的陈健赞扬这个机构是“这一地区第一个实施机制化多边安全对话的集体性努力的结果。它体现了构筑一个新安全秩序的地区努力，其进展和成功已经引人注目”。陈健还认为，“多边框架似乎是当今的秩序，无论是在经济领域

① 郭清水：“中国参与东盟主导的地区机制的利益分析”中关于“强权政治”与“道义的多数”性质的分析，载《世界经济与政治》2004年第9期。

② 东盟10个成员国和东盟地区论坛成员国的外长参加的会议。

还是在安全领域。”[①] 中国正式参加东盟地区论坛被外界视为中国接受多边安全对话机制、向多边主义转变的关键。西方学者认为，在1995年以前，中国更倾向于通过双边来解决问题，在多边场合只是为了不被排除在外而反复重申已有的官方立场，并没有为真正参与这样的多边安全合作进程而做好准备。到1996年之后，中国对地区事务开始持越来越积极的态度，越来越活跃和熟练地参加各种多边主义的进程，“中国的态度变得越来越坦然和自信”。[②]

（二）调整发展阶段

第一，表现在推动东盟倡导的多边安全合作上。主动作为，深化对东盟地区论坛的参与。1996年第三届ARF外长会上，中国首次以对话伙伴国身份参加，重点就各国关心的缅甸、禁核试条约、朝鲜半岛等地区具体问题交换了意见。经会议同意，中国和菲律宾于1997年3月在北京联合举办了建立信任措施会议。1998年第五届ARF外长会议的焦点是东亚金融危机和印巴核试验问题。中国继续承诺人民币不贬值，并宣示采取实际行动稳定亚洲经济，受到与会各国的赞赏。中国在会议期间还发表了《中国的国防》白皮书，受到普遍好评。2000年第七届外长会议重点就亚太地区安全形势、全球化对地区安全的影响及ARF的发展方向等问题进行了讨论。唐家璇外长阐述了中国对地区形势及对ARF未来发展方向的立场和主张，重申了ARF应坚持论坛的性质，以建立信任为核心。中国支持ARF探讨适合本地区实际的预防性外交，形成各方都能接受和支持的预防性外交

---

① ［美］阿拉斯泰尔·伊恩·约翰斯顿、罗伯特·罗斯：《与中国接触——应对一个崛起的大国》（黎晓蕾等译），北京：新华出版社，2001年版，第332页。

② ［美］阿拉斯泰尔·伊恩·约翰斯顿、罗伯特·罗斯：《与中国接触——应对一个崛起的大国》（黎晓蕾等译），北京：新华出版社，2001年版，第332页。

概念与原则。[①]

第二，加强协商，提升“上海五国”的地区安全角色。冷战结束后，出于对维护欧亚地区稳定与和平的共同需要，构成了中国与俄罗斯、哈萨克斯坦、吉尔吉斯斯坦、塔吉克斯坦开展军事安全合作机制的重要前提。由于五国首次会晤在上海举行，该机制被贯以“上海五国”称谓。中、俄、哈、吉、塔五国为加强边境安全、睦邻互信与友好合作关系，加紧就边界地区信任和裁军问题举行谈判。1996 年 4 月 26 日和 1997 年 4 月 24 日，五国元首先后在上海和莫斯科举行会晤，分别签署了《关于在边境地区加强军事领域信任的协定》和《关于在边境地区相互裁减军事力量的协定》。这是亚太地区首份多国双边政治军事文件，不仅奠定了这一地区安全合作机制继续发展的重要法律基础，也成为冷战后国际社会通过预防性军事外交构建防止地区冲突的典型个案，中国在其中发挥的重要作用和履行承诺的信誉受到国际社会广泛关注和高度评价。“上海五国”协商机制以寻求边境安全开始，到 2000 年峰会时，其寻求边境安全合作的作用已经得到极大提升，对“三股势力”的联合打击成为该机制后期议题之一，并延续成为上海合作组织初期的主要议题。“上海五国”的工作职能以打击恐怖主义、极端主义和分裂主义“三股势力”为主，中国与其他四国一起在上海五国中的积极作用产生了持久的正面效应，有效扼制了地区恶势力蔓延的趋势。

同时，这一阶段也是中国提出“新安全观”的时期。1997 年 3 月，中国在同菲律宾共同主办的“东盟地区论坛建立信任措施会议”上，首次正式在国际会议背景下提出适合冷战后亚太地区各国维护安全的“新安全观”。1997 年 4 月 23 日，江泽民在俄罗斯国家杜马的

① 东盟地区论坛相关内容参见外交部网站：http：//www.mfa.gov.cn/chn/wjb/zzjg/gjs/gjzzyhy/1136/default.htm。

演讲中第一次系统地阐述了中国的“新安全观”，并将这一观念写入了由中俄两国元首签署并发表的题为《中俄关于世界多极化和建立国际新秩序的联合声明》中。这些也反映出中国对亚太地区多边安全合作的新思考、新主张。

（三）迈入新时期

尽管20世纪90年代末亚太多边安全合作的整体步伐由于种种地区性原因而有所减缓，但在“9·11”事件之后，亚太多边安全合作因为恐怖主义及其他非传统安全威胁而有了新的凝聚力与成长动力，“9·11”事件后，中国参与亚太多边安全合作的深度和广度都有所拓展。中国签署了的一系列协议、协定、条约、联合声明，为其深化对亚太多边安全合作的参与奠定了法律基础，提供了法律和制度的保证。在这一阶段，中国不仅参与官方多边安全合作，还广泛参与非官方或半官方的合作机制，使中国参与亚太多边安全合作进入全新时期。

1. 在ARF框架内的多边安全合作

2001年第八届ARF外长会议就论坛未来的发展方向进行了充分讨论，并通过了“ARF预防性外交概念和原则”、“加强ARF主席作用”和“专家名人职权范围”三个文件。时任中国外长唐家璇在会上着重阐述了中国亚太安全政策及对地区形势的看法，指出各方就“ARF预防性外交概念与原则”、“加强ARF主席作用”、“专家名人职权范围”三个文件基本达成共识，标志着论坛从建立信任措施向预防性外交过渡的进程中取得重要成果。

2001年9月和10月，在北京分别承办了ARF军转民研讨会和第四届ARF国防院校长会议。同年，中方所提建立ARF海洋信息资料中心（网站）的建议顺利实施。2003年6月，中国在第十届外长会议上首次提出召开“东盟地区论坛安全政策会议”的倡议，当年

10月，中国散发了“东盟地区论坛安全政策会议”概念文件初稿。2004年7月，在印尼召开的第11届外长会议批准了概念文件，同年首届“安全政策会议”在北京召开，从而在东盟地区论坛的框架内增加了一个直接交流军事安全议题的平台。2006年4月，中国与文莱在北京主办了第四次ARF反恐与打击跨国犯罪会间会。会议讨论了地区恐怖主义发展、恐怖主义根源、反恐战略和措施等问题。2002年11月，中国与东盟签署了《中国与东盟关于非传统安全领域合作联合宣言》和《南中国海各方行为宣言》。2003年10月8日，中国与东盟签署了《中华人民共和国与东盟国家领导人联合宣言》和《东南亚友好合作协定》。2004年，温家宝总理出席第八次“10＋1”领导人会议，双方签署了《中国—东盟全面经济合作框架协议货物贸易协议》和《中国—东盟争端解决机制协议》。2006年8月2日，第14届ARF外长会在菲律宾马尼拉召开，杨洁篪外长率团与会。2006年9月18—20日，中国和印度尼西亚在山东省青岛市举办了第六次ARF救灾会间会。与会代表回顾了ARF救灾合作现状，总结了军民救灾资源，探讨了开展救灾合作的重点领域与实施方式。中方向会议提交了《ARF救灾合作指导原则》（草案）和ARF救灾资源与能力建设调查系列表格，为ARF下一步开展合作奠定了基础，受到各方重视。中国通过参与具体活动并发挥作用，在促进自己和亚太国家睦邻友好关系之余，也增强了各个多边安全组织机构在区内的活力，进而推动地区多边安全合作的发展。

2. 东亚峰会内的多边安全合作

2001年，由参加东盟“10＋3”会议的东亚13国的26位专家组成的“东亚展望小组”提出了建立“东亚共同体”报告，为东亚地区合作提出了发展蓝图。2004年在老挝首都万象举行的第10届东盟首脑会议上，东盟与中日韩领导人决定，2005年在吉隆坡召开首届东亚峰会（“10＋6”）。2005年12月14日，首届东亚峰会在马来西亚首都吉隆坡举行，来自东盟10国、中国、日本、韩国、印度、澳大利亚和新西兰等国的领导人参加了会议，与会各国领导人通过并签署了东亚峰会《吉隆坡宣言》、《预防、控制和应对禽流感宣言》。温家宝总理在首届东亚峰会上发表了题为《坚持开放包容实现互利共赢》的讲话。

中国对“10＋6”的定位是“战略平台”[①]，即东亚国家与东亚区域以外的邻近国家（澳、新、印）进行战略性对话和发展合作的场所。“10＋6”不是“10＋3”机制的扩大，更不能取代后者。东亚峰会作为跨地区论坛，具有外向、开放和包容性，而对于推进东亚区域一体化、建设东亚共同体来说，“10＋3”仍是主渠道。[②]“10＋6”在努力推进本地区一体化建设时，应与东盟建设保持一致。中国对东亚峰会（“10＋6”）的立场是：坚定不移地支持和参与东亚合作，支持东盟在东亚峰会中发挥主导作用。

3.“上海合作组织”内的多边安全合作

上海合作组织中、俄、哈、吉、塔、乌6国共同面临发展自身经济、实现民族振兴的艰巨任务，共同拥有进一步加强区域合作的愿望和迫切需要，于2001年6月15日共同发表了《上海合作组织成立宣言》，宣布在“上海五国”机制基础上成立上海合作组织。上海合作组织从成立至今已基本完成机制建设任务，建立起涵盖不同层次、涉及众多领域的较完善的机构体系，为自身发挥职能和作用奠定了坚实基础。上海合作组织目前设有两个常设机构——秘书处和地区反恐怖机构。上海合作组织秘书处设在北京，2004年1月正式启动。上海合作组织是当今世界上第一个与中国城市有直接联系的地区性国际组

① 温家宝总理在第二届东亚峰会上的讲话《合作共赢 携手并进》，新华网，2007年1月15日。http：//www.xinhuanet.com。

② 陆建人：“东亚合作：‘10＋3’是主渠道”，载《人民日报（海外版）》2007年1月17日。

织，这不仅仅是称谓的变化，或一个组织成立地点的选择问题，而是一种标志，一种象征。上海合作组织在上海正式成立，标志着中国参与多边安全合作进入新阶段，显示出中国在国际事务中的参与态度更加积极，在多边安全合作中发挥的作用更加明显。

在中国的积极推动下，从上海合作组织成立至今，就联合反恐议题做了三个阶段的工作：2001 年 6—9 月为第一阶段，该阶段实际上相当于一个过渡期，即从打击“三股势力”议题过渡到联合反恐；第二个阶段则是从 2001 年 9 月第一次政府首脑会议召开到 2004 年 6 月上海合作组织反恐怖常设机构设立。在这一阶段，上海合作组织的任务主要是加强情报交流、反恐军事演习尝试等工作，并为设立常设反恐机构做准备工作。① 2004 年 6 月至今为上海合作组织联合反恐议题的第三个阶段，在这一阶段，上海合作组织的联合反恐进入机制化时期，成员国在反恐方面将作出部分权利让渡。

4. 参与其他半官方、非官方多边安全合作

中国除积极参与亚太地区主要的官方多边安全合作进程外，还参与并推进了亚太安全合作理事会（CSCAP）、东北亚安全合作对话（NEACD）及南中国海问题研讨会等非官方的多边安全对话与合作，同时还对这些机制的发展提出了相应的建议和主张。在亚太多边安全合作的非官方渠道中，中国的影响也正日益提升。

（1）亚太安全合作理事会（CSCAP）。中国认为，通过参加亚太安全合作理事会（CSCAP）这一机制的活动，能够促进地区内国家对中国的了解，增进相互信任，从而有助于地区安全与稳定。然而，由于涉及台湾加入亚太安全合作理事会的问题，中国没有成为亚太安全合作理事会的创始成员。1996 年底，中国正式加入亚太安全合作理事会，并于次年成立亚太安全合作理事会中国委员会，认真参与理

① 上海合作组织相关活动参见新华网：http：//news. xinhuanet. com/ziliao/。

事会的活动，同时，台湾学者以个人身份开始参与亚太安全理事会的工作组活动。亚太安全合作理事会中国委员会和马来西亚、新西兰委员会一起，负责综合安全与合作安全工作组的活动，向东盟地区论坛提交了关于综合安全与合作安全概念的备忘录，为东亚国家建立统一的安全观念，作出了自己的贡献。

(2) 东北亚合作对话会 (NEACD)。东北亚合作对话会为本地区国家提供了一个在多边框架中进行交流的机会，在增进东北亚国家相互理解信任与合作方面发挥了重要作用，非传统安全问题是历届对话会重要的议题之一。自 1993 年东北亚合作对话会机制形成以来，中国参加了历次会议，并于 1996、1999 年，先后在北京主办了第四次、第九次东北亚合作对话会全体大会，中国还与其他成员一道推动对话会就东北亚国家合作指导原则达成了一致。迄今为止，东北亚合作对话是该次区域唯一存在的多边安全对话机制，它填补了亚太地区多边合作安全框架的空白，并且涵盖了所有次区域内的国家。东北亚合作对话由于较早地建立起各方的国防和军事官员间的直接对话渠道，从而在亚太地区合作安全框架中具有独特的意义。

(3) 南中国海问题研讨会。1990 年成立，主要讨论南中国海的海洋环境、生态保护、航运安全、政治安全与领土管辖等问题，在加强南海地区海洋资源信息交流和增进信任等方面发挥了重要作用。1997、1998 年两次会议集中讨论了海洋环境保护问题；1999 年会议强调加强海运与信息安全合作问题；2003 年会议原则上通过了菲律宾提出的巴拉望生物多样性考察项目和中方的南海数据库项目实施建议。

(4) 亚洲相互协作与建立信任措施会议

作为旨在促进地区安全对话与交流的区域性论坛，建立亚洲相互协作与建立信任措施会议（简称“亚信”）是哈萨克斯坦提出的多边安全合作倡议。中国从“亚信”开始筹备就积极参加了这一进程的各项活动。2002 年 6 月 4 日，首届“亚洲相互协作与信任措施会议”在哈萨克斯坦首都阿拉木图正式举行。时任中国国家主席江泽民出席了这次会议，并发表了题为《加强对话与合作，促进和平与安全》的重要演讲。

（5）参与香格里拉对话会（SLD）

在亚太多边安全合作进程中，香格里拉对话会（SLD）是一个比较独特的机制。香格里拉对话会是“9·11”事件后亚太地区新出现的多边安全合作对话机制。客观地讲，香格里拉对话会在一定程度上是西方大国介入和参与亚太安全事务的产物。西方国家在香格里拉对话会中的姿态表明：西方国家力图通过干预和影响亚太安全事务特别是影响亚太安全合作机制化进程，在亚太地区进一步实现和拓展自己的战略利益。多边安全合作只是其实现自身利益需求的手段。从2002—2008年，IISS和新加坡政府已经连续举办7次香格里拉对话会。香格里拉对话会是亚太地区唯一能将各国防务部门高官聚集在一起讨论防务问题和区域安全合作问题的机制。[①] 近年来，在亚太多边安全合作进程中，香格里拉对话会属于半官方多边安全对话机制，其结构更加松散，机制化程度也更低。同时，香格里拉对话会与官方的ARF和民间的CSCAP有一个重要区别：ARF是由各国外长主导的，CSCAP是由二轨的专家学者主导，而香格里拉对话会实则是各国国防部长或其他防务高官来主导会议议程，同时有二轨的专家、学者参与，侧重讨论的是防务与区域安全合作问题。从而显现出一轨半外交和防务外交的双重特征。中国从2007年开始参与香格里拉对话会[②]，

① “Regional Forum HereSecures Higher Profile,” *The Straits Times* —4，June 2004. http：//www. iiss. org/conferences/the-shangri-la-dialogue.

② 到2006年第五次香格里拉对话会为止，中国从未派出国防部副部长以上防务官员参会，中国政府最高级别参会代表为时任外交部亚洲司司长崔天凯（2005年第四届香格里拉对话会）。此外，前驻英大使（副部级）、现中国国际问题研究所所长马振岗参加了2006年第五届香格里拉对话会。2004年，由于对香格里拉对话会主办方安排台湾代表参会的方式表示不满，中方没有派代表与会。参见杨丹志“香格里拉对话：缘起、特征及其对亚太安全的影响”，载《现代国际关系》2007年第2期。

时任副总参谋长章沁生中将参加了第六届香格里拉对话会。这一方面表明中国参与西方主导的多边安全对话的慎重态度，另一方面也表明我国增加对外军事透明度的诚意。这不仅有利于增加我国与香格里拉对话参与国之间的相互理解和信任，也是对“中国威胁论”的有力回击。历史经验表明，在国际机制创设时期，及时、主动的参与更有助于实现和维护国家利益。中国将充分调动香格里拉对话会中的积极因素，逐步影响和引导香格里拉对话会向有利于我国的方向发展。

5. 安全合作理念的新发展

2005 年 4 月 22 日，胡锦涛主席在参加雅加达亚非峰会时首次提出“和谐世界”理念。① 同年 7 月 1 日，胡锦涛主席出访莫斯科时“和谐世界”又被写入了《中俄关于 21 世纪国际秩序的联合声明》。同年 9 月 15 日，在联合国成立 60 周年首脑会议上，胡锦涛主席发表了题为《努力建设持久和平、共同繁荣的和谐世界》的演讲，全面阐述了“和谐世界”的深刻内涵。② 2006 年 6 月 17 日，胡锦涛主席在亚洲相互协作与信任措施会议成员国领导人第二次会议上提议：“所有亚洲国家应该携手建设一个持久和平、共同繁荣的和谐亚洲。”③从而在地区安全合作方面明确提出了“和谐亚洲”的主张。“和谐亚洲”与“和谐世界”的理念体现了中国对地区多边安全合作的看法和主张，是中国新安全观的新发展。

（四）着眼未来发展

进入 21 世纪，中国周边的安全环境继续发生深刻而复杂的变化，有一种观点认为，目前中国处于建国以来周边关系和周边环境最好的

---

① http：//news. xinhuanet. com/world/2005－04/22/content _ 2865880. htm.

② http：//news. xinhuanet. com/world/2005－09/16/content _ 3496858. htm.

③ http：//politics. people. com. cn/GB/1024/4488443. html.

时期，[①] 中国同周边国家的睦邻友好关系全面推进。近年来，中国同周边国家建立了各种不同类型的伙伴关系，确立了在新世纪发展相互关系的基本框架。[②] 在亚太多边安全合作的发展过程中，中国已陆续参与了东盟地区论坛（ARF）、东盟与中日韩的领导人会议（“10＋3”、“10＋1”）、东亚峰会（“10＋6”）、上海合作组织、亚太经合组织（APEC）领导人非正式会晤等。其中东亚峰会涉及除美国、俄罗斯外的中、日、印、澳四大力量，不久的将来俄罗斯也可能加入其中；东盟地区论坛则涵盖中、美、日、印、俄、澳这六大力量；而亚太经合组织则包含了中、日、俄、澳四大力量。这些机制基本包括了亚太地区的六大力量中心，体现出不同大国在不同地区、不同领域所拥有的地位和所能发挥的作用，为今后各个大国在一个完整、成熟的地区制度中所处地位和所起作用提供了参照。[③]

一方面，这些机制表现出的相互重叠、不断发展的趋势，也为它们逐步扩大、融合，并最终形成整体的地区机制创造了条件。亚太多国机制的多样性和复杂性也显示出这样一个倾向，就是亚太地区需要一个能够完全容纳主要大国力量、融合大国间共同利益和共识的地区体系，以适应亚太地区日益快速发展的实际，应对地区国际关系中出现的各种问题，促进亚太地区的和平与发展。另一方面，这些机制与真正的地区体系和秩序相比还有很大的差距，想成为客观反映亚太力量格局、得到各方承认和尊重的稳定机制，还有相当长的探索与实践过程，需要中国和亚太各国共同努力。这不仅是当前双边和多边合作的一个最终发展趋势，也是亚太地区稳定的客观需求。中共十七大报告明确“继续贯彻与邻为善、以邻为伴的周边外交方针，加强同周边

① 苗华寿：“中国外交走向成熟”，载《世界知识》2003 年第 3 期。

② 刘华秋：“谱写对外工作的绚丽篇章”，载《求是》2002 年第 21 期。

③ 楚树龙、陈松川：“‘太平洋主义’与 21 世纪亚太地区体系和秩序”，载《当代亚太》2008 年第 4 期，第 37 页。

国家的睦邻友好和务实合作，积极开展区域合作，共同营造和平稳定、平等互信、合作共赢的地区环境”。进一步加强和巩固了周边睦邻关系，在此背景下，未来中国仍将积极参与亚太多边安全合作，实现地区内安全关注的良性互动，同时避免主导。主要原因有三：第一是中国的综合国力，包括经济、外交、军事、文化等方面的影响力增强；第二是中国的增长与发展模式开始产生具体的影响力；第三是中国的外交成就。但这同时带来两方面的政治后果：一是其他大国对中国的防范心理增强；二是“中国责任论”的呼声高涨。[①] 基于此，未来中国参与亚太多边安全合作仍要坚持以稳定周边为基石，平衡大国关系，发挥积极参与、推动而不主导的作用。

二、中国参与亚太地区多边安全合作的战略考虑

中国对亚太地区的总体战略，可以简单地概括为“稳定周边，立足亚太”。这一战略的基本内容，就是遵循睦邻友好原则，在和平共处五项原则的基础上，积极发展与亚太国家的友好关系，创造良好的周边环境，立足亚太，走向世界。[②] 在此基础上，中国提出了“中国自身的稳定与繁荣，周边地区的和平与稳定，与亚太各国开展对话与合作”[③] 的亚太安全战略目标。中国的亚太安全战略有三个重要的基石，这就是：保持中国自身的稳定和发展，树立以互信、互利、平

① 金灿荣、戴维来：“大国关系变化的新趋势及其影响”，载《当代亚太》2008年第1期，第54页。

② 转引自陈峰君主编：《冷战后亚太国际关系》，北京：新华出版社，1999年版，第86页。

③ 钱其琛：在东盟地区论坛首次会议上发言，“阐述中国对亚太安全问题政策”，《人民日报（海外版）》，1994年7月26日；《1998年中国的国防》白皮书。

等、合作为核心的新型安全观，加强与亚太各国的经济与安全合作。[①] 其主要内容包括：维护国家主权，实现祖国统一；促进自身繁荣，增强综合实力；保持周边稳定，争取地区和平；奉行独立自主，不与大国结盟；坚持积极防御，绝不谋求霸权。中国为实现对亚太安全的整体战略考虑，需要推动政治多极化，建立稳定的大国关系，加强区域经济合作，参与地区安全合作，作为中国实现亚太安全战略目标的重要途径之一，中国参与亚太多边安全合作有以下几点具体战略利益考虑：

(一) 合力维护重要战略通道的安全

马六甲海峡及其附近海域，是域内国家安全和发展利益向外拓展的咽喉要道。随着我国家经济快速发展，国家发展利益不断向海外延伸，东南亚地区成为我国战略物资进口和商品输出的重要通道。当前，世界战略资源争夺形成激烈竞争态势，美国在世界战略通道地区，特别是在马六甲海峡加强军事部署，强化军事介入的准备，海盗恐怖活动和非传统安全威胁猖獗，保障我国战略资源获取和海上通道安全，是摆在和平发展面前十分紧迫的战略任务。其次，南海问题是中国与东盟关系的主要障碍，它同时也是一个可能破坏地区稳定的潜在热点。如果处理不慎，这个涉及五国六方的领土纷争不仅将损害中国与东盟关系和地区稳定，还可能让区外大国有了插手的借口。中国由于意识到南海问题的解决是个长期的过程，因此采取了搁置争议、不使争端扩大和复杂化的基本立场。[②]

通过中国—东盟磋商高官会这个框架，中国与东盟于 2000 年

---

① 朱阳明主编：《亚太安全战略论》，北京：军事科学出版社，2000 年版，第 271 页。

② Nicholas Lardy, "China and the International Financial System," *China Joins the World*, p. 209.

开始就“南海地区行为准则”进行磋商。经过三年的讨论，各国在2002年11月签署了《南海各方行为宣言》。对中国来说，该政策文件的签署在近期无损自己的主权诉求，又达到了维护地区稳定以及维护中国与东盟合作关系的目的。更重要的是，该宣言的通过也使得地区外国家没有插手南海纠纷的借口。中国在这方面的考量清楚反映在中国外交部副部长王毅在会后的谈话中：“签署这一宣言的积极意义在于向外界发出一个明确信号，即本地区各国完全可以通过对话处理好相互间存在的分歧，通过合作共同维护南海地区的和平与稳定。”① 尽管《南海各方行为宣言》的通过离南海问题根本性解决的距离还很远，但这显然是在当前的政治条件下最能使局势稳定的做法，也是在当前各国多边安全合作的框架下才有可能实现的做法。

（二）在实现自身利益的同时兼顾他国利益

中国作为亚太地区的大国，最能发挥影响力的对象显然就是周边国家。有学者指出，在国际政治事务中，中国有重要作用的影响力主要在于周边地区。摆脱东亚金融危机、防止地区军事冲突、发展东亚模式等，中国的参与皆至关重要。② 中国积极参与亚太多边安全合作的另一层战略考虑，就是发挥影响力以积极应对并最终消除包括“中国威胁论”在内的亚太各国对中国发展的疑虑。亚太地区的多边安全合作机制，特别是“10＋1”、“10＋3”合作框架，为中国与东盟国家提供了让双方处理诸如“南海问题”等现有矛盾，并使潜在或新的矛盾（双方的经济竞争）不致失控的对话平台。南海问题的磋商进展，

---

① 肖佳灵，唐贤兴：《大国外交——理论·决策·挑战》，北京：时事出版社，2003年版，第512页。

② 郭清水：“中国参与东盟主导的地区机制的利益分析”，载《世界经济与政治》2004年第9期。

加上中国在东盟地区论坛所参与的其他各种建立信任措施，已逐步增强了东盟国家对中国的信任。中国近年来推动与东盟进行非传统安全合作的努力以及中国外长李肇星 2003 年在 ARF 提出建立“安全政策会议”的倡议等，皆是中国发挥影响力、在亚太地区安全合作进程中消弭“中国威胁论”的具体举措。同时，中国用经济合作与援助进一步增加地区各国对中国快速发展的安全感，通过让地区各国从中国经济发展的成果中直接受益，让周边国家共享中国的繁荣来逐步消除各国对中国发展的担忧。正如龙永图所表达的：由于中国认识到必须进一步加强与东南亚国家的联系，中国期望通过一些特殊的、实际的行动来证明中国的经济增长和对外开放并不像欧盟、美国经济那样，只对发达国家有利，开放的中国经济对我们周边的发展中国家而言也是有好处的。①

（三）避免台湾地区与东南亚国家建立实质关系

台湾问题一直是中国周边安全政策中一个重要的考虑因素，其政策目标乃是确保台湾地区无法与东盟及其他亚太国家建立实质性的政治关系。20 世纪 90 年代初，台湾通过“务实外交”与“度假外交”，使台湾地区与东南亚国家开始有了官方的接触。1993 年台湾地区推出旨在加强和东南亚政经关系的“南向政策”，众多台湾高官先后出访东南亚。这样的发展令中国政府担心台湾地区企图以经济利益来寻求政治突破，与东南亚国家建立实质关系。另外，中国政府也对台湾利用地区合作来拓展其“国际空间”的倾向保持警惕。尽管我国与东盟各主要国家保持睦邻和谐态势，但领土、领海之争及潜在的矛盾，是制约我与东盟各国发展友好关系的不利因素。东南亚地区又是美国

① 苏珊·劳伦斯：“中国—东盟自由贸易区——兼顾所有人的利益”，载《远东经济评论》2002 年 6 月。

介入台海事务的重要战略地区，也是台湾当局高度重视、长期经营，并与我方争夺的重点外交方向。多年来，东南亚一些国家与台湾关系甚密，支持“台独”理念仍有一定市场。为此，深化我国与东盟各国务实性交流与合作，对挤压“台独”势力南进图谋具有十分重要的战略意义。

鉴于此，中国除了以传统的双边外交来加强东南亚国家对“一个中国”原则的认识外，还积极通过多边活动来抑制台湾在东南亚的政治空间。与亚太经合组织以经济体为参与资格不同，中国强调 ARF 作为官方的安全对话机制，其参与国必须是主权国家，因此台湾不应被接纳为论坛成员。此外，中国坚持台湾是中国的内部问题，不应被列入旨在讨论亚太地区主权国家安全问题的论坛议程内。台湾最终被排除于论坛的活动与议程以外。在属于“第二轨道”的亚太安全合作理事会上，中国对台湾参与该机制的身份问题也不放松。因为这个问题，中国迟至 1996 年才正式加入该理事会。在“10＋1”合作方面，1997 年中国与东盟签署了政治关系框架文件，中国获得了东盟对“一个中国”原则的再次确认。中国更希望“以不断增长的经济力量，通过更为广泛的地区合作，扩大中国在该地区的影响，即使不是为了完全孤立台湾，也要使台湾在该地区的影响呈现边缘化”。①

三、中国参与亚太地区多边安全合作的特点

自改革开放以来，中国外交的首要任务在于营造一个稳定的外部环境，以确保国内的经济建设顺利展开。中国积极参与亚太多边安全合作机制正是起到这样的作用。这些多层次、多领域的多边安全活

① 郭清水：“中国参与东盟主导的地区机制的利益分析”，载《世界经济与政治》2004 年第 9 期。

动，逐步提升了中国与区内各国的关系，从而为中国营造了稳定的周边环境。中国经过多年的探索与实践，已经进入加快融入亚太多边安全合作进程阶段，这也是中国获得充分地区认同并保证自己和平发展道路得以实现的阶段。从初步参与到全面推进，中国参与亚太多边安全合作呈现出如下特点：

（一）始终坚持独立自主

中国参与亚太多边安全合作的过程，也是一个行使主权和外交权的过程。在这个过程中，中国坚持独立自主和主权平等原则，根据国情自主决定参与融入的领域、程度和速度。这一原则体现在以下几个方面。

首先，中国始终反对任何国际组织或国家利用多边安全合作机制干涉中国内政，也反对对任何其他国家内政的干涉。其次，中国在根据独立自主的原则签署的地区安全公约或多边协议中，对其中相应的条款保留了自己的解释或做出例外说明，保留作为主权国家的权利。但是，一旦中国参加了某一组织或签署了某一多边协议，中国都严格履行自己承担的义务。这一点得到国际社会的公认。其次，在涉及中国核心利益的台湾问题上坚持原则。中国在参与亚太多边安全合作过程的同时也是中国努力在亚太地区营造反对分离主义国际环境的过程。“台独”既是对中国安全的威胁，也是破坏亚太安全的危险因素之一。许多亚洲国家都面临着现实的分离主义威胁，阻止台湾分离主义的图谋，既有利于中国的和平统一，也有利于整个亚太地区的安全和稳定。因此，在涉及中国主权和领土完整的核心安全问题——台湾问题上，中国反对任何政府间地区或国际组织接纳台湾参加其中。①

① 具体可参见中华人民共和国外交部网站：http：//www.fmprc.gov.cn/chn/ziliao/wzzt/zgcydyhz/dlcdmzrh。

中国在执行“一国两制、和平统一”方针的同时，继续针对“台独”的危险倾向增强捍卫国家主权和领土完整的经济实力、国防实力和民族凝聚力。中国始终警惕台湾当局的所谓“务实外交”，反对台湾挤入由主权国家组成的地区安全合作组织是中国地区安全合作的基本原则之一；地区安全合作议程的任何有关台湾问题的讨论都必须以如何反台湾独立为前提，反对无原则地把台湾问题纳入多边安全对话的议程。以反对或至少不支持“台独”作为双边及多边安全互信互利措施的基本前提。20 世纪 90 年代前半期，当亚太地区酝酿建立地区安全合作机制的时候，中国就极力确保台湾不会被接受为机制成员以及“台湾问题”不会被列入机制议程。1993 年以来，中国在联合国连续挫败了一些国家提出的台湾当局加入联合国的图谋。对于某些允许地区参加的政府间国际组织，中国政府基于“一个中国”的原则，根据有关国际组织的性质、章程和实际情况，以所能同意和接受的方式对台湾的加入做出安排。第三，中国在参与地区安全组织、融入国际体系过程中始终坚持不结盟政策。中国没有参加任何具有军事同盟性质的双边或多边地区安全合作组织，中国参与推动形成的多边组织和机制都是开放、非结盟、不针对第三方的。在这些组织内部中国也奉行独立自主的政策，根据事情的是非曲直决定自己的政策。

（二）大力推动非传统安全合作

中国在参与亚太多边安全合作进程中大力推动非传统安全合作，这也是中国加强与亚太周边国家互信的重要途径。传统安全涉及的是国家的核心利益，因此其合作比较难以进行，而部分国家之间的传统安全领域的合作往往会引起其他国家的担忧。加强非传统安全合作，一方面拓展了中国与亚太其他国家多边安全合作的领域，使其具有更大的可操作性；另一方面，避免了传统安全合作容易“牵扯”中国核心利益受损，并“诱发”美国在亚太军事同盟体系的敏感反应。中国不希望通过地区多边安全合作来处理涉及核心利益的传统安全问题，而主要推动非传统安全领域的对话，同亚洲国家在地区反恐、打击跨国犯罪、海上安全、武器扩散等安全领域进行对话和合作。[①] 除了大力倡导和支持以应对非传统安全为重点的上合组织的活动外，中国同样支持“10＋3”和 APEC 把非传统安全合作列入议事日程，希望非传统安全问题成为 ARF 开展对话与合作的重点。[②] 2002 年 5 月，中国向 ARF 提交了《关于加强非传统安全领域合作的中方立场文件》，支持 ARF 进一步开展非传统安全领域的对话与合作。[③] 回避敏感的传统安全问题，推动非传统安全合作，既可以维护中国的核心利益（如台湾问题、南中国海问题），也不容易触及其他国家在亚太的战略利益，因此有利于地区安全合作的推进，增强中国和周边国家的相互信任。

“9·11”事件是中国政府对待非传统安全问题的政策转折点。在“9·11”事件发生之前，中国政府并没有突出强调非传统安全问题，关于非传统安全的讨论主要是在学术界进行。“9·11”事件之后，中国政府开始不断强调以恐怖主义为首的非传统安全威胁，提出了一系列官方文件，加强了在这个领域的合作。[④] 2002 年 11 月，中国与东盟签署了《中国与东盟关于非传统安全领域合作联合宣言》，决定加强合作，重点打击贩毒、非法移民、海盗、恐怖主义、武器走私、洗

① 胡锦涛：“中国的发展 亚洲的机遇—在博鳌亚洲论坛 2004 年年会开幕式上的演讲”，中华人民共和国外交部：《中国外交》，第 396 页。

② 唐家璇外长在第九届东盟地区论坛外长会议上的讲话，2002 年 7 月 31 日，http://www.fmprc.gov.cn/chn/wjb/zzjg/gjs/gjzzyhy/1136/1138/t4548.htm。

③ 《关于加强非传统安全领域合作的中方立场文件》，http://www.fmprc.gov.cn/chn/wjb/zzjg/gjs/gjzzyhy/1136/1138/t4547.htm。

④ 中国在非传统安全问题上的政策变化，参见：“非传统安全论析”，载《现代国际关系》2003 年第 5 期，第 47—48 页。

钱、国际经济、网络等领域的跨国犯罪活动。[①] 2004年1月，中国和东盟签署了《中华人民共和国政府和东南亚国家联盟成员国政府非传统安全领域合作谅解备忘录》，把反恐、禁毒和打击国际经济犯罪确定为双方的重点合作领域。同时，中、日、韩与东盟同意建立打击跨国犯罪的合作机制。[②]

中国在亚太多边安全合作中加强非传统安全合作，同时不易触及美国在东亚的战略利益，反而有利于加强中美合作的战略基础。美国在东亚地区的安全战略仍以传统安全合作为基础，不但在东亚地区驻扎10万军队，而且依靠与部分东亚国家建立的双边同盟体系。如果中国和周边国家在传统安全领域进行合作，必然容易"诱发"美国的双边军事同盟体系的负面反应。如果从非传统安全领域出发推动地区合作，很大程度上回避了与美国发生矛盾，具有较大的可行性。对非传统安全问题的政策调整，尤其是对反恐的强调，普遍被认为是中美关系实现转折、走向稳定的关键，也是中国的务实选择。

（三）不寻求大国"主导权"

中国参与亚太多边安全合作的基本原则是平等协商、互利共赢，发挥作用但不追求"主导权"。这也是中国区别于其他大国参与多边安全合作的独特之处。中国不主导地区多边安全合作，一方面表现在中国将自己定位为地区大国和发展中大国，在参与区域组织的过程中，与亚太地区的发展中国家平等共处，并不谋求大国主导地位。这一特点充分体现在中国所参与的多个亚太多边安全合作机制中。中国在东盟倡导的多边安全机制中起到积极参与的作用，在与上合组织成员国共同发起的"上海合作组织"中发挥共同推进的作用，在解决地

① 具体可参见中华人民共和国外交部网站：http：//www.fmprc.gov.cn/chn/ziliao/wzzt/zgcydyhz/dlcdmzrh/t25549.htm。

② 具体参见《人民日报》，2004年1月11日，第3版。

区热点安全问题的“六方会谈”框架内积极扮演调解者的角色，中国在亚太多边安全合作中的实践打消了一些国家的担心。正像唐家璇外长在2001年第八届ARF外长会上强调的那样，中国的亚太安全政策是要保障一个和平的国际环境，特别是良好的周边环境。世界是丰富多彩的，用一种政治制度、一种经济模式将亚洲地区统一起来，既无必要，也不现实。兼容并蓄，相互借鉴，才有利于共同进步。各种社会制度、发展模式和价值观念应能长期共存，在竞争中取长补短，在求同存异中共同发展。进一步讲，即使是唯一的超级大国美国，近些年一味追求绝对“主导权”的实践，也给中国以教训。美国现在国内金融危机恶化，深陷伊拉克战争和阿富汗战争的泥沼，国际形象严重受损，这样的覆辙中国当然不会重蹈。另一方面，中国参与亚太多边安全合作的过程也是中国推动建设“和谐世界”的过程。[①] 党的十六大报告指出，“不管国际风云如何变幻，我们始终不渝地奉行独立自主的和平外交政策。中国外交政策的宗旨，是维护世界和平，促进共同发展。我们愿同各国人民一道，共同推进世界和平与发展的崇高事业。”[②] 显而易见，建设“和谐世界”正是这一外交宗旨的高度概括和凝练，不仅中国人民需要一个和谐的世界，世界各国人民也都需要一个和谐的世界，建设和谐世界将成为中国国际战略和外交宗旨的一个核心。中国在多边安全框架内推动建立“和谐世界”并不打算挑战美国在亚太地区安全结构中的存在现状。中方重视中美关系，欢迎美国在亚太地区发挥建设性的积极作用，并愿意同美方共同努力维护亚太地区的和平与安全。同时，美国也应该认识和尊重

---

① 中国关于建设“和谐世界”理念的最新发展，参见2005年9月16日《人民日报》，胡锦涛：“努力建设持久和平、共同繁荣的和谐世界——在联合国成立60周年首脑会议上的讲话”。

② 江泽民：《全面建设小康社会，开创中国特色社会主义事业新局面》——在中国共产党第十六次全国代表大会上的报告。

中国的安全利益。中国通过在亚太多边安全合作中发挥应有的作用，通过与区内各国的和谐共存，推动“中国社会进入历史上最开放、最繁荣的时期”。①

第三节　中国军队参与亚太地区多边安全合作

自20世纪90年代以来，随着我国国力的迅速增长，军事能力的发展引起了一些国家的疑虑，国际上某些政治势力借机炒作“中国威胁论”。在此背景下，为了消除国际社会的疑虑、增进与周边国家的安全互信、回击“中国威胁论”，中国军队及时宣示和阐述中国的国防政策，增加国防和军队建设的透明度，让世界客观了解中国国防政策的防御性、和平性和合作性。中国先后于1998年、2000年、2002年、2004年、2006年发表了《中国的国防》白皮书，此外还于1995年、2005年分别发表了两份与国防相关的白皮书《中国的军备控制与裁军》和《中国的军控、裁军与防扩散努力》。发表国防白皮书是中国军队对外开放、增加透明度的重要举措。随着国家和军队改革开放步伐的加快，以发表国防白皮书为重要内容之一，中国军队的开放性与透明度逐年增强，从高层互访、扩大中外军人交流、互派军事留学生，到国际维和、人道主义援助、中外军队联演联训，中国军队走出国门履行国际义务的程度，随着中国综合国力和国际地位的日益提高而不断加强，并有了坚实的物质基础和现实可能。2007年6月，中央军委决定建立国防部新

① “江泽民出席美国国会早餐会并致辞”，《人民日报》，1997年10月31日，第1版。

闻发言人制度，同年设立了国防部新闻事务局。2008 年以来，国防部新闻事务局会同相关部门，围绕抗击低温雨雪冰冻灾害、四川汶川特大地震、“八一”建军节、美售台武器等，采取多种形式进行了新闻发布，国内外舆论反响很好。① 中国军队越来越多地参与国际和地区安全合作，认真履行国际承诺，积极承担国际义务，彰显出负责任大国的形象。在参与亚太地区多边安全合作上，中国军队已逐步形成全方位、宽领域、多层次的合作局面。

一、中国军队参与亚太地区多边安全合作的实践进程

在亚太安全合作尤其是军事安全合作进程中，中国军队积极参与，主动作为。多次派员参加亚太地区多边安全会议，包括东盟地区论坛会议、东北亚合作对话会、西太平洋海军论坛等，有力地宣传了中国外交和国防政策，起到了增信释疑、建立信任的作用。

（一）参与多边安全合作机制化进程

冷战时期，不少亚太国家都曾通过建立军事同盟来寻求安全保障。同盟国家通过共同威慑敌手来寻求安全，因此是一种排他性的合作模式，是均势政策的必然结果。这种军事同盟机制加剧了本地区的紧张局势，也使相关国家陷入“安全困境”。冷战后，中国倡导新安全观，支持建立新的地区安全对话合作机制，并支持中国军队参与这一多边安全合作进程。随着中国军队的开放性不断加强，其参与亚太多边安全合作机制化进程的活动也日益活跃。

一是重视东盟地区论坛的作用。中国军队先后参与东盟地区论

① 梁光烈：“与时代同行的中国军事外交”，《解放军报》，2008 年 12 月 23 日，第 7 版。

坛、“10＋1”、“10＋3”、“10＋6”等多边安全机制的各项活动，倡导并与东盟建立了安全政策会议机制，与有关国家合作举办了防扩散、国际救灾等研讨会，提出了深化相互信任与合作的积极主张。中国支持东盟地区论坛在建立信任措施领域创造性的探索，积极倡导在东盟地区论坛框架内进行军事医学、军事法学和军转民多边合作，倡议建立东盟地区论坛海洋信息资料中心，鼓励高层军事互访、军舰互访和人员交流，支持抢险救灾合作以及海上航行安全、海洋环保合作等。中国还主办了在东盟地区论坛框架内的热区卫生与热带病防治军事医学研讨会、中国安全政策培训班、军队后勤保障社会化研讨会，承办并正式开通了该论坛的海洋信息网站，同时，中国每年向论坛提交国防政策声明和其他相关文件。中方支持论坛认真落实已达成共识的有关文件。

二是在上海合作组织内发挥积极作用。中国在上海合作组织框架内建立上海合作组织国防部长会议关于防务安全合作的决策机制，签署了一系列军事、安全条约和协议，支持并参与上海合作组织成员国联合军演。推动上合组织成员国在边境安全、军事互信和打击恐怖主义方面的军事与安全合作。上合组织 2001 年成立之时，成员国 6 国元首在上海共同签署了《打击恐怖主义、分裂主义和极端主义上海公约》。成员国在安全、经济、文化、军事等领域的合作相继展开，其中，加强联合反恐演习，是上合组织在防务安全领域合作的重要内容，也是中国军队在上海合作组织内发挥明显作用的领域。中国军队在“和平使命”系列演习中的表现显得尤为突出。胡主席和普京总统等上合组织成员国元首及 6 国国防部长亲临观摩指导了“和平使命—2007”上海合作组织联合反恐军演，极大地鼓舞了参演官兵的士气。演习的成功举行，有力地推进了上合组织成员国间的军事合作，提高了共同打击“三股势力”的协同能力。

三是积极参与国际军控与裁军谈判机制。中国政府和军队积极参加国际军控与裁军谈判，成为亚太地区履行国际条约的践行者。中国是国际军控、裁军与防扩散体系的建设者、参与者和维护者，始终以积极的姿态致力于推动国际军控与裁军的健康发展。中国军队积极参与国际军控谈判进程，周密实施履约工作，承担了禁核试条约中国境内国际监控体系台站的建设，接待了禁化武公约国际核查和处理遗弃化武的调查，销毁了数十万枚老旧地雷，积极开展国际扫雷援助行动。中国军队先后三次裁军，减少总员额170万。从1990年开始，中国宣布加入《禁止在海床及海底安置核武器和其他大规模毁灭性武器条约》，1991年加入《不扩散核武器条约》，随后中国政府批准了《特定常规武器公约》关于“地雷协议书”和“激光致盲武器协议书”，同时还与相关国家签署和发表了有关军控和裁军方面的声明和条约。[①] 每一项军控履约工作的落实，都一再证明中国政府和军队支持国际军控和裁军的一贯态度和坚强决心。

（二）开展中外军队联演联训、观摩演习

长期以来，中国不与外国军队举行联合演习，冷战结束以后，特别是“9·11”事件后，非传统安全问题与传统安全问题相互交织，国际社会共同应对全球性挑战的重要性和紧迫性日益突出。为应对国际形势的变化和满足我国开展务实合作的需求，中国军队推进军事外交传统思维，逐步参与国际联合军事演习和联合训练，“对推动与有关国家军队的交流与合作，共同维护世界和地区的安全与稳定，震慑打击‘三股势力’，建设和谐世界和地区发挥了积极作用”。[②] 中国军队参与多边联合军事演习和训练，是维护国家安全利益的需要，也符

① 国务院新闻办公室：《2006年中国的国防》，北京：外文出版社，2006年版，第60—63页。

② 《解放军副总长：中外军队联演联训不威胁任何国家》，中国新闻网，2007年12月25日。

合国际大趋势。近年来举行的一系列联合军演，拓宽了中外军队合作的渠道，使我国军事外交更具实质内容，有力地诠释了我国一贯倡导的“互信、互利、平等、协作”的新安全观，也体现了我国“与邻为善、以邻为伴”的睦邻友好政策。①

自2002年以来，中国军队先后与吉尔吉斯斯坦、俄罗斯、哈萨克斯坦等上海合作组织成员国举行了双边或多边反恐演习，与巴基斯坦、印度、泰国等周边国家举行了双边陆地或海上联合演习和联合训练，与英、法、澳、美等西方国家举行了双边海上搜救演习。2005年8月，中俄两军首次举行“和平使命—2005”战略性战役演习，2005年11—12月，中国海军与巴基斯坦、印度和泰国海军分别举行海上联合搜救演习。2006年9月，中国和塔吉克斯坦举行了“协作—2006”联合反恐军事演习。这是中国首次派遣成建制作战部队赴塔吉克斯坦参加联合反恐军事演习，开创了上海合作组织深度开展军事合作的新局面。2006年9月和11月，中美两国海军先后在美国圣迭戈附近海域和中国南海海域举行了海上联合搜救演习，参演兵力最多、动用装备最先进、演练科目最复杂、指挥协同难度最大，标志着中美两国军事关系有了新的进展。2006年12月，中国和巴基斯坦举行了“友谊—2006”联合反恐军事演习。2007年上合组织框架内中俄“和平使命—2007”联合反恐军事演习，是我军历史上第一次派出较大规模的陆空军部队到境外参加的多国联合军事演习，兵力投送距离远、演练环境复杂、参演国家较多，具有重要的政治、外交和军事意义。

近年来，中国军队与亚太地区内有关国家开展的联合军事训练主要有中泰及中印联合军事训练。2007年7月，中国和泰国军队各派出15名陆军特种作战部队队员，在中国广州进行了一次为期两周、

① 中外联合军演及联合训练情况参见新华网、人民网及新浪网相关资源。

代号为“突击—2007”的陆军特种作战分队联合训练。这是中国军队首次与外军举行联合军事训练。2008年7月，中、泰在泰国再次展开“突击—2008”陆军特种作战反恐联合训练。这次联合训练，双方各派出24名特种部队官兵参加，是中国人民解放军首次派部队到国外进行时间较长、混编混训的陆军联合训练，开创了中国人民解放军与外军交流的一条新路。2007年12月，中、印两国军队在中国昆明举行代号为“携手—2007”陆军联合反恐训练，双方参训兵力各约100人。2008年12月“携手—2008”中印陆军反恐联合训练开始，中国军队继2007年与印度陆军在昆明进行反恐联训之后，首次赴印度参加联合训练。联训围绕反恐课题，组织中印参训分队就技术装备使用、班组反恐战术、反恐行动综合演练等课目进行，达到了预期目的，取得了很好的效果。这些联合军事演习和联合训练突出战略筹划、战役指挥、战术行动，既提高了安全合作的层次，增加了军事透明度，增进了彼此信任，又使参演部队经受了锻炼，开阔了国际视野。

中国军队适当向外国军事人员开放我军训练演习情况，组织外军军事观察员、驻华武官、外军学员、观摩中国军队演习训练，也是中国军队加强对外交流的一个重要措施。2003年8月25日，来自美国、俄罗斯、英国、法国、德国等15个国家的27名观察员，在朱日和合同战术训练基地观摩了北京军区组织的“北剑—0308U”演习。这是经中央军委批准、总参谋部组织实施的。这是我国第一次向多国开放旅级规模的实兵对抗演习，第一回向多国开放我国合同战术训练基地，在国际上产生了良好反响。2004年9月，我军又两次邀请多国军队人员，分别观摩了“蛟龙—2004”、“铁拳—2004”演习。2005年9月、2007年9月和2008年9月，我军又先后3次邀请多国军队人员分别观摩了“北剑—2005”、“勇士—2007”和“砺兵—2008”演习。这些观摩演习，由旅、师到跨军区，规模越来越大，邀请国家、人员越来越多，开放程度越来越高。比如“砺兵—2008”就邀请了36国共113人前往观摩，创下了观摩国家和观摩人员最多、层次最高、规模最大的纪录。[①]

同时，中国人民解放军也派员、组团观摩了泰国、巴基斯坦、印度、美国、澳大利亚等国举行的军事演习和训练。另外，泰国、美国、加拿大、澳大利亚、新西兰、英国、韩国、法国、新加坡、秘鲁等国海军舰艇编队相继访华。中国海军舰艇编队访问了俄罗斯、巴基斯坦、印度、泰国、美国、加拿大和菲律宾。中外军队联演联训表明中国军队正在自信、透明地融入世界，对于增进军事互信、深化合作关系、应对各种安全挑战具有现实和深远的意义。

（三）履行国际人道主义义务

中国人民解放军参与国际人道主义援助也是中国人民解放军参与亚太多边安全合作的重要内容之一。近年来，中国人民解放军在对外人道主义援助方面，已发挥了越来越重要的作用。中国军队积极参加中国政府组织的国际灾难救援行动，建立应急机制，先后多次派员参加中国国际救援队，奔赴国外执行救援、抢险等任务，并协助中国政府及时向有关受灾国家提供紧急物资援助。2002年以来，中国军队先后15次向印度洋海啸、美国“卡特里娜”飓风、南亚地震和菲律宾泥石流等受灾人民提供了救援物资。在印度洋海啸、美国“卡特里娜”飓风、南亚地震、菲律宾泥石流等灾难救援中，先后数十次向多个国家实施了紧急人道主义救援，援助物资总额高达数亿元人民币。2004年12月26日，突如其来的印度洋大海啸让20多万人罹难、100多万人无家可归。面对劫难，中国政府展开了迄今为止最大规模

① 梁光烈：“与时代同行的中国军事外交”，《解放军报》，2008年12月23日，第7版。

的对外救援行动。中国军队紧急启动军援应急机制，担负了向海外受灾国提供紧急救灾物资援助的筹措和运输任务，及时向斯里兰卡、印度尼西亚、泰国、马尔代夫、肯尼亚和索马里等受灾国紧急运送大量物资。对于美国遭受的“卡特里娜”飓风袭击，中国军队在第一时间内向美国提供了近百吨救灾物资。中国军队参加的中国国际救援队先后参与了阿尔及利亚、伊朗、印度尼西亚和巴基斯坦的地震救援行动，为受灾国人民重建家园提供了必要帮助，受到了国际社会的一致称赞。此外，中国还首次派出扫雷专家赴亚太地区，进行人道主义扫雷援助。①

二、中国军队参与亚太地区多边安全合作的基本经验

近年来，中国人民解放军经过不断探索和实践，已与世界许多国家特别是亚太地区内国家，建立了新型的军事安全合作关系，增强了中国军队在地区安全事务中的影响力，为中国现代化建设营造了有利的安全环境，同时也为进一步加强地区多边安全合作积累了宝贵经验。

（一）努力将新安全观引入亚太多边安全合作领域

1996 年 4 月，在中国的倡议之下，上海五国签署的《关于在边境地区加强军事领域信任的协定》明确提出，要创立一种不同于冷战思维的新安全模式，该模式并非将自己一国的安全构筑在对别国或整个地区形成威胁的前提上，而是基于平等的对话、协商，通过互利合作解决各国共同面临的安全问题。此后，中国领导人在多边、双边场

---

① 国务院新闻办公室：《2006 年中国的国防》，北京：外文出版社，2006 年版，第 64—66 页。

合多次呼吁树立新安全观，并使其成为进入21世纪后中国倡导建设“和谐世界”理念的重要组成部分。2002年7月，中国代表团向东盟地区论坛外长会议提交了《中国关于新安全观的立场文件》，全面系统地阐述了中国在新形势下的安全观念和政策主张。中国倡导的以“互信、互利、平等、协作”为核心的新安全观在东盟地区论坛上受到越来越多国家的响应。上海合作组织弘扬互信、互利、平等、协商、尊重多样文明、谋求共同发展的“上海精神”，就是以新安全观建立区域合作模式的典范。

上海合作组织自成立之日起，即在中国的积极推动下，建立起不同级别、不同层次的会晤和磋商机制，先后签署了一系列公约、协议、宣言等，成立了上海合作组织秘书处和地区反恐机构，从而建立起较完善的机构体系、法律基础和运行机制。在军事交流与合作方面，上海合作组织成员国多次举行国防部长会议，进行联合军事演习，已成为各成员国军队加强对话、增进互信、发展友谊、深化合作的平台，有力地促进了上海合作组织成员国在安全合作领域的合作与交流。

（二）抓住时机，不断深化非传统安全领域的合作

近年来，东盟地区论坛、上海合作组织、东盟“10＋3”等多边机制都纷纷确定要以反恐和非传统安全合作为重点，这有利于本地区各国超越分歧、扩大合作、应对共同挑战。这与中国军队越来越重视与亚太各国加强非传统安全领域的合作不谋而合。一是在“上海合作组织”框架内加大联手打击“三股势力”的力度。主要是推动成员国政府首脑、国防部长、执法安全部门领导人公开发表打击“三股势力”的声明；签署《打击恐怖主义、分裂主义和极端主义上海公约》和《关于地区反恐机构的协议》；建立反恐怖中心等。2002年10月，中、吉两国在边境举行了联合反恐演习。2003年8月，成功举行上

海合作组织成员国联合反恐军事演习。2006年9月，中、塔两国又举行了联合反恐军演。这些都充分证明了上海合作组织在维护地区安全稳定方面的重要作用，显示了各方团结协作、共同打击“三股势力”的坚定决心。二是积极开展多边和双边反恐对话与磋商。与美、俄、印、巴等国分别进行反恐磋商，推动亚太经合组织领导人上海会议发表反恐声明，支持东盟地区论坛开展非传统安全领域的对话与合作。2001年第八届ARF外长会时唐家璇外长就提出，鉴于非传统安全问题正日益成为影响地区和平与稳定的突出问题，中方支持论坛逐步开展非传统安全领域的对话与合作，并愿以积极态度参与并发挥应有作用。唐外长在会上再次重申中方关于ARF成员间通报和派员观察多边联合军事演习的建议。2002年11月，中国与东盟发表《关于非传统安全领域合作联合宣言》，启动了我国与东盟在非传统安全领域的全面合作。三是有选择地举行非传统安全领域的双边联合军事演习。“9·11”事件后，亚太地区的非传统安全领域的联合军演逐渐增多，我国也与巴、印、泰、美等国举行了双边联合演习。中外联合军演提高了安全合作的层次，增加了军事透明度，促进了彼此之间的相互信任，有助于降低发生矛盾和冲突的风险，从而进一步推进我国与各国军事关系的发展，进一步扩大了中国军队和军事外交的影响，充分体现了我国负责任的大国风范。

（三）灵活应对，通过多种方式开展地区多边安全合作

为适应地区安全合作发展的新趋势，中国军队与周边国家开展军事交流与合作，合作领域逐步扩大，形式渐趋多样化。一是签署友好协议。我国与俄罗斯签署了《中俄边防合作协议》和《中俄睦邻友好合作条约》；与蒙古签署了《中蒙边防合作协议》，以法律的形式使中俄、中蒙关系得到加强和发展。二是加强人员互访。我国与大部分周边国家进行多层次军事代表团和专业技术团组的互访，与相邻国家的

边防部队开展交流，增进彼此的信任与了解。三是加强与外军在教育训练方面的合作。我国一方面先后向俄、巴、泰等国派出军事留学人员，同时充分发挥我军优势，加大对周边国家军队人员的培训力度，扩大我军在周边国家的影响；另一方面与泰国、印度等国展开联合军事训练。四是进行不同层次和规模的研讨及对话活动。中国军队主办了“10＋1”亚太地区安全问题研讨班、“10＋1”维和研讨会、“10＋3”武装部队军用枪射击比赛、“10＋3”武装部队国际救灾研讨会、“军事后勤保障社会化研讨会”、“ARF 毒品替代发展研讨会”和“ARF 加强非传统安全领域合作研讨会”等不同层次和规模的研讨对话活动，这些活动本身也成为中国军队与亚太各国军队建立信任措施的项目。

三、中国军队参与亚太地区多边安全合作的发展趋势

面对国际战略格局的不断调整和亚太安全形势的不断变化，中国军队将以更加开放务实的姿态参与亚太多边安全合作。随着中国经济持续发展并与周边国家广泛建立起睦邻友好关系，中国军队进一步参与亚太多边安全合作进程有了坚实的物质保障和相对良好的技术支持。未来中国军队参与亚太多边安全合作将呈现以下趋势：

（一）更加超越意识形态束缚

冷战思维以意识形态作为衡量国家和军队关系的前提。以冷战结束为标志，世界进入了和平发展、合作共赢的新时期。2001 年“9·11”事件的爆发改变了人们的安全观，也在一定程度上打破了国际关系的政治基础。以国家利益为基点参与国际安全合作，实现合作共赢，越来越成为世界安全合作的潮流。中国军队参与亚太多边安全合作也将以此为推动力，超越意识形态束缚，以实现国家利益最大化为

目标，有选择有重点地参与亚太多边安全合作。

中国军队将继续积极参与现有的亚太多边安全合作组织的活动，在参与中树立形象，发挥作用。对于各种亚太国家临时组合的、应急型的军事安全合作也要本着有利于我国的原则广泛参与。这种临时性、应急性的军事安全合作在冷战后呈现上升趋势，例如，由亚太各国军队直接参与的抢险救灾联合行动、旨在共同打击跨国犯罪活动的联合军事演习等等。这种安全合作形式和内容都比较灵活，常常是为应对突发事件或危机事件而产生，一旦问题解决，合作也就相应终止，既无相对固定的机制，更无长期稳定的成员，但却成为亚太多边安全合作必不可少的部分。

无论中国军队以何种形式参与亚太多边安全合作，都将本着有利于我国安全与发展利益的原则，不以意识形态区分亲疏远近，通过多边安全合作采取一致行动、携手应对亚太国家面临的共同安全威胁。这不仅成为国际共识和亚太各国的战略选择，也是中国军队参与亚太多边安全合作的必然趋势。

（二）注重应对非传统安全挑战

党的十七大报告中以“开创国防和建设军队现代化局面”为题，全面、系统地阐释了国防和军队建设。其中有很多值得关注的新提法，军队要具有“应对多种安全威胁，完成多样化任务的能力”是很重要的一条，也可以视为军队参与多边安全合作的政策基础。

中国军队对安全威胁的认识正在不断扩展，对非传统安全威胁的关注逐步加大。冷战结束后，特别是“9·11”事件之后，非传统安全问题日益成为各国安全关注的焦点。随着经济全球化日趋深化，国家间相互依存度不断增加，各国也更加注重通过防务安全交流合作应对诸如恐怖主义、大规模杀伤武器扩散、信息安全、海上通道安全、跨国犯罪、自然灾害、公共卫生安全、海盗等非传统安全领域的威胁。由于这些安全问题往往超越国界，“单个国家的行动往往难以奏效，国际合作才是必要和有效的手段”。[①] 军队在应对非传统安全威胁上发挥的作用越来越受到重视，加强各国军队在非传统安全领域的合作，以共同应对非传统安全威胁，日益成为各国安全合作、特别是军事安全合作的重点议题。

中国军队与各国在非传统安全领域的合作将不断深化。无论是扩大中国军队参与的针对非传统安全威胁的联演联训的范围，增加与外军在军事、政治、后勤、装备等专业技术领域的交流合作，还是拓展中国军队参与国际救援行动的广度和深度，应对非传统安全挑战的多边安全合作正在成为中国军队参与亚太多边安全合作的政治基础与实践基点。

（三）越来越依托合作机制保障

在多边合作越来越成为国际安全与发展平台的大背景下，无论是“上海合作组织”这样由我国倡导的区域性多边安全合作组织，还是非我国倡议的地区合作组织，我国都将本着求同存异、着眼未来、有所作为的原则，努力深化各种多边安全合作的机制化建设，逐步形成高、中、低一体的综合合作机制，提高机制的可操作性，积极宣传我国和平发展的道路，树立正面形象，占领道义制高点。

中国军队参与亚太多边安全合作的经历同样见证了从非机制化参与到逐步机制化参与的过程。未来这种合作机制对参与国的保障作用将越来越明显，成为中国军队参与亚太多边安全合作的强大依托。经过多年的努力，中国分别与蒙古、俄罗斯、越南、老挝、缅甸、印度等国签订了边界管理、处理边界事务、预防危险军事活动等条约、协

① 熊光楷：“协力应对非传统安全威胁的新挑战”，载《世界知识》2005 年第 12 期。

定、协议和信任措施。这些条约、协定和措施的建立和有效执行，维护和保持了边界地区的正常秩序。中国军队先后参与东盟地区论坛，“10＋1”、“10＋3”、“10＋6”等多边机制，与东盟建立了安全政策会议机制等，在“上海五国”机制中建立了上海合作组织国防部长会议关于防务安全合作的决策机制，与美国建立了海上安全信任措施和国防部热线，与俄罗斯签署了导弹发射通报机制。同时中国军队还积极参加国际军控与裁军谈判机制，承担联合国摊派的维和费用。目前，中国已加入了130多个政府间国际组织和267个国际多边条约，其中有许多涉及反恐、军控、裁军、防扩散、维和、边防、领土领海等军事安全内容，在地区和国际多边安全机制构建过程中扮演着越来越重要的角色。

后 记

《亚太地区多边安全合作研究》是国防大学战略研究所的一项大型研究课题。本书由郭新宁担任主编，负责框架设计与最后统稿，徐弃郁、吴晓明任副主编，参与框架设计与统稿。课题组以国防大学战略研究所的研究人员为主体，军内部分专家参与撰写。各章撰稿人分别为：第一章（张露）、第二章（徐弃郁）、第三章（徐弃郁）、第四章（张露）、第五章（楼冕）、第六章（佟明翔）、第七章（陈昌升）、第八章（陈昌升）、第九章（鹿音）。

本书在写作过程中，借鉴和引用了国内不少专家与学者的成果，在此深表感谢。

图书在版编目（CIP）数据

亚太地区多边安全合作研究/郭新宁主编．—北京：时事出版社，2009.11
ISBN 978-7-80232-282-0

Ⅰ．亚… Ⅱ．郭… Ⅲ．国家安全—国际合作—研究—亚太地区
Ⅳ．D815.5

中国版本图书馆 CIP 数据核字（2009）第 178958 号

出版发行：时事出版社
地　　址：北京市海淀区万寿寺甲 2 号
邮　　编：100081
发行热线：（010）88547590　88547591
读者服务部：（010）88547595
传　　真：（010）68418647
电子邮箱：shishichubanshe@sina.com
网　　址：www.shishishe.com
印　　刷：北京百善印刷厂

开本：787×1092　1/16　印张：20　字数：260 千字
2009 年 11 月第 1 版　2009 年 11 月第 1 次印刷
定价：46.00 元